당신에게는 몇 번의 월요일이 남아 있는가

당신에게는
몇 번의 월요일이
남아 있는가

후회와 허무에서 벗어나
가슴 벅찬 삶을 만드는 방법

조디 웰먼 지음 | 최성옥 옮김

말해 봐요. 당신은 단 한 번뿐인, 격정적이고 소중한 삶을
어떻게 쓸 생각인가요?

메리 올리버Mary Oliver

추천의 글

더 나은 삶을 위한
강력하고 현실적인 조언

대부분의 사람들은 월요일을 마지못해 맞이하며 살아갑니다. 하지만 저자는 색다른 질문을 던집니다. "당신에게 남은 월요일은 몇 번인가요?" 우리가 당연하게 흘려보냈던 시간의 가치가 한눈에 드러나는 순간, 삶을 대하는 태도는 달라지게 됩니다.

　이 책은 단순한 자기계발서로 볼 수는 없을 것 같습니다. 긍정심리학과 실존주의 철학을 결합하여, 죽음을 회피하는 대신 그것을 삶을 풍요롭게 만드는 강력한 동력으로 삼도록 독려하는 확고한 메시지를 담고 있는 작품입니다. 저자는 "지금 내게 남은 월요일은 몇 번인가?"라는 질문을 던지며, 우리가 매주 반복되는 일상을 얼마나 당연하게 여기는지를 되돌아보게 만듭니다. 평생 약 4,000번의 월요일을 맞이한다고 할 때, 중반을 훌쩍 넘어선

저에게는 남은 월요일이 약 1,500번 정도라는 것을 알게 되었습니다. 그 숫자는 결코 많은 시간이 아니라는 사실을 깨닫게 되었고, 삶을 대하는 태도와 마음이 달라지는 것을 느꼈습니다.

조디 웰먼은 기업 임원에서 라이프 코치로 전환한 자신의 경험을 바탕으로, 더 나은 삶을 위한 현실적이고도 강력한 조언을 전합니다. 그녀가 강조하는 것은 단순한 동기부여가 아니라, 매 순간을 의미 있게 만들기 위한 구체적인 실행법입니다.

이 책이 조금 더 특별한 이유는 바로 여기에 있습니다. 일반적인 자기계발서와는 달리 단순한 동기부여에서 끝나는 것이 아니라, 실천 가능한 구체적인 방법론을 제시한다는 점입니다. 독자들은 책을 통해 자신이 진정 원하는 삶이 무엇인지 탐색하고, 불필요한 습관을 버리고, 후회를 남기지 않는 인생을 위한 작은 행동들을 시작할 수 있습니다. 또한, '죽음을 가까이하는 것이 곧 삶을 충만하게 하는 길'이라는 패러독스를 자연스럽게 받아들이도록 도와줍니다.

이 책을 덮고 나면, 월요일은 더 이상 무의미한 반복이 아닐 것입니다. 그것은 새로운 시작이며, 다시 한번 삶을 선택할 기회입니다. 아직 남은 월요일을 허투루 흘려보내고 싶지 않다면, 지금 이 책을 펼쳐 보세요.

서울대학교 법의학교실 교수
유성호

당신에게 남은 월요일은 몇 번인가요?

지금 내게 남은 월요일은 1,821번이다. 이 글을 읽을 때쯤이면 891번이 남았을 수도 있고, 고작 89번일 수도 있다. 누가 알겠는가? 이미 세상을 떠났을 수도 있겠지. 죽음은 언제 어느 때 우리를 찾아올지 모르는 것이니까.

이 책은 언젠가 죽음을 맞이할 우리 모두를 위한 안내서다. 짐작건대 당신은 인생에서 훨씬 더 많은 것을 얻고 싶어서 이 책을 펼쳤을 것이다. 세월이 너무 무심하게 흘러가는 듯하고, 삶을 너무 당연하게 여기며 살고 있는 게 아닐까 싶을 수도 있다. 혹은 충분히 생산적인 삶을 살고 있음에도 불구하고 '과연 이게 전부일까, 분명 이게 삶의 전부는 아닐 텐데'라는 생각에 사로잡혀 있을 수도 있다.

나는 이제부터 당신이 살아 있는 동안에 시간을 더 잘 활용하고, 삶을 당연하게 여기지 않으며, 멋지게 살지 못했다고 후회하지 않도록 도와줄 작정이다. 그래서 우리가 마침내 죽음을 맞이할 때 스스로를 자랑스러워할 수 있는, 후회 없는 멋진 삶을 설계할 수 있게 되기를 바란다.

후회는 슬픔만큼 두려운 일이다

부모와의 이별은 그 자체로 큰 아픔이지만, 58세라는 이른 나이에 미련을 안고 떠나신 나의 어머니를 생각하면 더욱 특별한 감정이 밀려온다. 가슴 한편에서 연민이 피어오르고, 그 뒤를 이어 두려움이 스며드는 것을 느낀다.

사랑하는 어머니가 돌아가시고 난 후, 그분의 꿈들도 함께 영면에 들었다. 어머니의 아파트를 정리하며 마주한 것은 미완성으로 남은 수많은 열망이었다. 완성하지 못한 원고와 만화들, 한 번도 건네지 못한 명함들, 그리고 실행의 용기를 내지 못해 서랍 속에 잠든 사업 구상들까지. 어머니의 집은 마치 '잠들어 있는 꿈'의 무덤 같았다. 실현되지 못한 어머니의 희망을 마주하며, 나는 문득 두려워졌다. 언젠가 나 역시 '만약에…'라는 후회만을 남긴 채 생을 마감하게 될지도 모른다는 생각에.

어머니의 마지막 여정은 내게 삶의 의미를 새롭게 일깨워주었고, 후회로 남을 뻔했던 많은 선택들을 바로잡을 기회를 주었다. 지금 내가 타인들의 삶이 후회 없이 빛나도록 돕는 일을 하게 된 것도 모두 어머니께서 남기신 깨달음 덕분이다. 당신이 마지막 순간을 맞이할 때, 어느 누구도 당신을 동정하지 않게 하자. 오래도록 당신을 그리워하며 추억하는 것은 좋으나, 당신의 삶이 불완전했다고 여기게 만드는 일만큼은 결코 없도록 하자.

어머니의 부재 이후, 나는 후회 없는 삶을 향한 집착으로 성공이라는 허상을 좇았다. 직급과 직함, 연봉이라는 사다리를 오르는 것이 인생이란 게임의 승리 조건이라 믿었다. 하지만 승진과 연봉 인상이라는 보상은 더 풍요로운 삶으로 이어지지 않았다. 대신 내가 통제할 수 있는 사소한 것들에 쓸데없이 집착하거나, 지금의 자리를 지키기 위한 스트레스에 짓눌리는 삶이 되었을 뿐이었다. 누구를 탓할 일은 아니다. 우리는 각자 자신의 방식으로 최선을 다할 뿐이니까. 하지만 그 시절의 스트레스와 통제에 대한 갈망은 결국 나를 거식증 환자로 만들었고, 그마저도 한계에 다다르자 폭식증으로 이어졌다.

나는 그제야 깨달았다. 내가 정작 중요한 삶의 본질에서는 눈을 돌리고, 특히 나의 정체성이라 여겼던 직업에 대한 깊어져 가는 환멸감을 외면하기 위해 스스로를 마취시키고 있었다는 것을. 나는 늘 일에 파묻혀 있으면서도 어머니처럼 후회로 가득한 채 생을 마감하게 될까 봐 두려웠다. 이럴 때 인간은 종종 자기 파괴적인 선택을 한다. 나 역시 10년이라는 시간 동안 굶고 토하기를 반복하며 그렇게 살았다.

우리는 내면의 일부가 메마르고 죽어간다고 느낄 때면, 그

고통을 견디기 위한 각자만의 방법을 찾아내기 마련이다. 나 역시 그랬다. 하지만 진정한 변화는 오랫동안 가슴 깊이 묻어두었던 열정, '죽음이 삶의 동력이 될 수 있다'는 특별한 주제를 마주하고서야 찾아왔다. 응용 긍정심리학 석사 과정에서 이 독특한 주제를 탐구하며, 비로소 나는 진정한 나의 길을 걸을 수 있게 되었다.

나는 긍정심리학을 공부하기 시작하면서 내게 남은 월요일이 얼마나 되는지 세어보기 시작했다. 그동안 얼마나 많은 시간을 낭비했는지 수치로 확인하고(그 수치에 연연해하지는 않았지만), 앞으로 목적을 가지고 살아갈 시간이 얼마나 남았는지 따져 보면서 머리를 얻어맞은 듯한 깨달음을 얻었다. 그리고 이제 더는 삶을 허비하지 않겠다고 결심했다. 나는 삶에 목적과 집중력, 열정, 그리고 강렬한 동기를 갖게 되었다.

죽음은 나에게 열정적으로 살아갈 동기를 준다. 하지만 두려움 때문은 아니다. 내가 곧 죽을 것이라는 사실은 이 삶을 제대로 살아내고 마지막 순간까지 일말의 후회 없이 살고자 하는 강렬한 열망을 불러일으킨다. (내가 평균 수명을 산다고 가정하면, 1,821번의 금요일 밤이 남아 있다. 이 금요일들을 잘 활용할 수 있는 방법은 무엇일까?) 나는 당신도 '후회 없는 삶을 살기' 위해 특별한 동기를 갖게 되길 바란다.

나의 목표는 당신이 삶에서 원하는 것이 무엇인지 깨닫게 하는 것뿐만 아니라, 현재를 즐기는 방법을 마치 핀셋으로 집어내듯 구체적으로 찾도록 도와주는 것이다.

그러니 당신이 현재 얼마나 생생히 살아 있다고 느끼든, 혹은 얼마나 좀비 같은 삶을 살고 있다고 느끼든, 또는 삶과 죽음이라는 문제에 대해 얼마나 무기력하게 느끼고 있든 간에, 두려움과 무관심, 낭비로 가득했던 삶을 지나 생생한 삶의 길로 나아갈 수 있다는 사실을 말해주고 싶다. 그리고 이 모든 변화는 죽음을 바라보는 관점을 바꾸는 데서 시작된다는 것도.

'긍정심리학'이란?

긍정심리학은 우리의 삶을 가치 있게 만드는 것이 무엇인지 과학적으로 연구하는 학문이다. 삶을 낭비하지 않으려면 무엇을 해야 하는지 연구하는 것이다. 긍정심리학의 아버지 마틴 셀리그만Martin Seligman 박사는 1999년 미국 심리학회 회장으로서 "심리학을 어둠에서 빛으로 이끌자"고 호소하며, "왜 정신 건강이 아닌 정신 질환에 집중하고 있느냐"는 놀라운 질문을 던진다. 그 후로 긍정심리학은 인간의 잠재력과 웰빙의 관점에서 연구되고 있다.

마틴 셀리그만 박사는 펜실베이니아 대학교에서 응용 긍정심리학 석사MAPP 프로그램을 창설했다. 나는 2019년에 이 과정을 수강하며 셀리그만 박사에게 배우게 되었고, 삶과 죽음이 서로 어떻게 뒤얽혀 있는지를 연구하는 실존적 긍정심리학에 눈을 뜨게 되었다. 긍정심리학은 내 삶을 변화시켰고, 당신의 삶도 변화시킬 수 있기를 바란다. 이 책에서 다룰 모든 내용은 번영의 과학 science of flourishing 을 바탕으로 한 것이다.

왜 죽음과 가까워져야 하는가

누구나 의미 있는 삶을 살고 싶어 한다. 그래서 '카르페 디엠(지금을 즐겨라)'이라고 새긴 머그잔에 커피를 마시고, '인생은 한 번뿐이다'라는 말에 진지하게 고개를 끄덕이고, '하쿠나 마타타(근심 걱정은 모두 떨쳐버려)'를 외친다. 우리에게는 정말로 이 소중한 시간을 최대한 활용하겠다는 훌륭한 의지가 있다.

그런데도 정작 현실에서는 삶을 당연하게 여긴다. 하고 싶은 일은 '나중에' 얼마든지 할 수 있을 거라 생각하고, 자동 조종 기계처럼 관성에 따라 산더미처럼 쌓여 있는 일들을 하다 보면, 어느새 한 달이 훌쩍 지나가 버린다. 그러다 문득 우리는 종종 삶에서 무언가를 놓쳤다는 느낌을 받는다.

이렇게 '죽기 전에 제대로 살아 보려는' 욕구가 번번이 좌절되는 상황에서, 우리는 무엇을 할 수 있을까?

그 방법은 죽음과 친구가 되는 것이다. 역설적으로 들리겠지만, 죽음과 친해지는 것이 우리가 깨달음을 얻고 삶에 더 많은 생명력을 불어넣을 수 있는 방법이다.

대부분의 사람들이 죽음을 생각할 때 불안을 느낀다. 그러나 죽음을 성찰하는 일은 궁극적으로 삶을 긍정하는 연습이라고 할 수 있다. 죽음은 우리를 긴박감과 우선순위, 의미를 가지고 적극적으로 삶에 참여하도록 깨워준다. 죽음을 떠올림으로써 의도적으로 즐거운 행동을 취할 수 있으며, 이것이 곧 '멋지게 살았다!'라고 말할 수 있는 만족스러운 죽음과, '할 수 있었는데, 했어야 했는데, 했을 텐데'라는 아쉬움만 가득한 죽음과의 차이를 만든다.

더 즐겁게 살고 싶은 욕구를 당연하게 여겨라

나는 오랫동안 수많은 고객들을 상담하며 몇 가지 공통된 주제를 발견했다. 대부분 우리가 살아 있는 존재로서 마주하게 되는 딜레마에 관한 것이다. 말하자면, 인생의 유한함을 직시하고는 있지만, 변화를 위해 무언가를 하려는 것보다는 그냥 눈을 감아버리는 것이 쉬워서 오히려 삶이 더 나태해졌다거나, 바쁜 삶과 의미 있는 삶의 차이를 잊어버린 채, 무의미한 일들과 약속들로 하루하루를 채우고 있다거나 하는 것에 대한 고민들이다. 한마디로, 삶에 지루함을 느끼지만 어떻게 그 지루함에서 벗어나야 하는지 모른다는 것이다.

삶과 자기 자신에게 더 많은 것을 바라는 것은 당신만이 아니다. 나의 잠재력을 미처 다 발휘하지 못하고 마지막을 맞이하게 될까 봐, 임종 때 만족보다 후회가 더 클까 봐, "만약 그때~했더라면"이라는 생각에 평생 발목 잡혀 살게 될까 봐 두려워하는 것도 당신만이 아니다. 우리가 그토록 갈망하는 '낭비 없는 삶'이 아니라, 낭비로 가득 찬 삶을 살게 될까 봐 불안해하는 것 역시 당신만이 아니다. 비록 방법은 모르겠지만, 오늘보다 훨씬 더 생생히 살아 있음을 느끼고 싶어 하는 것도 당신 혼자가 아니다. 하지만 두려워하지 마라. 이제부터 내가 당신을 안내할 테니.

누군가는 내가 너무 죽음을 가볍게 다룬다고 느낄지도 모른다. 아마 최근 누군가를 잃은 슬픔을 경험했다면 더욱 그럴 것이다. 내가 이 책에서 다루고자 하는 논의는, 죽음을 말할 때 드는 다양한 감정을 묵살하려는 의도가 아니다. 이 책을 넘기면서 생기는 두려움과 슬픔, 불안, 부정적인 감정들을 인지하고 존중하라. 좋은 역설이 그렇듯이, 우리는 이러한 복잡한 감정들로 인해 더 온전하고 충만한 삶을 만들어갈 수 있다.

우리가 죽음을 대하며 느끼는 불편한 감정은 우리에게 남아 있는 월요일을 의미 있게 보낼 수 있는 계획을 설계하고 재정비할 수 있는 동기가 될 것이다. 이를 테면, 소원해진 친구와 다시 연락하거나, 버킷리스트를 채웠다가 비우고 다시 채우며, 동네 환경 정화를 위해 주도적으로 나서고, 콩류를 더 많이 먹는 등의 계획을 세울 수 있다.

우리에게 다가오는 죽음에 대한 인식을 다루는 일이 쉽다고는 말하지 않았다. 하지만 그것을 외면하고 다루지 않는 것은 마치 산 채로 묻히기를 바라는 것과 같다.

차례

1장   당신의 삶을 추천할 수 있는가?

2장   지금 얼마나 살아 있다고 느끼는가

9장   의미 있게, 더 깊게 살아라

10장   더 다채롭게 살아라

11장 죽기 전에 마음껏 즐겨라

1장
당신의 삶을 추천할 수 있는가?

더 잘 알 때까지 최선을 다하라.
그런 다음 더 잘 알게 되면, 더 잘하라.

마야 안젤루Maya Angelou

이번 장에서는 당신의 삶을 깊이 들여다볼 것이다. 생생히 살아 있다는 느낌부터 완전히 마비된 듯한 느낌(즉, 살아 있는 시체나 다름없는)까지 아우르는 '생명력의 스펙트럼Spectrum of Aliveness'에서, 자신의 삶이 어디에 놓여 있는지 현재의 삶을 돌아보라. 당신에게 생명력을 불어넣는 것과 빼앗는 것이 무엇인지, 그리고 삶에서 이미 썩어가고 있는 것이 무엇인지 명확하게 알아내라.

지금 자신의 모습과 자신이 바라는 미래의 모습을 알아보는 것이다. 만약 지금 당장 격려를 받으며 원하는 대로 살 수 있다면, 그리고 그러한 삶을 살 수 있는 시간이 제한되어 있다는 사실을 자각했다면, 당신은 어떻게 살고 싶은가?

이번 장에서는 진정으로 살고 싶은 삶을 설계하기 위해 필요한 수많은 질문을 할 것이다. 무엇이든 빨리 하고 싶어 하는 당신은 오늘 당장이라도 변하고 싶어 못 견디겠지만, 인내심을 갖고 자신에게 친절하게 대하라. 그리고 당장 직장을 그만두고 발리로 떠나는 식으로 인생을 날려버리기 전에, 우선 차분히 대화를 해보자. 우리는 당신의 삶을 되살릴 몇 가지 가능성을 신중하게 고민할 것이다.

'진심으로 의미 있게 사는 삶'을 시작하는 첫 번째 단계는, 자신의 삶에서 고쳐야 할 부분을 신중하게 점검해보는 것이다.

진정으로 사는 삶 vs 내면이 죽어 있는 삶

진정으로 사는 삶	내면이 죽어 있는 삶
생명력을 추구하는 것이다. 결국 죽음을 맞이할 때 조금의 후회도 없이 자랑스럽게 되돌아볼 수 있는 삶을 사는 것이다. 특히 편안하게 느끼는 안전지대에서 벗어나 있을 때에도 직장, 친구, 결혼, 파트너십, 거주지, 헤어스타일 같은 무언가에 새롭게 도전할 용기를 내며 사는 것이다.	**확실하지만 아이러니하게도 불안한 안전지대에서 사는 것이다.** 그저 견뎌낼 수 있는 직장에서 일하고(나도 겪어봤다), 쓰지 못한 휴가에 한탄이나 하며(나도 경험해봤다) 사는 것이다. 다시 뜨개질을 시작하거나 팔굽혀펴기 열 번을 하거나, 정말로 프랑스어를 배우겠다고 생각하지만, 실제로는 실행할 계획도 세우지 않고 시간만 흘려보내며 사는 것이다.

승리하려고 노력하는 것이다. 매력적인 승진을 놓고 경쟁하고, 스피치 학원에 등록하고, 경기에 참가하고, 크고 작은 어떤 위험이든 감수하고, 자신을 방어하는 것이 아니라 쟁취하기 위해 모든 노력을 쏟으며 사는 것이다.	**실패하지 않으려고 노력하는 것이다.** "내가 직접 나서지 않는 게 좋겠어. 어차피 김대리가 일을 맡을 가능성이 더 크니까"라는 안전주의 정신에 굴복하며 사는 것이다.
경기 종료를 알리는 버저가 울릴 때까지 최선을 다해 뛰는 것이다. 끝까지 전력을 다하는 것이다. 무엇이 끝날 때까지? 게임, 3분기 성과, 연주회, 과제, 2주간의 퇴사 통지기간, 관계 그리고 삶이 끝날 때까지.	**힘들어지면 경기를 그만두는 것이다.** 힘들거나 불편해서, 또는 바보처럼 보일까 두려워서 일찌감치 그만두는 것이다.
실패에 대해 건강한 태도를 취하는 것이다. 피할 수 없었던 실수를 털어내고 실수를 통해 배우는 법을 아는 것이다.	**실패는 심각한 결점을 드러내는 부끄러운 일이라고 믿는 것이다.** 죽는 날까지 잠재력 가득한 놀라운 자아를 잔뜩 움츠린 채 사는 것이다.
다양성으로 가득한 삶을 사는 것이다. 다양성은 삶의 양념과도 같다. 가끔은 오징어 먹물 파스타를 먹어보는 것처럼 변화를 시도하는 것이다.	**반복적인 일상과 습관에 얽매인 채 사는 것이다.** '매일 똑같은 하루'를 보내며, 흐릿한 기억으로 스쳐 지나가듯 사는 것이다.
'예스'라고 말하는 삶을 사는 것이다. 막판에 받은 공원 콘서트 초대, 쿠팡에서 내 상품을 판매하는 것 같은 가슴 설레는 꿈, 하와이에서 열리는 친구의 결혼식, 쉽지는 않지만 나를 거의 언제나 활력 있는 삶으로 이끄는 모든 것들에 '예스'라고 말하는 것이다.	**수많은 '노'로 가득한 삶을 사는 것이다.** 소파에 누워 있는 시간과 '만약'이라는 말과 후회로 가득한 삶이다.

인생에서 정말로 중요한 일의 우선순위를 의식적으로 재정립하는 것이다. 나의 시간, 집중력, 에너지를 쓰는 방법을 내 뜻대로 재구성하는 것이다.	**뚜렷한 의도가 없는 삶을 사는 것이다.** 내면이 죽은 삶의 특징이다. 그동안 함께 일한 많은 고객들은 삶이 그냥 흘러가게 내버려둔 것을 한탄한다. 예를 들어, "어쩌다 이렇게 오랜 시간을 톰 밑에서 일하게 된 것일까?" 하며 자신의 지난 경력을 의아해한다. 인생의 전환점이 될 중요한 순간을 쉽게 지나쳐 버릴 수 있다.
긍정심리학의 정점인 모습이다. 번성하고 가치 있는 삶을 살기 위해 필요한 일을 하는 것이다. 또한 내면을 환하게 밝히는 삶을 스스로 통제하면서 추구할 수 있다는 사실을 아는 것이다.	**긍정심리학의 정반대되는 모습이다.** 그냥 '그럭저럭 지내고' 안주하는 것도 괜찮다고 생각하는 것이다. 죽을 때까지, 그리고 죽어서도 시궁창 같은 삶에 갇혀 있을 운명인, 무력한 희생자처럼 느낀다.

당신은 '진정으로 사는 삶'과 '내면이 죽어 있는 삶' 중에서 어느 쪽에 가까운 삶을 살고 있는가? 어쩌면 '내면이 죽어 있는 삶' 부분에서 눈에 확 들어온 내용이 있었을지 모른다. 괜찮다. 당신만 그런 게 아니니까. 진정 살아 있음을 느끼며 살기 위한 첫걸음은, 자신이 현재 어떤 삶을 살고 있는지 정확하게 파악하는 것이다.

나는 이러한 인식이 죽은 듯이 사는 삶을 바로잡는 데 도움이 된다는 사실을 깨달았다. 우리는 모두 의미 있고 충만하고 풍요로운 삶을 살고 싶은 의지를 갖고 있지만, 일상에는 이를 방해하는 요소가 너무 많다. 우리는 바쁘다. 보고서를 작성하고, 타이어를 교체해야 한다. 피곤하다. 아이들은 새벽 3시 30분에 잠을 깨우고, 금요일 저녁이 되면 그냥 손에 리모컨이나 쥐어든 채 가만히 누워 있고만 싶다. 점점 두려워진다. 좁지만 예측이 가능한 편안한 삶의 일상과 리듬이 흔들릴까 봐 겁을 먹는다. 몸, 관계, 목표, 취미, 삶의 즐거움을 소홀히 하는 사람들은 얼마나 많은가. 사는 게 어렵다고 생각하는 사람들은 또 얼마나 많은가. 아직 살아 있을 만큼 운이 좋으면서도, 이에 어울리지 않는 방식으로 사는 사람은 얼마나 많은가. 여태껏 그렇게 살았다는 이유로 지루한 일상을 당연히 여기고 있진 않은가?

자, 이제 내가 질문에 답할 차례. 얼마나 많은 사람들이 별다른 노력을 기울이지 않고 대충 살고 있을까? 우리 모두다. 다른 사람들이 모두 그렇게 살기 때문에 우리도 그렇게 산다. 어떤 사람들은 상대적으로 삶을 더 소홀히 대한다. 하지만 이 책에서는 누구도 비판하지 않을 것이다. 우리에겐 아직 희망이 있다. 삶을 낭비하는 것을 멈출 수 있다. 죽은 삶을 되살릴 수 있다.

당신의 삶은 몇 등급인가?

간단하게 삶의 행복 수준을 체크해보자. 다음의 '인생 사다리'는 자신의 삶을 주관적으로 평가해볼 수 있는 간단한 방법이다. 사다리의 맨 위는 최고의 삶을, 사다리의 맨 아래는 최악의 삶을 나타낸다.

10	번영하는
9	번성하는
8	발전하는
7	잘하고 있는
6	그럭저럭 괜찮은
5	버티고 있는
4	고군분투하는
3	고통스러운
2	낙담한
1	절망적인
0	이런, 큰일이군

1. 당신은 지금 사다리의 어느 단계에 서 있다고 생각하는가?
2. 5년 뒤에는 사다리의 어느 단계에 서 있을 것 같은가?

'인생 사다리'는 다음의 세 가지 구역으로 분류된다.

• 현재 삶에 대한 평가 등급이 4단계 이하로 낮고, 향후 5년 뒤의
 전망도 부정적이라면, '고통스러운' 단계에 속하고, 불행히도
 행복 수준이 아주 위험한 상태다. '고군분투하는' 단계에 속한
 사람은 신체적인 고통, 스트레스, 슬픔, 걱정, 분노를 경험할 가

능성이 높다.

- 현재 삶에 대한 평가가 보통 수준이거나 미래에 대한 전망이 보통 또는 부정적이라면(5단계와 6단계 사이), '고군분투하는' 단계에 속하고, 행복 수준은 보통이거나 불안정한 상태다. 사다리에서 이 단계에 속한 사람들은 '번성하는' 단계에 속한 사람들보다 일상적인 스트레스와 금전적인 걱정이 더 많고, 병가 일수가 두 배 이상 많은 편이다. 또한 건강한 음식을 더 적게 섭취하고 흡연할 가능성이 더 높다는 연구도 있다.

- 현재 상황에 대한 평가와 미래에 대한 전망이 모두 7, 8단계로 긍정적인 수준이라면, '번성하는' 단계에 속한다. 축하한다! 당신의 행복 수준은 높고 일관되며, 향상되고 있는 상태다. 이 단계에 속한 사람들은 삶에서 더 많은 행복과 흥미, 즐거움, 존중을 보여준다. 대단히 흥미로운 점은, 이 단계의 사람들은 노력형으로서 삶의 만족도를 극대화하는 데 지속적인 관심을 기울이고, 사는 동안 더 높은 수준의 자아실현을 추구하는 경향이 있다는 것이다. 그들은 이 단계에 도달한 이후에도 안주하지 않는다. 나의 내담자 중 상당수는 이미 7단계 이상의 위치에 있으며, 다음 단계로 올라가는 데 관심이 많다. '평생 배우는 사람들lifelong learners'이 있듯이, 꼭대기 단계 너머에 있는 삶은 어떤지 보고 싶어 하는 사람들이다.

'2023 세계행복보고서2023 World Happiness Report'에서 미국의 평균 점수는 6.89점이었다. 반면 세계 평균은 5.54점이었다. 미국의 44퍼센트가 6단계 이하로, '고통스러운' 단계 또는 '고군분투하는' 단계에 속했고, 56퍼센트는 7단계 이상으로 '번성하는' 단계에 속했다.

우리는 모두 제일 높은 단계에 도달하고자 노력하고 있다. 긍정심리학에 따르면, 현재 어느 단계에 속하든 상관없이 우리는 인생의 사다리를 조금씩이라도 올라가려는 열망과 주체성으로 가득 차 있다. 여기서 잠깐 멈춰서, 긍정심리학적 이론을 살펴보자.

행복은 타고난 특성이 아니라
노력해서 길러야 하는 재능이다

우리는 스스로 삶의 만족도를 높일 수 있는 통제권을 생각보다 많이 갖고 있다. 우리에게는 주체성이 있다! 그리고 힘이 있다!

연구에 따르면, 우리가 삶에서 더 '행복해지고' 이를 '유지하기 위해' 의도적인 조치를 취하는 것은 확실히 효과가 있다. 많은 사람들은 행복이 타고난 유전적 자질에 달려 있다고 생각한다. 즉, 부모가 엄청난 친화력을 갖고 있는지, 괴팍한 사람인지에 따라 행복한 삶 또는 완전히 우울한 삶을 살게 될 운명이 결정된다고 믿는다. DNA는 분명 행복을 형성하는 데 영향을 미친다. 그래서 활발한 엄마와 우울한 아빠의 유전자가 영향을 미치기도 하지만 극복할 수 없을 정도는 아니다.

심각한 질병을 앓고 있거나 특정 사회경제적 계층에서 태어나는 것처럼, 삶에서 처한 상황은 행복에 영향을 미치지만, 생각보다 낮은 수준이다.

연구 결과에 의하면, 삶의 행복감을 높이려는 '의도적인 행동'은 삶에 대한 만족도에 중대한 영향을 미친다. 행복을 구성하는 요소를 나누는 방법으로 '행복 파이happiness pie'라는 개념이 있다. 파이를 구성하는 유전자, 환경, 의도적인 행동의 크기에 대해서는 치열한 논쟁이 계속되고 있지만, 스스로 선택한 의도적인 행동은 적어도 파이의 40%를 차지하고 있다고 한다. 즉, 행복을 추구하려는 노력이 실제로 행복을 만들어내는 요소가 될 수 있다는 것이다. 요가를 연습할수록 점차 요가를 더 잘하는 사람이 될 수 있다. 시간을 투자하지도 않고 하루아침에 인스타그램에 올릴 만한 까마귀 자세를 할 수는 없지 않은가. 마찬가지로 행복해지려고 노력하지 않고 하루아침에 행복해질 수는 없는 법이다.

그렇다면 당신은 '의도적인 행동'이라는 파이 조각을 얼마나 크게 만들 수 있는가? 행복해지기 위해서 어떤 의도적인 활동을 하고 있는가? 행복해지는 것은 전적으로 우리 자신에게 달려 있다. 다행히도, (1)자신이 삶의 운전석에 앉아 있다는 사실을 받아들이고, (2)'삶'(그리고 '행복')을 방해하는 관성과 두려움을 극복한다면, 그렇게 어렵지 않다.

지금 더 나은 삶을 선택하라

2011년, 나는 직장에 완전히 환멸을 느끼고 있었다. 그날도 별다른 의미 없는 페이지를 스테이플러로 찍으면서 하루를 보내고 있었다. 차라리 얼굴에 스테이플러를 찍어 색다른 하루를 만들어볼까 싶은 충동을 참느라 힘들었다. 어느 때처럼 스테이플러 심이 떨어졌을 때였다. 그때 특히 똑똑히 기억에 남는 일이 있었다. 나는 200매용 스테이플러 심을 조심스럽게 스테이플러에 끼워넣으면서 진지하게 혼잣말을 했다. "이 스테이플러 심이 다 떨어지기 전에 이곳을 떠나는 게 좋겠어" 그렇게 도전은 시작되었다. 나는 왠지 가능할 것 같다는 생각에 웃음이 절로 나왔다. 200매용 스테이플러 심으로 확실하게 기한을 정한 것이 내심 좋았다.

약 1년 뒤에 나는 더 높은 임원으로 승진했고, 여전히 의미 없는 문서를 스테이플러로 찍으며 불행한 나날을 보냈다. 이후 짐작할 수 있듯이, 스테이플러 심이 다 떨어져버렸다. 마치 드롭킥을 맞은 듯한 기분이었다. 그런데 드롭킥을 날린 사람이 바로 나였다. 나는 파일 캐비닛에 대고 조용히 속삭였다. "이 스테이플러에 심을 다시 넣어야 하기 전에 여길 벗어나겠어" 그 순간 느낀 기시감이 치명적인 부메랑처럼 내 마음에 꽂혔다.

그러고 나서 부끄럽게도 나는 아무것도 하지 않았다. 나는 내 삶이 나아지기를 간절히 바랐지만, 변화를 시도하기에는 너무 바빴고 두려웠으며 막막했다. 그리고 200개짜리 스테이플러 심을 새로 끼울 때마다 스스로에게 더욱 실망했다. 두려움 너머에 더 나은 삶이 있으리라 확신했지만, 어떻게 가야 할지 몰라 3년이란 시간을 무력하게 보냈다.

2014년 마침내 나는 미래를 스스로 책임질 용기를 냈다. 커리어 코치와 함께 내 진로에 대한 답을 찾아가면서 1년 과정의 코치 자격증 프로그램에 등록했다. 그리고 코를 막고 '기업가'라는 깊은 물속으로 뛰어들었다. 그렇게 나는 진로를 변경했다. 그것은 내 심장을 다시 뛰게 하기 위해 반드시 필요했던 변화다.

나는 좋은 의도와 희망만으로는 원하는 곳으로 갈 수 없다는 교훈을 얻었다. 그리고 그때의 마음을 잊지 않도록 지금도 스테이플러를 가까이 둔다. 나는 자신이 상상했던 삶을 살려면 직접 실행해야 한다는 것을 배웠고, 지금도 항상 마음속에 되새긴다. 어떤 일이 알아서 일어나기를 기다리지 않고, 구원받기를 기다리지 않으며, 고통에서 벗어날 수 있기를 마냥 기다려서는 안 된다.

직장에 환멸을 느껴본 적이 있는가? 대답하지 않아도 된다. 이미 답을 알고 있으니까. 통계적으로, 직장에서 온전히 일에 몰입하는 사람은 우리 중 3분의 1도 채 안 된다. 절반은 몰입하지 않는다(그냥 잠결에 일하는 것처럼 하루를 보낸다). 그리고 약 17퍼센트는 '적극적으로 몰입하지 않는' 것으로 알려져 있다. 내가 스테이플러 이야기를 한 이유는, 단순히 당신과 공감하기 위해서만이 아니다. 희망을 주기 위해서다. '의미 있는 삶을 사는 것'은 성공, 두려움, 불확실성이란 덫에서 벗어나는 일이다. 반면 '내면이 죽은 삶'은 안주하고, 견디며, 구원받기를 가만히 기다리는 것이다. 절대 그렇게 살면 안 된다. 내가 새로운 커리어를 개척했다는 건, 당신도 할 수 있다는 뜻이다. **우리에게 남은 월요일이 몇 번이든, 살아 있는 동안에는 훨씬 더 나은 삶을 살 수 있다.**

남은 월요일을 세어보라

당신에게 남은 월요일이 몇 번이나 되는지 아는가? 지금 살고 있는 삶 전체에서 남은 월요일의 횟수 말이다.

다음 장에서는 남은 월요일을 세는 것이 돈을 세는 것보다 훨씬 더 중요한 이유에 대해 철학적으로 이야기를 해보겠지만, 지금은 그냥 계산기를 꺼내서 다음의 지침대로 해보자.

- 여성이라면 숫자 81, 남성이라면 76, 또는 어느 쪽인지 확인할 수 없다면 79에서 자신의 나이를 빼라.
- 그 숫자에 1을 더하라. 이 책을 읽으면 일종의 인생 보너스를 받을 수 있다.
- 그 숫자에 52주를 곱하라. 이것이 당신에게 남은 총 월요일 횟수다.

이번에는 앞으로 남은 월요일 근무 횟수를 계산해보자.

- 당신이 예상하는 근무 연수를 구하라.
- 이 숫자에 매년 근무할 계획인 주 수를 곱하라(휴가, 휴일, 유급

휴가에 해당하는 주 수는 제외하라). 이것이 앞으로 근무할 전체 월요일 횟수다.

줄어드는 월요일들에 어떤 일이 남아 있을지 생각해보자.

• **긴 휴가는 얼마나 남았는가?** 예를 들어 많은 사람들이 몇 년마다 긴 휴가를 떠난다. 다행히도 70세가 될 때까지 여행을 다닐 수 있을 만큼 건강하다고 가정하자. 죽기 전에 비행기를 몇 번이나 더 탈 수 있을까? 최근에 함께 일했던 55세의 여성은 앞으로 여권에 스탬프를 찍힐 일이 고작 다섯 번 정도밖에 안 될 것 같다는 사실을 깨닫고는 하얗게 질렸다. 그래서 그녀는 '언젠가' 갈 거라고 계속 미뤄뒀던 몬테그로 여행을 바로 예약했다.

• **멀리 떨어져 사는 가족과 친구들을 앞으로 몇 번이나 볼 수 있을까?** 먼 지방에 살고 있는 어머니를 1년에 두세 번 방문한다면, 어머니가 돌아가시기 전에 차려준 저녁밥을 몇 번이나 더 먹을 수 있을까? 이렇게 생각해보니, 좀 더 자주 방문하고 싶지 않은가?("아니요, 별로"라고 대답해도 괜찮다.)

• **직장에서 중요한 승진이 몇 번 남았는가?** 혹은 예를 들어 몇 년에 한 번씩 큰 계약을 성사시킨다면, 큰 계약이 몇 건이나 남았을까? 나와 함께 일했던 어떤 대표는 자신이 은퇴하기 전까지 회사를 인수할 기회가 겨우 한두 건밖에 남지 않았다는 사실을 깨닫고는 우선순위를 재정립했다. 동기부여를 받은 그는 '칩을 현금으로 바꾸기 전에' 또 다른 놀라운 회사를 인수하게 되었

다고 농담처럼 말했다.

- **앞으로 '특별한 취미활동'은 몇 번이나 남았을까?** 2년마다 마라톤에 참가한다면, 무릎이 나가기 전에 현실적으로 몇 번이나 더 참가할 수 있을까? 몇 년마다 한 번씩 오래된 차를 바꾼다면, 앞으로 몇 대를 더 운전할 수 있을까? 내가 아는 한 작가는 계산을 해본 결과, 앞으로 겨우 다섯 권의 책을 더 쓸 수 있다는 것을 깨달았다. 그녀에게는 20권은 족히 쓸 만한 아이디어가 있었던 터라, 자신이 진심으로 하고 싶은 이야기에 더욱 집중해야겠다고 다짐했다. 잭 캔필드Jack Canfield(《영혼을 위한 닭고기 수프Chicken Soup for the Soul》 저자)와 최근 인터뷰를 했었는데, 대화 중에 그는 예전에 받았던 한 질문을 떠올렸다. "앞으로 할 수 있는 강의가 열 번밖에 남지 않았다고 상상해보세요. 어떤 이야기를 하겠습니까? 왜 아직 안하고 있나요?" 이 질문을 계기로, 그는 하고 싶은 이야기뿐 아니라 필요한 이야기에만 집중할 수 있게 되었다.

- **자녀가 독립하기 전에 같이 지낼 수 있는 시간이 몇 년 남았는가?** 언젠가는 당신의 자녀가 당신과 함께 토요일 밤 소파에서 영화를 보는 것은 고사하고, 함께 여행을 가는 데 전혀 관심이 없을 때가 올 것이다. 그때까지 남은 여름방학이나 봄방학이 몇 번이나 될까? 이 사실을 알고 나니, 돈이 많지 않아도 남은 휴가와 아이들의 방학에 특별한 일을 해야겠다는 생각이 들지 않나? 내가 아는 어느 고객은 자녀에게 재미있는 설문조사지를 작성하도록 했다. 휴가 동안 적은 예산 범위 내에서 하고 싶은 일을 써

보라는 것이었다. 휴가가 끝난 후에는 호수 산책, 아이스크림 먹기 대회 등 휴가 기간 동안 함께 즐겼던 모든 재미있는 활동을 기념하기 위해 동영상과 사진으로 '추억의 영화'를 제작했다.

우리에게는 일생동안 평균적으로 약 4천 번의 월요일이 주어진다. 이제 인생의 절반 정도 살았다면, 죽기 전에 남은 월요일은 약 2천 번이다. 이 유한한 날을 어떻게 보내고 싶은가? 노트나 일기를 얼른 꺼내서 다음 질문에 대한 답을 찬찬히 생각해보는 게 어떨까?

- 앞으로 몇 주가 남았는지 확인하는 것이 어떤 영향을 미치는가?
- 남은 월요일 숫자를 확인하니, 마음이 조급해지는가?
- 삶의 유한함을 깊이 생각해보니, 어떤 기분이 드는가?
- 남은 월요일의 숫자 때문에 존재의 위기를 느끼는가?
- 앞으로 남은 월요일 근무 일수가 몇 번이나 되는가? 이 숫자를 확인하니, 기분이 좋은가 아니면 두려운가?
- 앞으로 승진이나 중요한 커리어 전환이 몇 번 남아 있을 것 같은가? 다음 기회를 위해 무엇을 기다리고 있는가?
- 앞으로 큰 여행이 대략 몇 번이나 남아 있는가? 그리고 어디로 가고 싶은가?
- 가족 방문과 휴가는 몇 번이나 남았는가? 조만간 추가로 계획을 세울 것인가?
- 친구들 모임과 여행은 몇 번 정도 남았는가? 그룹채팅을 다시

시작하고 주말 일정을 조율할 수 있는가?

- 어떤 종류의 중요한 취미 활동이 남아 있는가? 어떻게 기념할 것인가?

이 질문들에 대한 답을 생각해보고, 하고 싶은 행동(또는 추가로 고려해볼 만한 행동)을 적어라. 지금 당장 어떤 약속을 하지 않아도 된다. 우리의 목표는 우선 다양한 목록을 작성한 뒤, 이를 점차 정리하고 압축하여 궁극적으로 삶에 영감을 주는 일들만 남기는 것이다. 나중에 다시 사용할 수 있도록, 이 목록을 저장해두자.

삶의 유한함을 성찰해보면, 살아 있음의 가치를 더 중요하게 인식할 수 있다. 예를 들어 영원히 살 수 있다고 생각하면 삶이 전혀 소중하지 않을 것이다. 영생을 사는 사람들이 다 그렇듯, 모든 것을 당연하게 여기지 않겠는가. 앞으로 몰디브를 5,750,000번 이상 방문할 수 있다면 몰디브 여행을 제대로 즐기기 어렵다. 앞으로 수십억 개의 커리어 중 어디라도 지원할 수 있다면 꿈꾸던 회사에 지원할 동기를 얻기란 어렵다. 앞으로 85,345,950명 이상의 친구가 더 생길 수 있다면 소중한 우정의 가치를 감사히 여기기 어렵다. 즉 천하무적 상태일 때는 삶을 소중히 여기기 어렵다. 그러니 현실을 똑바로 바라봐야 한다. 당신은 천하무적이 아니다. 천천히 썩어가는 시체일 뿐이다. 알아채기 어렵겠지만 당신과 당신의 세포는 명백히 썩어가고 있고, 삶이라는 불치병의 직접적인 원인이 되고 있다. 그러니 앞으로 남은 유한한 날들을, 의미 있는 삶을 사는 동기부여로 삼는 건 어떨까?

누군가에게 당신의 삶을 추천할 수 있는가?

고객 경험 지표의 표준인 '순고객추천지수Net Promoter Score: NPS'에 대해 들어봤을 것이다. 일명 NPS 설문조사에서 두 가지 질문 중 하나는 궁극의 질문Ultimate Question인데, 다음과 같다.

친구나 동료에게 추천할 수 있는가?

친구에게 동네에 있는 어느 쇼핑몰을 추천할지, 내 담당 의사를 친구에게 추천할지, 스타일링이 필요한 동료에게 자신이 다니고 있는 헤어숍을 추천할지 심각하게 고민해본 적이 있을 것이다. 만약 자신의 삶에 대해 이러한 설문조사를 받는다면, 어떻게 답변하겠는가?

친구나 동료에게 자신의 삶을 그대로 추천할 가능성은 얼마나 되는가? 0부터 10까지의 척도에서, 당신이 살았던 그 삶의 세세한 항목까지 똑같이 살라고 다른 사람에게 추천할 가능성은 얼마나 되는가?

0: 완전 엉망진창이다

2 - 3: 아, 이런

5: 반은 좋고, 반은 형편없다

7 - 8: 좋다

10: 정말 놀랍고 멋지다!

그래서 당신의 점수는 어느 정도인가?

- 10점에 도달하는 것이 목표인가? 그럴 수도 있지만, 꼭 그래야
  하는 건 아니다. '완벽한 삶을 살아야 한다'는 압박감에 시달리
  지 말자.
- '추천' 범주(5점 초과)에 속한다면, 자신의 점수를 보고 어떤 기
  분이 드는가? 거울을 보며 자신에게 엄지를 치켜세우고 있는
  가, 아니면 "지금보다 더 '멋지게' 살 수 있어"라는, 의심에 찬
  은밀한 목소리가 들리는가? 그 목소리가 끊임없는 자기비판의
  소리인지, 아니면 더 용기 있고 열정적으로 살라는 격려 차원
  의 부드러운 동기부여인지는 자신만이 알 수 있다. 삶의 순고
  객추천지수에서 0.5점을 올리려면 무엇이 필요할까?
- '나의 삶을 추천하지 않는' 범주(5점 미만)에 속해 있다면, 본인
  을 둘러싼 상황에서 몇 가지 문제가 계속 일어나고 있을 가능
  성이 크다(예를 들어, 5번째 이혼이나 파산, 아니면 정말로 인생이 엉
  망진창일 수 있다). 다음 번에 삶에 대한 설문조사를 받을 때는
  더 나은 대답을 할 수 있도록, 자신의 삶을 5점이 넘는 영역으
  로 끌어올리려면 오늘부터 무엇을 해야 할지 생각해보라.

좋은 소식은 지금부터 앞으로 어떻게 살지 스스로 선택할
수 있다는 것이다. '내적통제위치internal locus of control'를 선택하는
것, 자신의 행동을 통해 사건과 결과를 통제할 수 있는 힘이 있
다고 믿는 것은 주관적인 행복감과 자신감을 유의미하게 예측하

는 요소로 나타난다. 반대로 '외적통제위치external locus of control'를 가진 사람들은 삶이 자신에게 그저 일어나는 것이라고 믿는다. 그래서 자신을 슬프고 안타까운 상황에 놓인 피해자라 여기며 원하는 삶을 살지 못하는 데 대한 변명을 정당화한다.

분명, 상황은 끔찍할 수 있다. 자동차는 고장 나고 빚은 쌓여가며, 마음을 다치기도 하고, 해고 통보를 받을 수도 있고, 계속해서 예상치 못한 상황이 일어날 것이다. 상황은 늘 우리가 세운 계획을 방해한다. 그런데 살아간다는 게 본래 그런 것이다. 그리고 그런 상황이라서 불행한 운명을 맞는 것은 아니다.

언젠가 내 고객 한 명이 가족과 스키 여행을 떠나기 직전에 두 발목을 삐었다. 그녀는 여행을 취소해야 했지만, 집에서 우울해하고 있지만은 않았다. 그 대신에 벽난로 옆에 핫초코와 맛있는 간식을 잔뜩 차려놓고 가능한 많은 사촌, 조카들을 불러 즐거운 시간을 보내며, 스키를 타러 갔다면 결코 하지 못했을 일들을 했다.

이번에는 행복해지기 위해 필요한 것을 종종 과대평가하는 잘못된 사고방식, 좀 더 구체적으로는 풍요로운 삶을 살기 위해서는 '부자가 되어야 한다'고 생각하는 편견, 그리고 작은 기쁨의 순간이 행복에 미치는 영향을 과소평가하는 사고방식에 대해 자세히 이야기해보겠다. 예를 들어, 학자금 대출로 목이 조이는 상황에서는 취미를 위해 뜨개실에 5만 원씩 투자할 여유가 없을 수도 있다. 재정적인 상황은 현실적인 문제니까. 하지만 이와 상관없이 우리는 얼마든지 행복한 삶을 설계할 수 있다. 적은 예산, 또는 예산 없이도 얼마든지 즐거운 일을 계획할 수 있다. 예를 들어, 점심시간에 20분 동안 사무실 근처에 있는 공원을 산책하면서 좋아하는 팟캐스트를 들으며 웃고, 봄기운을 한껏 느낀 후 회사로 돌아올 수 있다. 깊은(그리고 넓은) 삶을 살기 위해 반드시 주머니가 두둑할 필요는 없다. 다행히도 인생에서 가장 좋은 것들의 대부분은 무료다.

지금까지 당신의 삶이 누군가에게 추천할 수 없을 정도로 형편없는 것이었다고 해도, 오늘부터는 완전히 추천할 만한 삶으로 나아갈 수 있다는 편안함과 자신감을 가져 보자. 이것이 우리의 목표다. 남겨진 모든 월요일은 다르게 살 수 있다. 스스로 내 삶을 빛나게 해줄 것들을 찾고, 목적의식을 발견하여 일상에 의미를 더할 수 있다.

작은 변화부터 시작하라

삶을 더 생생하게 살기 위해 스릴을 쫓는 극단적인 모험가가 될 필요는 없다. 오히려 작은 변화를 주면서 삶에 더 많은 산소를 불어넣는 일이 더 지속 가능한 좋은 방법이 될 수 있다. 머그컵, 티코지, 인스타그램 곳곳에 새겨진 '삶을 충만하게 살라'는 문구는, 대부분의 사람들에게 격려가 아닌 자칫 강요처럼 느껴진다. 이 책은 작은 변화를 통해 삶에 더 깊이 감사하고 더 풍요롭게 살아가도록 영감을 주기 위함이지, 당신이 잘못 살고 있다는 느낌을 주려는 것이 아니다. 해야 할 일이 아니라, 할 수 있는 일에 대해 함께 생각해보자. 살아 있는 한, 가능성은 계속해서 주어진다.

'해야 한다'를 주의하라

입에서 '해야 한다'는 말이 나올 때마다, 자신의 얼굴을 때리고 싶을 것이다. '해야 한다'는, 대개 의무나 타인의 이익에 뿌리를 둔 규칙 또는 엄격한 기준에 굴복하기 직전이라는 뜻이다. "나는 _____ 해야 한다"라는 생각이 떠오르면, 잠시 멈추고 의문을 품어야 한다. '해야 한다', '반드시 해야 한다', '해야 할 의무가 있다'가 자신의 머릿속을 지배하기 시작하면 그 순간 알아차리고, "내가 진짜 이번 주말에 친구의 이사를 도와야 할까?" 같은 질문으로 현실에 의문을 던져보라. 그래야 '해야 한다'는 사고방식을 '할 수 있다'는 사고방식으로 바꿔, 관점을 넓히고 색다른 사고를 일으킬 수 있다. "친구를 도와서 킹 사이즈 매트리스를 계단 아래로 옮길 수도 있겠지만, 나는 그 시간에 시나리오 작업을 하고 싶어요", "나는 회사에서 하는 DEI 이니셔티브에 자원할 수 있어요. 눈코 뜰 새 없이 바쁘긴 하지만, 제 가치관과 전적으로 일치하거든요… 그래서 하려고요" '할 수 있다'라는 말은 가능성을 내포하고 있다. 주체성으로 가득 찬 문장이다. 주체성은 행복감에 큰 영향을 준다. 우리는, 우리 내면이 죽은 것처럼 느껴지게 하는 것들에 대해 더 자주 'No'라고 말해야 한다.

양보다 질을 추구하라

놀라운 삶을 살라고 권장하는 것은, 바닐라맛처럼 겉으로 평범해 보이는 삶을 사는 사람들을 꾸짖으려는 게 아니다. 어떤 사람들은 바닐라 아이스크림을 더 좋아하고 초콜릿칩 쿠키 아이스크림에는 관심이 없다. 문제될 게 전혀 없다. 여기서 권장하는 것은 자신의 필요와 선호에 따라 삶을 더 활력 있고 목적 있게 살자는 것이다. 우리에게 남은 시간이 줄어든다고 자각했을 때 누군가는 소박한 즐거움을 주는 바닐라 아이스크림을 더 많이 먹고 싶을 수 있다. 더 건강해지고 싶다는 생각에 아이스크림을 적게 먹고 싶을 수도 있다. 아니면 기존의 바닐라 아이스크림에 체리를 얹어 먹고 싶을 수도 있다. 내 고객들 중 어떤 사람은 온갖 다양한 사교 모임과 경험으로 가득 찬 삶을 원한다. 반면, 대다수의 사람들은 일상에 즐거움을 주는 것을 더 세심하게 선택하며 조용한 삶을 원한다. 나는 꼭 더 많은 양을 추구하는 삶보다, 의도적인 삶을 사는 경험을 권하고 싶다. 즉, '더 높은 질'을 추구하라는 것이다.

자신을 행복하게 하는 것이 무엇인지 찾아라

안타깝게도 대부분의 사람들이 자신을 행복하게 하는 것이 무엇인지 잘 모른다. 자기 내면에 불꽃을 일으키는 것들에 관해 이상할 정도로 무지하다. 나의 삶을 진정 충만하게 하는 것이 무엇인지 모른다면, 그런 삶을 살기도 어렵지 않을까?

일반적으로 가족을 돌보는 막중한 역할을 맡은 여성의 경우, 특히 자신이 행복해지는 데 무엇이 필요한지 잘 모른다. 다른 사람들을 돌보고 먹이고, 행복하게 하는 데 너무 집중하느라 정작 자신이 좋아하는 색깔이 무엇인지도 모른다.

또한 자신이 사랑하거나 하고 싶은 일, 예전에 좋아했던 일을 마치 타인의 삶인 듯 멀리서 바라보는 사람도 있다. 그들이 예전에 좋아하고 경험했던 삶, 언젠가 다시 살고 싶은 삶을 말이다. 우리가 조금만 더 이를 인식하고 의도적으로 행동하면, 매일, 매주, 매달, 매년 훨씬 더 많은 즐거움을 일상에 불어넣을 수 있다.

한 가지 예를 들어보겠다. 내 고객 중에 누군가 안부를 물어보면 자동적으로 "바빠요!"라고 대답할 정도로 바쁜 사람이 있었다. 그녀는 자신의 삶이 단조롭고 공허하며 지루하다고 느끼고 있었다. 그런데 자신을 행복하게 하는 것들의 목록을 작성하고 나서는, 엄청난 노력과 시간, 돈을 들이지 않고도 삶을 더 좋아할 수 있는 방법을 발견할 수 있었다. 그녀는 80년대 음악을 좋아한다고 적었고, 자신이 좋아하는 음악(본 조비, 신디 로퍼 등)을 담은 플레이리스트를 만들었다. 점심시간에 혼자 걷는 게 그리웠던 그녀는, (자신의 플레이리스트를 들으면서) 산책을 시작했다. 잠자리에 들기 전에는 일반적인 비즈니스 책 대신에 소설책을 집어 들었다. 어렸을 때 이야기에 푹 빠져 있던 순간을 자신이 얼마나 좋아했었는지 기억해냈기 때문이다. 그녀는 자신을 웃게 하고 추억을 되살려줄 대학시절 친구에게 전화를 걸기도 했다. 자주 포장해 가는 음식 목록에는 태국 음식을 추가했다. 자신이 매

콤새콤한 새우수프를 좋아했던 기억이 떠올랐기 때문이다. 이러한 노력은 그녀에게 새로운 행복의 에너지원이 되었다. 그녀는 인생에 즐거움을 더해줄 소박한 것들을 무심코 빼앗기고 살아왔지만, 다시 되살리고 나서는 일상에서 훨씬 큰 활력을 느끼게 되었다.

당신도 펜과 종이, 혹은 노트북의 새문서 등 본인이 편한 곳에 편한 방법으로 멋진 아이디어를 기록하라. 자신을 행복하게 하는 일을 작성하라. 좋아하는 안락의자, 좋아하는 카페의 창가 좌석, 공원 벤치 등 어디든 좋으니, 당신이 좋아하는 장소에 앉아 다음의 빈칸을 채워보라.

☐ 나는 이런 활동(예를 들어, 하이킹, 스키트 사격, 서점 둘러보기, 낮잠, 전시회, 공상, 주짓수 등)을 좋아한다:

_____

_____

☐ 나는 다음과 같은 사람들과 함께 시간을 보내는 것을 좋아한다:

_____

_____

☐ 나는 혼자 있을 때, 이런 일을 하는 것을 좋아한다:

_____

_____

□ 나는 이런 장소(예를 들어 고향, 특급 호텔 로비, 수영장, 산, 욕조 등)를 좋아한다:

_____

_____

□ 나는 이런 여행지를 좋아한다:

_____

_____

□ 나는 이런 음식을 좋아한다:

_____

_____

□ 나는 이런 음료를 좋아한다:

_____

_____

□ 나는 이런 디저트를 좋아한다:

_____

_____

□ 나는 이런 색깔을 좋아한다:

_____

□ 나는 이런 노래/밴드를 좋아한다:

_____

_____

□ 나는 이런 책을 좋아한다:

_____

_____

□ 나는 이런 영화를 좋아한다:

_____

_____

□ 나는 이런 취미를 좋아한다:

_____

_____

□ 나는 하루 중 이 시간대를 좋아한다:

_____

_____

☐ 나는 이런 냄새를 좋아한다:

_____

_____

☐ 나는 이런 풍경을 좋아한다:

_____

_____

☐ 나는 이런 것을 만지는 것을 좋아한다:

_____

_____

☐ 나는 이런 소리를 좋아한다:

_____

_____

☐ 나는 다음과 같은 것을 성취하는 것을 좋아한다:

_____

_____

☐ 나는 이런 방법으로 스스로를 돌보는 것을 좋아한다:

_____

_____

☐ 나는 이런 날을 좋아한다:

_____

_____

☐ 나는 이럴 때의 나 자신을 좋아한다:

_____

_____

이 목록을 완성하는 과정이 어땠는가? 각 항목마다 수십 개의 아이디어를 쉽게 떠올리는 사람들도 있고, 이 과정을 아주 힘들게 느끼는 사람들도 있다. 답변이 더디게 나온다면(또는 전혀 나오지 않는다면!), 앞으로 며칠이나 몇 주 동안 아이디어가 떠오를 때마다 이 목록에 추가하라. 시간이 지나면 아이디어가 떠오를 것이다. '행복해지는 방법'을 찾기 위해 레이더를 켜두면, 종종 그 해답이 바로 눈앞에 있다는 사실을 알게 된다. 지금은 그저 내 마음을 울리고 심장을 뛰게 하는 것이 무엇인지 알아가는 것이 중요하다.

목록에 작성한 활동이 있다면, 그것을 얼마나 자주 즐기는가? 이미 자신이 알고 있는 즐거움으로 삶을 가득 채우고 있을 수도 있다(일주일에 한 번 자신에게 신선한 꽃을 배달시키는 고객처럼). 또는 삶에서 소소한 즐거움에 굶주려 있을 수도 있다(네일 아트 받는 것을 좋아하지만 수십 년 동안 참았던 내 여동생처럼 말이다. 그녀는 60세가 되자 주기적으로 손톱 관리를 받겠다고 결심했다.)

다음 장에서 자세히 설명하겠지만, 살면서 주기적으로 이런 활동을 하는 것은 분명 좋다. '행복한 일은 저절로 일어나지 않는다. 그래서 계획을 세워야 한다.' 삶의 즐거움을 높이는 데는 한 번에 하나의 작은 경험만으로도 충분한 경우가 많다.

당신을 살아 있게 하는 것은 무엇인가?

'당신을 행복하게 하는 것은 무엇인가'라는 질문의 먼 친척뻘 되는 질문이 하나 있다.

"나는 _____ 때, 가장 살아 있다고 느낀다."

이 빈 칸에 들어갈 답변을 보면, 삶에 적극적으로 참여하고 싶은 욕구와 '삶을 제대로 살지 못했다'는 실망감 사이에 존재하는 간극이 어디에서 오는지를 확인할 수 있을 것이다. 예를 들어, 당신이 '가장 살아 있다고 느끼는' 순간이 급류 래프팅을 할 때인데 도심 속에서 살고 있다면, 분명 곤란한 상황에 처해 있다고 할 수 있다. 합리적인 대안은 급류를 즐길 수 있는 장소로 정기적인 휴가를 떠나는 것이다. 하지만 나를 가장 살아 있게 만드는 일을 가뭄에 콩 나듯이 하는 것은 충분하지 않다. 당신이 그럴 것이라 상상하면 마음이 아프다. 당신 자신도 마음이 아플 것이다. 당신은 어떻게든 래프팅을 할 수 있어야 한다. 이것은 생사가 걸린 문제다.

만약 당신을 가장 살아 있게 만드는 것이 좀 더 접근하기 쉬운 일이라면 어떨까? (예를 들어 내 고객 중 한 명은 차고에서 가구를 만들 때 눈이 반짝인다.) 이 경우, 우리는 '빈도'라는 변수를 조정하는 것을 고민해야 한다. 당신을 살아 있게 만드는 활동을 얼마나 자주 하고 있는가? 뜨개질이 당신에게 생기를 불어넣는다면, 얼마나 자주 목도리를 뜨고 있는가? 볼륨댄스를 출 때 가장 살아 있음을 느낀다면, 얼마나 자주 춤을 추고 있는가? 지역 커뮤니티 센터에서 봉사하는 것이 당신을 생기 넘치게 만든다면, 그걸 얼마나 자주 하고 있는가? 집을 새롭게 꾸미는 일이 당신에게 활력을 준다면, 그걸 충분히 하고 있는가?

그리고 여기서 핵심 질문이 나온다. 지금 그 빈도로 충분한가? 충분하다고 생각한다면 훌륭하다. 하지만 더 자주 할 수 있다면, 활력을 더 크게 느낄 수 있지 않을까? 예를 들어, 크리스마스 선물용 니트를 뜰 때만 뜨개질을 했다면 이제는 평일 아무 때나 뜨개질을 해보는 것은 어떨까? 앞서 가구를 만든다는 그 고객은 원래 1년에 서너 개의 커피 테이블을 만들었다. 하지만 그는 스스로에게 도전장을 내밀었다. "앞으로는 한 달에 하나씩 만들겠어!" 현재 그는 자신이 상상도 못했던 방식으로 생생하게 살아가고 있다.

세상에 필요한 것이 무엇인지 묻지 마라.

당신을 살아 있게 만드는 것이 무엇인지 묻고, 그 일을 하라.

세상에 필요한 것은 진정 살아 있는 사람이기 때문이다.

하워드 서먼Howard Thurman

우리에게는 앞으로 살아갈 수 있는 월요일이 그리 많지 않다. 매일이 축제 같을 필요는 없다. 하지만 활력을 느낄 수 있는 일을 찾아서 자주 하다 보면, 진정 살아 있다는 경험을 극대화할 수 있을 것이다. 나는 루디 프란시스코Rudy Francisco의 이 인용문이 내게 주었던 것처럼, 당신에게도 같은 떨림을 줄 것이라 생각한다. "인간의 심장은 대략 한 시간에 4,000번 뛴다. 맥박과 심장이 뛰는 것은 '당신은 아직 살아 있다'는 것을 증명하는 트로피와 같다. 당신은 아직 살아 있다. 그러니 살아 있는 것처럼 행동하라."

2장

지금 얼마나 살아 있다고 느끼는가

인간은 살아가도록 격려받아야 하는
유일한 동물이다.

니체

이 책의 목표는 당신이 더 넓고 깊은 삶을 추구하는 과정에서 자기만의 방식을 찾을 수 있도록 돕는 것이다. 그러니 이번 장은 자신을 깊이 들여다보는 시간으로 생각하자. 현재 자신이 어디에 서 있는지, 내일은 어디에 서 있고 싶은지 아는 것이야말로, 최고의 인생 계획을 세우는 데 있어 중요한 기반이 될 것이다.

삶의 깊이와 넓이

어느 길로 갈지 계획하려면 먼저 지금 내가 서 있는 출발점이 어디인지를 파악해야 한다. 즉 현재 삶의 활력과 의미 측면에서, 내가 어디에 서 있는지 알아야 한다.

나는 대학원 논문을 위해 '메멘토 모리(죽음을 기억하라)'를 연구하던 중 '생명력'에 관한 프레임워크를 만들었다. 아직도 이 프레임워크를 보면 마음이 설렌다. 이것은 삶의 넓이와 깊이 사이의 관계를 설명하며, 우리가 현재 어디에 있는지, 가고 싶은 곳이 어디인지, (때로는 더 중요하게) 가고 싶지 않은 곳이 어디인지를 시각적으로 보여준다.

이 사분면 차트에서 넓이(X축)는 삶의 활력 수준을 나타낸다. 걸어다니는 좀비 상태(넓지 않음)에서 '매일매일이 축제다!' 하는 상태(아주 폭넓음)까지 이어진다.

깊이(Y축)는 우리가 삶에서 의미를 얼마나 찾는지를 나타낸다. 이 스펙트럼은 공허함(깊지 않음)에서부터 삶의 이유로 꽉 찬 느낌(매우 깊음)까지 이어진다. 생명력 프레임워크는 다음과 같다.

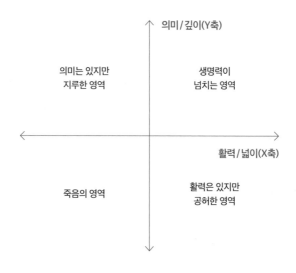

죽음의 영역: 맥박이 느껴지긴 하지만, 약하다. 가장 가까운 제세동기의 위치를 확인하는 것이 좋다. 이 영역에서는 활력과 의미 모두 부족하다. 상태가 좋진 않지만, 희망은 있다.

의미는 있지만 지루한 영역: 삶에 의미가 있다고 느끼지만, 안타깝게도 열정적인 생기는 부족하다. 무기력하고 생동감이 느껴지지 않는다. 활기가 없다.

활력은 있지만 공허한 영역: 즐거움은 가득하다! 서커스에서 온갖 재미있는 일을 만끽하고 분홍색 팝콘을 실컷 먹지만, 집으로 돌아왔을 때 마음이 텅 빈 기분을 느낀다.

생명력이 넘치는 영역: 삶을 잘 살아가고 있으며, 폭과 깊이를 모두 갖추고 있다. 이곳은 우리가 함께 떠나는 긴 모험의 성지 같은 곳이다.

인생 한 페이지로 그리기

아이들 생일 파티에서 했던 '꼬리 잡기' 게임을 기억하는가? 물론 여기서 그런 게임을 하는 건 아니다. 대신 훨씬 더 신중하게 '인생 전체를 그려 보는' 연습을 해볼 것이다.

1단계: 지금 이 순간, 자신의 삶을 되돌아보라. 삶의 활력(넓이)을 얼마나 느끼고 있는가? 삶의 의미(깊이)는 얼마나 느끼고 있는가? 앞의 사분면 차트에서 해당되는 영역에 점을 찍어라.

이 점을 그릴 때, 가능하면 가는 펜을 사용하라. 예를 들어, 죽음의 영역에서 왼쪽 하단과 오른쪽 상단 사이에는 엄청난 차이가 있다. 현재 점의 위치를 가능하면 정확하게 찍어라.

2단계: 오늘부터 6개월이 지난 후를 상상해보라. 어느 영역의 어느 위치에 있고 싶은가? 원하는 곳에 별 표시를 하라.

3단계: 자기 분석하기.

- 이제 다 작성하고 보니 어떤가? 동기부여가 되는가? 마음이 평온한가? 호기심이 생기는가? 놀랐는가? 낙담했는가? 무기력한 기분인가?
- 이번 '오늘 vs 미래'를 그려 보는 연습은 앞에서 작성했던 '인생 사다리'와 어떻게 비교되는가?
- '직장 생활' 영역과 '현실 생활' 영역을 따로 구분하는가? 많은 사람들은 일과 일 외의 영역을 정신적으로 분리한다. 두 삶을 합쳐서 오늘을 나타내는 하나의 점을 찍고, 지금부터 6개월 후의 삶을 하나의 별로 나타낸다면, 각각 어디에 표시하겠는가?
- 당신을 무기력하게 만드는 '악의 축'이 있는가? 의미 있는 삶을 살고 있지만, 활력은 고갈된 상태일 수 있다. 또는 그 반대일 수도 있다. 즐거움은 충분하지만 속은 텅 빈 껍데기처럼 느껴질 수도 있다. 넓이와 깊이 중 어떤 축에 집중하고 있는지 적어보자.
- 다른 사람들이 이 '생명력 프레임워크'에서 어느 위치에 있는

지 궁금한가? 물론 그럴 것이다. 비교는 기쁨을 빼앗는 도둑이라는 사실을 알면서도, 유사한 상황에서 타인과 자신을 비교하려는 성향은 인간의 특성이기 때문이다.

삶의 방향을 조정하라

당신이 현재 위치하고 있는 영역, 피하고 싶은 영역, 더 많은 생명력을 끌어내고 싶은 영역을 이해하는 것은 삶의 방향성을 수정하는 데 도움이 된다.

이 설명을 읽으면서 익숙하게 들리는 것이 있다면 메모해둬라. 즉 너무 사실이라 마음 아픈 것, 이미 스스로 자랑스러워 하는 것, 몸서리치게 만드는 것 등을 주목하라. 앞으로 강력한 실행 계획에 반영하고 싶은 아이디어도 메모해둬라.

의미는 있지만 지루한 영역(39퍼센트)

목적은 높지만 즐거움은 낮은 상태. 만약 당신이 의미는 있지만 지루한 영역에 있다면, 뒤에서 다루게 될 활력에 관한 내용에 집중해야 한다.

당신은 그동안 아주 잘 해왔다. 이제 우리는 삶에 활력을 더해 흥미와 새로움, 열정, 그리고 휴식과 재충전을 불어넣어야 한다.

놀라운 삶에는 즐거움과 목적이 모두 자리할 공간이 있다. 의미를 중시하는 사람들 중에는 즐거움과 목적이 서로 양립할 수 없다고 여기는 이들도 있다. 활력을 더하면 이 세상에 대한 기여도가 떨어질까 봐 두려워한다. 한낮에 휴식을 취하며 호숫가를 거닐고, 가끔 소설책을 읽거나, 주말에 수영장에서 빈둥거리며 게으름을 피우고, 저녁으로 아이스크림을 먹고, 약간의 즉흥적인 요소를 가미하는 것, 이런 것들이 당신 삶의 의미를 떨어뜨리진 않을 것이다. 이러한 삶의 확장은 오히려 당신의 삶을 더욱 깊이 있게 만드는 데 도움이 될 것이다.

만약 당신이 현재 '의미는 있지만 지루한 상태'로 살고 있다고 느낀다면, 어떤 점 때문이라고 생각하는가? 활력을 더하면 당신의 삶에 '어떤' 영향을 미칠 것 같은가?

활력은 있지만 공허한 영역(15퍼센트)

숨이 멎을 듯한 즐거움 뒤에 찾아오는 황량한 공허함을 느끼는 상태. 활력 부분은 잘 챙기고 있는 것 같다. 삶의 적극적인 참여자로서 인생을 즐길 준비가 되어 있다. 삶의 다양한 맛을 음미하는 건 기분 좋은 일이다. 하지만 의미 있는 무언가가 빠진 것처럼 느끼고 있다.

즐거운 삶의 전형적인 모습을 한번 떠올려보자. 나는 번듯하고 근사한 직업을 가진 몇몇 고객들이 떠오른다. 그들은 맛있는 음식과 빈티지 와인을 즐기고, 아프리카 사파리 여행을 경험하며 즉흥적으로 주말여행을 떠난다. 겉으로 보기에는 풍족한 삶을 살며 온갖 즐거움을 마음껏 누리고 있는 것처럼 보인다. 이러한 즐거움을 부유한 사람들만 누릴 수 있는 것은 아니다. 적은 자원으로도 삶의 즐거움을 경험하는 방법을 찾아낸 사람들이 있다. 예를 들어 나의 한 고객은 매주 일요일마다 동네 공원에서 멋진 포트럭 파티(각자 음식을 가져와 서로 나눠 먹는 형식의 모임 – 옮긴이)를 열었다. 워크숍에서 만난 한 대표는 회사를 즐거운 직장으로 만들겠다는 열정이 컸다. 그러나 오락거리에 쓸 예산이 없었기에, 해결책으로 사원들과 퇴근 후 보드게임을 하거나, 노래방에 가거나, 저렴한 맥주를 즐기는 방법을 생각해냈다.

부자이든 아니든 상관없이 이런 즐거움을 추구하는 많은 사람들은 삶을 더할 나위 없이 만끽하고 있다. 그들의 활력은 아주 높은 수준이다. 하지만 많은 이들이 분명 삶에는 더 많은 것이 있을 텐데, 자신은 얕은 물에서 놀고 있다는 괴로운 감정에 시달리고 있다. 물론 많은 사람들이 온갖 화려한 오락거리들과 소비를 통해 얻는 즐거움으로도 충분히 만족스러운 삶을 살고 있기에, 다소 의미가 부족해도 잠시 동안은 잘 견딜 수 있다. 내가 말하고 싶은 것은, 충만한 삶을 사는 사람들은 삶의 넓이와 깊이 사이에서 건강한 균형을 유지할 줄 안다는 것이다. 활력에 과도하게 집중하는 삶은 처음에는 자극적일 수 있지만, 값비싼 새 차의 냄새처럼 금방 사라지기 마련이다.

죽음의 영역(10퍼센트)

음, 이건 마치 시체처럼 사는 것과 같은 상태다.

우리 중 많은 사람들이 하루 중 순간순간 또는 훨씬 더 긴 시간 동안, 삶이 무미건조하고 공허하다고 느낀다. 좋은 소식은,

그런 삶을 되살릴 수 있는 방법이 무수히 많다는 것이다. 우리의 목표는 당신의 경험을 넓히고 인생의 의미를 깊게 하는 것이다. 이 책을 읽고 있다는 것만으로도 이미 당신은 의미 있는 삶을 향해 나아가고 있는 것이다. 이는 분명한 생명의 신호다.

여기서 우울증과 관련해 중요하게 짚고 넘어갈 일이 있다. 국립정신건강연구소The National Institute of Mental Health에 따르면, 2021년에만 미국 성인 2,100만 명이 적어도 한 번 이상의 주요 우울 증상을 경험했다. 만약 심각한 우울증을 겪고 있다면, 의사나 정신건강 전문가와 상담해보는 것이 좋다. 내가 아는 많은 사람들에게 있어 이 한 걸음이 삶에 가장 중요한 긍정적인 변화를 불러왔다. 만약 미래에 아무런 희망이 없다고 느낀다면, 반드시 전문가와의 상담을 고려해보길 바란다.

우울증 때문에 죽음의 영역에 있든 아니면 삶의 중요한 목표에서 벗어나 있든 간에, 삶을 한 번에 완전히 바꾸려고 하지 마라. 세계에서 가장 행복한 나라로 선정된 핀란드로 이주하려고 당장 직장을 그만둘 필요는 없다는 뜻이다.

지금 무기력한 상태라면, 어디에서부터 움직여야 마음이 움직일까? 활력을 북돋우는 활동이 흥미로운가, 아니면 더 깊이 있는 것을 추구하고 의미 있는 무언가를 탐구하고 싶은가? 만약 잘 모르겠다면(사실, 무기력한 상태일 때는 흥미로운 일이 아무것도 없다), 삶을 넓히는 활동을 시작점으로 삼는 것을 추천한다. 활력을 높이는 일은 종종 더 깊은 의미가 담긴 삶으로 가는 길로 이어질 수 있다.

중간 영역 (28퍼센트)

이 범주에 속한 사람들은 다행히도 어느 정도 생명력을 갖고 있지만, 활력과 의미가 약간 부족하다. 심각한 상황은 아니지만, 여기서 주목할 점은 만약 당신이 이 영역에 있다고 생각한다면, 지금의 '삶이 충분히 불편하지 않아서' 중요하고 필요한 변화를 만들 동력이 부족한 상태일 수 있다는 것이다. 크게 문제될 만한 것이 없다고 해서 '그럭저럭 괜찮은 삶'에 정착하지 말라. '반 덩어리 빵이라도 없는 것보다 낫다'는 좌우명이 이끄는 삶에 안주해서는 안 된다. 당신은 훨씬 더 나은 것을 얻을 수 있다. 우리는 빵 한 덩어리 전체를 얻으려고 여기에 있는 것이다! 기왕이면 근사한 바게트, 장인이 만든 사워도우 빵으로 만들어보자!

긍정적 일탈

'긍정적' 일탈이란, 정상 범주에서 벗어나지만 좋은 목적을 가진 행동을 말한다.

'우리는 중간 영역에 녹아들고 싶지 않다. 우리는 긍정적인 일탈자가 되고 싶다!' 평범한 수준으로는 놀라운 삶에 도달할 수 없다. 그러니 틀에 박힌 규칙을 깨야 한다. 진심으로 의미 있는 삶을 살려면 중간 영역이라는 잘 닦인 길에서 벗어나야 한다.

나는 우리가 중간 영역보다 더 나은 것을 추구해야 한다고 생각한다. 평균은 좌우대칭의 종형 곡선에서는 괜찮지만, 살아볼 만한 가치가 있는 삶에는 적합하지 않다. 우리는 생명력이 넘치는 상태를 원한다! 이제 삶의 깊이에 해당하는 세로축을 살펴보자.

생명력 넘치는 영역(8퍼센트)

만약 당신이 이 영역에 점을 찍었다면, 당신은 넓이(활력으로 가득한)와 깊이(의미로 가득한)를 모두 갖춘 삶을 살고 있는 것이다. 그러나 이 영역에 속한 사람이라도 모든 날이 마냥 즐겁고 의미 있게 느껴질 수는 없을 것이다. 가끔은 어느 한쪽, 또는 양쪽 모두가 시들해지는 날도 있을 것이다. 그런 날에는 활력은 있지만 공허한 영역, 또는 의미 있지만 지루한 영역에서 어떻게 벗어날 수 있을까? 필요할 때 삶의 폭을 넓히고 깊이를 더할 수 있는 '최고의 실행 방법'은 무엇일까?

당신은 얼마나 살아 있는가?

다음은 현재 수천 명의 사람들이 참여한 '당신은 얼마나 살아 있는가?'라는 주제의 질문이다. 답해보라.

오늘 얼마나 살아 있다고 느끼는가?

☐ 활력이 넘쳐서 터질 것 같음

□ 많은 시간 동안 대부분 살아 있음

□ 살아 있지만, 분명 죽어 있는 부분이 있음

□ 시체 같은 느낌

여가 시간은 어떤가?

□ 흥분의 소용돌이

□ 그날에 따라 다름

□ 여가 시간? 그게 무엇인가?

□ 완전 지루함

직장에서 당신의 모습은 어떤가?

□ 완전히 몰입하고 있음!

□ 대부분 일에 집중함

□ 해도 그만, 안 해도 그만임(대체로 안하는 편임)

□ 여기가 아닌 다른 곳에 있었으면 좋겠음. SOS

□ 해당사항 없음. 현재 일하지 않음

당신 묘비에 새겨질 가능성이 가장 높은 묘비명은 무엇인가?

□ 현재를 즐겨라

□ 일만 하고 놀지 않음

□ 목적 없고 놀기만 함

□ 목적이 전부임

지인들은 당신을 어떻게 설명할까?

☐ 활력과 열정이 넘치는 사람

☐ 대체로 에너지가 넘치고 몰입하는 사람

☐ 생기는 있지만 좀 무기력한 사람

☐ 활력 없고 생기가 전혀 없는 사람

삶에서 목적의식은 어느 정도인가?

☐ 내 삶은 의미와 목적, 사명 등으로 가득 차 있음

☐ 삶에 목적은 있지만 지루함

☐ 목적과 의미는 없을지도 모르지만 재미있게 지냄!

☐ 어떤 날은 의미가 부족하고, 또 어떤 날은 목적이 풍부함. 그
  래서 균형이 맞음

☐ 삶에 의미가 전혀 없음. 무덤을 향해 가는 것 이외에 어떤 사
  명도 없음

현재 삶에서 활력(삶에 대한 열정)은 어느 정도인가?

☐ 활력이 넘쳐흐름! 매일이 축제 같음!

☐ 어떤 날은 따분하고, 또 어떤 날은 활기참. 그래서 균형이 맞음

☐ 삶에 의미는 있지만, 활력은 별로 없음

☐ 즐거움과 재미가 없음. 모든 것이 따분함

오늘 밤에 생을 마감한다면, 기분이 어떨까?

☐ 만족함. 삶에 모든 것을 쏟아낸 것처럼!

□ 정말 재미있었지만, 삶에 더 깊은 의미가 있었으면 좋았을 것 같음

□ 진정한 목적은 있었지만 그만큼 적극적으로 살진 못했음

□ 삶, 삶의 의미, 모든 것을 놓친 것 같음

점검하고 성찰하라

• 이 질문들에 어떻게 답했는지 돌아보라.

• 옆구리를 쿡쿡 찌르듯이 "여기서 더 잘할 수 있어. 정말 할 수 있어"라는 생각이 드는 대답이 있다면 메모하라.

• 오늘 밤 신을 만난다면, 자신의 삶에 완전히 만족한다고 대답한다는 사람이 고작 16.6%라는 사실이 놀랍지 않은가? 반면, 오늘 밤 죽는다면 삶에서 무언가를 놓친 듯한 기분이 들 것 같다고 답한 사람이 20%라는 사실도. 이 결과를 마지막 질문에 대한 당신의 대답과 비교하면 어떤가?

이제 당신 자신과 '당신이 살아온 삶'을 점검했으니, 현재 자신이 어떤 상황인지 어느 정도 깨달았을 것이다. 더 이상 자신의 삶을 못 본 척해서는 안 된다. 당신이 현재 어떤 영역에 있든지 간에, 이러한 점검과 현실 파악은 훌륭한 출발점이 될 수 있다.

헌터 S. 톰슨Hunter S. Thompson의 말처럼, 삶은 예쁘고 온전한 몸으로 안전하게 무덤으로 향하는 여정이 아니다. 뿌연 연기를 내뿜으며 미끄러지듯 내닫고, 모두 소진하고, 완전히 지친 상태

에서 큰 소리로 이렇게 외치는 것이어야 한다.

"와우! 정말 끝내주는 여정이었어!"

3장

우리는 모두 죽는다는 것을 기억하라

죽음이라는 물리적 실체는 우리를 파괴하지만,
죽음에 대한 생각은 우리를 구할 수 있다.

어빙 얄롬Irving Yalom

이번 장의 목표는 죽음을 성찰하는 것이야말로 삶을 되살릴 수 있고, 삶에서 더 '많은' 것을 얻을 수 있다고 당신을 설득하는 것이다. 이제부터 죽음에 대해 알아야 할 6가지 중요한 사실과 당신에게 영감을 줄 몇 가지 아이디어를 공유하려고 한다.

죽음에 대해 알아두면 좋은 6가지

아래 죽음에 대해 제기된 질문들과 관련하여 당신의 생각, 감정, 질문, 그리고 답변에 주의를 기울여보라. 이 메모들이 죽음과의 관계를 더 깊이 이해하는 데 큰 자산이 될 것이다.

1. 우리는 모두 죽을 것이다

당신도 예외는 아니다. 인간은 자신의 필연적인 소멸을 인식하는 유일한 동물이다.

내가 어렸을 때 어머니는 찢어진 청재킷에 배지를 잔뜩 달고 다니셨다(80년대였다. 그런 눈빛으로 보지 말라). 그중 가장 눈에 띄었던 배지에는 밝은 주황색 글자로 이런 문구가 적혀 있었다. '삶은 엉망진창이고 그러다 죽는 거다!' 이 배지는 나에게 있어 죽음을 인식하는 조기 교육의 시작인 셈이었다. 죽음이 필연적인 것은 사실이지만, 삶이 엉망진창이라는 부분도 필연일까? 한번은 내 피를 뽑던 간호사가 단순한 체혈에도 멘붕에 빠진 나를 보더니, 부처님의 말을 인용한 적이 있다. '고통은 피할 수 없지만, 고통받는 것은 선택'이라고 말했다. 부처님의 말을 좀 비틀어 말하면, 죽음은 피할 수 없지만 삶을 엉망진창이라고 느낄지 말지는 선택이다.

그럼 이제 죽음을 피할 수 없다는 사실을 숫자로 확인해보자.

- 전 세계적으로 2021년의 기대수명은 71세에 이르렀고, 1990년 이후 거의 9년이 증가했다.
- 전 세계에서 여성의 기대수명은 73.8세, 남성의 기대수명은 68.4세다.
- 평균 기대수명은 나라마다 크게 다르다.
  미국에서 평균 기대수명은 79세다. 여성은 약 81세, 남성은 약 76세까지 산다. 홍콩의 평균 기대수명은 85세로 1위를 차지했고, 중앙아프리카공화국은 54세로 최하위를 기록했다.

- 현대의 발전 덕분에 우리는 조상보다 훨씬 오래 살 수 있을 것으로 기대된다. 세계 기대수명은 지난 2세기 동안 30세 미만에서 증가하여 71세를 넘어섰다. 만약 지금이 1825년이었다면, 우리 중 많은 사람들은 이렇게 죽음에 관한 이 내용을 읽고 있지도 못할 것이다. 이미 대다수가 죽었을 테니까.

죽음에 있어 가장 불편한 진실 중 하나는, 그것이 꼭 나이 순서대로 찾아오지는 않는다는 것이다. 즉 나이가 들수록 사망 확률이 증가하지만 예기치 않은 상황이 일어날 수 있다는 점이다. 통계에 따르면, 우리 중 13%는 15세와 49세 사이에 사망한다. 좀 더 극적으로 말하자면, 49세 미만의 친구, 가족, 동료 10명을 마음속에 떠올려보라. 그중 한 명은 50세 생일 파티를 하기 전에 사망한다.

또 우리 중 절반(50%)은 70세까지 살지 못한다. 따라서 '나중에 마음껏 즐기며 살겠다'고 계획을 미룬다면, 그 미뤄둔 계획들은 자신에 대한 범죄로 간주해야 한다. 은퇴 후에 인생의 좋은 시절을 만끽하겠다는 것은 카드게임 사기꾼과 도박을 하는 것과 같다. 50% 확률은 운이 따라야 가능한 수준이니까.

2. 죽음은 삶을 더 가치 있게 만드는 놀라운 재주를 갖고 있다

희소성은 좋은 것이 될 수 있다. '희소성 마인드셋scarcity mindset'과 '풍요 마인드셋abundance mindset'에 대해 들어본 적 있는가? 대부분의 경우, 우리가 필요로 하는 모든 것을 이미 가지고 있거나 가질 것이라는 믿음을 갖고 있는 '풍요 마인드셋'이, '항상 부족하다'고 느끼는 '희소성 마인드셋'보다 더 건강하고 생산적인 삶의 방식이라고 여겨진다. 하지만 수명에 있어서만큼은 예외다.

'시간적 희소성temporal scarcity'이라는 개념에 대해 이야기해 보자. 어떤 자원이 희소할수록 그 자원의 인식 가치perceived value는 높아진다. 시간적 희소성의 경우를 예로 들면, 대학을 졸업하거나 휴가가 끝나가는 것처럼 눈앞에 끝이 임박할 때, 우리는 남은 시간이나 지금의 시간을 되돌아보게 된다. 마찬가지로 죽음을 떠올리는 것은 지금 이 순간의 삶을 상기시키고, 삶이 보존할 가치가 있는 희소하고 귀중한 '자산'임을 일깨워준다.

이처럼 어떤 경험에 있어 그 끝을 생각하면 현재의 즐거움이 더 커질 수 있다. 한 연구에서 졸업을 앞둔 대학 4학년생들에게 학생으로서 지난 4년간의 경험을 글로 써보라고 요청했다. 한 그룹에게는 '남은 시간이 얼마 없다'는 지침을 제시했고, 또 다른 그룹에게는 '남은 시간이 많다'는 지침을 제공했다. 2주의 기간 동안 남은 시간이 거의 없다는 사실을 지속적으로 상기한 학생들은 주관적 행복감이 더 향상되었고, 대학 활동(더 많은 술집 순례, 플래그 풋볼, 캠퍼스에서의 알몸 질주 같은 활동?)에 더 많이 참여한 것으로 나타났다. 남은 시간 동안 (비유적인) 파티에 좀 더 참여하게 하려면 삶이 유한하다는 사실을 상기하는 것이 필요하다는 뜻일까? 미네소타로 돌아가는 비행기의 탑승 시간이 임박하면 카보의 해변에서 마지막 날을 제대로 즐기고 싶은 마음이 들까? 노동절이 다가오면 8월의 마지막 2주 동안 온갖 여름 액티비티를 즐기고 싶다는 생각이 들까?

나는 커리어를 위해 이주한 수많은 고객과 함께 일했던 경험이 있다. 그들은 피닉스나 뉴저지, 뮌헨으로 떠나기 전 몇 주 동안 자신이 살고 있는 도시에서 마치 관광객처럼 살았다. 예를 들어 일 때문에 서울에 머물던 사람이 고향인 부산으로 돌아가게 됐다고 생각해보자. 그동안 서울을 너무 당연하게 여기고 있었다는 사실을 깨닫고 눈이 번쩍 뜨일 것이다. 그리고 '언젠가' 가볼 수 있을 거라 생각했던 모든 곳을 숨 가쁘게 한꺼번에 쫙 둘러본다. 만약 당신이라면 어디에 가보고 싶은가? 어떤 유명한 맛집을 가보고 싶은가? 고향으로 떠나기 전에 꼭 함께 시간을 보내고 싶은 사람은 누구인가?

마찬가지로 나에게 남은 월요일이 고작 1,821번이라는 사실을 아는 것은, 그 시간을, 내 삶을, 나의 상상과 꿈들을 무언가로 만들어야겠다는 마음이 들게 만든다. 인생이 짧다는 사실을 인식하면, 그만큼 인생이 소중해진다.

3. 매일 죽음을 떠올리는 것은 좋은 일이다

죽음을 인정하면 우리 안의 경이로운 감각을 깨울 수 있다. 이 경이로움은 '내 운명은 무엇인가?', '나에게 어떤 일이 기다리고 있을까?', '남아 있는 월요일을 어떻게 보낼까?'와 같은 질문으로 이어질 수 있다. 의도적으로 죽음을 성찰하면 '무기력한 상태'에서 깨어나게 되는 것이다.

지금쯤이면 죽음을 성찰하는 일이 일회성 이벤트가 아니라 하나의 생활 방식이라는 것을 깨달았을 것이다. 그럼 이제 이를 일상생활에 자연스럽게 녹여내는 방법에 대해 이야기해보자. 다음은 사람들이 자주 사용하는 몇 가지 방법이다.

- 메멘토 모리 장식품: 나처럼 동전이나 작은 장신구를 들고 다니면서 삶의 유한함을 떠올릴 수 있다. 다양한 보석이 박힌 멋진 해골을 구입할 수도 있다. 내 고객 중 일부는 죽음과 관련된 인용구가 적힌 카드를 지갑에 넣고 다니기도 한다.
- 메멘토 모리 인테리어: 인테리어용 해골을 아주 멋진 색깔의 스프레이 페인트로 칠해서 집 안에 진열해둔다. 요즘에는 모래시계도 갖가지 모양과 크기로 나와 있다.
- 메멘토 모리 달력: 메멘토 모리의 관점에서 보면, 모든 달력은 일종의 카운트다운 타이머다. 주간 카운트다운 달력은 어떨까?(어느 해 연말에 고객에게 명절 선물로 이 달력을 나눠줬는데, 반응이 썩 좋진 않았다. 미리 말해두는데, 이런 달력을 줄 때는 약간의 설명을 덧붙여야 한다.)
- 나는 메멘토 모리가 새겨진 보석을 갖고 있다. 해골 목걸이를 내려다볼 때마다, 내 삶을 애틋한 마음으로 바라본다. 한 고객은 작은 관 모양 장식이 달린 팔찌를 갖고 있는데 정말 부럽다.
- 어떤 사람들은 세상을 떠난 사랑하는 사람의 사진을 보고, 유한한 시간을 상기하는 데 사용한다.

- 중세시대에는 '바니타스 정물화(중세 말 흑사병, 종교 전쟁 등 여러 비극적인 경험으로 인해 탄생한 정물화의 한 장르. 삶의 덧없음을 상징하는 해골, 촛불, 꽃 등을 그리는 것이 특징)'가 예술에서 큰 인기를 끌었다. 죽음과 죽음, 더 많은 죽음을 비유적으로 묘사한 그림이다. 해골, 시계, 터질 것 같은 비눗방울, 모래시계, 타오르는 촛불, 시들어가는 꽃과 같은 이미지가 등장한다. 이제부터 꽃은 당신에게 메멘토 모리의 상징이 될 수도 있다. 꽃은 아름답지만 오래 가지 못하니까. 어쩌면 시계를 보는 방식이 예전과 달라질 수도 있다. 아주 값비싼 촛불이 새로운 의미가 될 수도 있지 않을까?

- 죽음을 소재로 한 시각 예술 작품을 감상하는 건 어떨까? 빈센트 반 고흐의 〈담배 피는 해골〉은 대표적인 작품이다(아마존에서 포스터로 구입할 수 있다. 8,601개가 넘는 다이아몬드가 박힌 데미안 허스트Damien Hirst의 5천만 파운드짜리 백금 해골에 비하면, 가격도 저렴하다). 구글에서 '죽음을 주제로 한 예술'을 검색하여 영감을 주는 작품을 찾아봐라.

- 열렬한 독서가인가? 죽음에 관한 책이 많다. 딜런 토마스Dylan Thomas는 "어두운 밤으로 순순히 들어가지 말라"고 조언했고, 햄릿은 유명한 구절처럼 '혼란스러운 삶의 굴레에서 벗어나' 세상을 떠났다. 톨스토이는 존재적 위기 이후에 죽음의 해방에 초점을 맞춘 《이반 일리치의 죽음》을 썼다. 에밀리 디킨슨Emily Dickinson은 죽음에 대한 집착이 너무 커서, 그의 시는 죽음에 관한 것이 4분의 1이 넘는다.

- 많은 고객들은 죽음을 주제로 일기를 쓰거나, 분기별로 개인적인 안식일을 가지며 삶의 유한성을 되돌아본다. 스스로에게 다음과 같은 질문을 던져보는 건 어떨까?
  - 앞으로 당신에게 남은 월요일은 몇 번인가?
  - 여태껏 몇 번의 월요일을 살았는가?
  - 최근에 메멘토 모리를 상기한 이후로, 몇 번의 월요일이 지났는가?
  - 지난주에 활력이 넘쳤던 순간을 떠올려보라.
  - 지난주에 의미가 가득한 삶을 살았던 순간을 떠올려보라.
  - 나는 살아 있다는 사실이 감사하다.
  - 지금 나의 죽음을 생각하면 ___라고 느끼고 생각하게 된다.
  - 죽음에 관한 이 모든 이야기를 비춰볼 때, 나는 ___할 동기 부여가 생긴다.
- 한 고객은 저녁 식사 전에 가족과 함께 살아 있다는 사실에 구체적인 감사 기도를 드린다. 그녀는 이렇게 말한다. "식탁 위에 놓인 음식을 감사히 여기는 것만으로는 부족하죠. 우리가 여기 존재한다는 자체가 얼마나 큰 행운인지 감사해야 합니다."

죽음을 맞이할 순간에 대비하여 훈련하라.

데이비드 와이트David Whyte

최근 줌으로 긍정심리학의 대부인 마틴 셀리그만 박사와 대화를 한 적이 있다. 나는 그의 삶에 있어 죽음의 역할이란 무엇인지 질문했다.

"저는 죽음에 대해 자주 생각합니다" 그가 말했다. "하지만 죽음이 두렵진 않습니다. 단지, 제게 남은 시간이 얼마인지 떠올릴 뿐이죠. 그리고 보라보라 섬과 같은 곳에 가는 것이 왜 중요한지도요. (마틴과 그의 아내는 스노클링을 맘껏 즐길 수 있는 프랑스령 폴리네시아 섬을 여행하고 막 돌아온 참이다.) 죽음이라는 사실은 어디에나 존재합니다. 어떤 면에서는 달력과 같죠. 대충 80세쯤 되면 이제 남은 시간은 10년 정도라는 생각이 들고, 그래서 그에 맞게 계획을 세우게 돼요."

나는 죽음을 생각하는 것이 중요한 일에 집중하는 데 도움이 되는지 물었다.

"어떤 면에서는 우선순위를 정하는 데 도움이 됩니다. 내년 1월 1일이 원고 마감일이라고 말하는 것과 같은 거죠. 그래요. 내게 90세라는 마감일이 있으니, 유용한 생각이 떠오르면 일단 종이에 적으려고 합니다. 작업을 꼭 끝마치고 싶거든요."

당신이 마감일 전에 완성하고 싶은 작업(직접적 그리고 비유적인)은 무엇인가?

4. 죽을 뻔한 고비를 넘긴 사람들은 우리가 모르는 사실을 안다

지인 중에 생사의 기로에 서 있었던 사람이 있다면 떠올려 보라. 불안한 검진 결과, 아슬아슬했던 오토바이 사고, 위험한 군대에서의 경험 등 죽을 뻔한 경험을 한 사람들 말이다. 이 사람들이 죽음을 상기할 만한 일을 경험한 후, 얼마나 의미 있는 삶을 사는지 눈치채지 못했는가? 그들이 하루하루를 얼마나 소중히 여기는지? 여러 연구를 살펴보면, 이들은 사고 후에 새로운 관점으로 삶을 대하기 시작한다. 즉 우선순위를 명확히 하고 삶에 대한 심오한 태도를 갖는다. 시한부 환자들의 경우는 자신의 수명이 얼마 남지 않았다는 현실을 직면한 후에 지금 이 순간에 사무치듯 감사함을 느끼며, 자신에게 남은 소중한 시간의 우선순위를 다시 정하는 작업을 시작한다.

빅토리아는 2021년 8월에 대장암 3기를 진단받고, 6개월 후 4기로 진행되었다. 그녀는 결혼식을 올린 지 한 달만인 2022년 9월, 서른셋의 나이로 세상을 떠났다. 그녀는 세상을 떠나기 약 한 달 전에 동료들에게 아래의 이메일을 보냈다.

정말 대단한 여정이었습니다. 진단 결과가 더 나빠진 것은 걱정스럽긴 하지만, 그럼에도 불구하고 저는 믿을 수 없을 만큼 운이 좋다고 생각합니다. 회사에서 더 이상 바랄 수 없을 만큼 충분한 지원을 받았고, 사랑하는 사람들 모두 제게 큰 힘이 되어 주었습니다. 삶의 목표도 다소 변했어요. 예전에는 성공적인 커리어와 아기를 원했지만, 지금은 하루하루 잘 견디고 웃으면서 살고 싶습니다. 혹시 그거 아세요? 제가 완전히 쓰레기처럼 느껴지지 않는 날에는 그 어느 때보다 더 행복하게 느껴져요. 하지만 암 진단을 받고 나서야 진정한 삶의 의미를 깨닫게 됐다는 것은 슬픈 일이에요. 인생이란, 차 한 잔을 마시고, 햇빛을 즐기고, 웃고, 사랑을 나누는 것입니다. 그러니 걱정거리가 있을 때(저도 얼마나 쉽게 걱정에 빠지는지 잘 압니다!), 기억하세요. 당신은 건강하고, 사랑받고 있으며, 매일 해가 뜨면 좋은 기회가 새롭게 주어진다는 사실을요. 말처럼 쉽지는 않겠지만, 삶이라는 것이 우리에게 얼마나 큰 축복인지 잊지 말아 주세요. 삶은 너무 아름다워요. 그래서 저는 더 오래 살 수 있다면 무엇이든 할 수 있을 것 같아요. 그러니 삶을 그냥 흘려보내지 마세요.

내 모든 사랑을 담아

V. x

한 잔의 차, 햇빛, 웃음, 사랑처럼 삶에서 달콤하고 소박한 것들을 음미하지 못한 채 얼마나 자주 사소한 일들로 걱정만 하고 있는가? '당신이 건강하고, 사랑받고 있으며, 매일 해가 뜨면 좋은 기회가 새롭게 주어진다는 사실'을 얼마나 당연하게 여기고 있는가?

나는 우리가 빅토리아처럼, 그리고 죽음의 문턱에서 살아돌아온 사람들처럼 생존의 벼랑 끝에 서지 않고도 그들과 같은 뷰파인더로 삶을 바라볼 수 있기를 바란다.

5. 죽음을 떠올리는 것은 삶에 감사함을 느끼는 좋은 방법이다

죽음의 신이 죽음의 항아리에서 내 이름을 뽑지 않은 것만으로도, 그날은 좋은 날이다. 매일 밤 잠자리에 들기 전에 '감사일기'를 작성할 만큼. 오늘 아침에 깨어났고 오늘 밤 다시 잠자리에 들 수 있다는 것은, 하루 동안 죽음의 명단에 오른 151,200명의 영혼보다 감사할 일이 훨씬 많다는 뜻이다.

삶에 '감사'라는 소스를 뿌려라

유펜 대학의 응용 긍정심리학 석사 프로그램 수업 첫날, 안젤라 덕워스Angela Duckworth(《그릿Grit》의 저자)는 과학적 사실을 재치로 감싸는 특유의 어법으로 "감사는 케첩과 같아요. 어디에든 바르면 맛이 더 좋아지죠"라고 말했다.

연구진은 일기를 쓰면서 감사를 실천하면 장기적인 행복감을 10% 이상 높일 수 있다는 사실을 발견했다. 감사함을 잘 느끼는 사람은 삶에 대한 만족도가 높고, 더 유쾌하고 열린 마음을 갖고 있다. 더 깊고 관대한 관계를 맺고, 자존감과 자제력이 높으며, 스트레스가 적다. 수면의 질이 개선되고, 신체 건강도 좋아지고 머리카락은 더 윤이 난다. 그래서 나의 조언은 바로 이것이다. 지난 30일 동안 감사일기를 작성한 적이 없다면(사소한 것이든 기념비적인 것이든, 그날의 감사한 일 5가지를 적는 것), 삶에 대한 큰 사랑을 많이 놓치고 있는 셈이다. 삶에서 일어나는 일에 의식적으로 감사하면, 자신에게 즐길 수 있는 삶이 있다는 사실에 감사하게 된다.

감사일기 챌린지에 도전해보겠는가? 그렇게 하면 무엇을 얻을 수 있을까? 한 걸음 더 나아가보자. 삶에서 특별한 사람 한 명과 그 사람에 대해 감사한 점 5가지를 구체적으로 생각해보자. 그 사람의 유한함에 대해 잠시 생각해보자. 그 사람과의 관계에서 감사한 마음이 더욱 커지는가?

6. 죽음을 부정하는 것은 인간의 기본 설정값이다

죽음에 대해 동물적인 두려움을 갖는 것은 정상이다. 죽음은 가장 큰 두려움으로, 대중 앞에서 연설하는 것보다 훨씬 어려운 일이다. 우리는 죽음을 두려워하면서도 호기심을 갖는다. 우리는 죽음과 파괴에 매료되어 잔혹한 영화나 자동차 사고를 보며 흥미를 느끼지만, 정작 자신의 죽음을 생각해보라고 하면 도망치기 바쁘다. 그렇지 않나?

우리는 인생에 끝이 있다는 명백한 사실을 부정한다. 그래서 생명보험도 제대로 가입하지 않고, 절세 효과를 얻을 수 있는데도 불구하고 세대 간의 재산 이전을 미루며, 겨우 25%만이 생전에 유언장을 작성한다. 보험에 가입하였는가? 유언장은? 유서는? 사랑하는 사람들과 함께 장례식 계획을 세웠는가? 계획이 없다면, 왜 하지 않았는가? 걱정하지 마라. 죽음을 대비하라고 잔소리하러 온 게 아니니까. 살아갈 준비를 하라고 잔소리하러 온 것이다.

죽음을 가까이하는 3가지 방법

지금까지의 죽음에 대한 깨달음이 충분히 흥미로웠을 수도 있겠지만, 조금 더 적극적인 변화를 위한 3가지 활동을 알려주겠다.

이 활동은 한꺼번에 하거나 나눠서 해도 좋다.

1. 죽음을 명상하라

히말라야 산맥 깊숙한 곳에 자리 잡은 부탄은 2006년부터 '국민총행복지수Gross National Happiness'를 측정하고 있다. 측정 결과도 계속 좋은 수치를 유지한다. 90%가 넘는 국민이 어느 정도 행복하다고 답했다. 불교 전통에 따라 많은 부탄 사람들은 하루에 5번씩 죽음에 대해 명상한다. 이 문화에서 죽음은 금기시되는 주제와는 거리가 멀다.

동양의 종교와 철학은 서양에 비해 전통적으로 죽음이라는 주제에 대해 훨씬 더 개방적이었으며, 오랫동안 죽음과 명상을 연관지어 생각해왔다. 인도의 '베다(인도의 경전)'는 죽음에 대한 성찰을 주제로 다루었고, 죽음이 삶의 신비를 여는 열쇠라고 믿는 불교신자들은 '죽음이 일어날 것이다'라는 뜻의 '마라남 바비삿띠maranam bhavissati'를 생각하며 명상한다. '마라나삿띠marana-sati'는 죽음 명상을 뜻하는 것으로, '마라나marana'는 팔리어(부처님의 언어)로 '죽음'을, '삿띠sati'는 '마음챙김'을 의미한다. 부처님의 말씀에 따르면 "모든 발자국 중에서 코끼리 발자국이 최고다. 마찬가지로 모든 마음챙김 명상 중에서도 죽음에 대한 명상이 최고다."

죽음에 대한 마음챙김의 목표는 단지 죽음을 확실히 인식하려는 데서 그치지 않는다. 우리로 하여금 삶에 대한 태도를 바꾸고 죽음을 더 잘 받아들이며, 삶의 의미를 찾는 데 전념하는 것처럼, 우리의 삶 전반에 긍정적인 영향을 미치는 촉매제 역할을 하는 것이다. 그런데 과연 실제로 효과가 있을까?

한 연구에서 '죽음에 대한 마음챙김'을 실천함으로써 긍정적인 심리적 효과를 일으킬 수 있는지에 대해 조사했다. 한국 학생들에게 '살아갈 시간이 얼마 남지 않았다면, 나는 무엇을 할 것인가?'라는 질문을 던지고 15분간 명상하도록 했다. 명상을 수행한 후의 학생들은 삶에 대해 내재적 가치에 더 중점을 두었고, 이타적인 행동(예를 들어 돕기, 나누기, 더 나은 시민이 되기)을 할 가능성이 높아졌으며, 죽음의 불가피성을 더 잘 받아들이게 되었다.

기억해야 할 5가지

아래의 5가지는 삶의 무상함을 다루는 불교의 핵심적인 가르침이다. '우빠쟘타나 슷따Upajjhatthana Sutta(명상할 주제들)'에서 비롯된 것으로, 개인적인 깨달음을 얻는 것이 목적이다.

1. 늙는 것은 당연하다. 나는 노화를 피할 수 없다.
2. 아픈 것은 당연하다. 나는 질병을 피할 수 없다.
3. 죽는 것은 당연하다. 나는 죽음을 피할 수 없다.
4. 내게 소중한 모든 것과 내가 사랑하는 모든 사람은 변하는 것이 당연하다. 그들과의 이별을 피할 방법은 없다.
5. 나는 몸과 말, 마음으로 행한 행동의 결과를 물려받는다. 나의 행동은 계속 이어진다.

이 문장들을 매일 암송하라. 메모해서 거울에 붙여 놓고, 아침에 하루를 준비할 때와 밤에 잠자리에 들 준비를 할 때 읽어라.

불교의 죽음 명상에서 영감을 받았다는 '위크록WeCroak'이라는 앱은 사용자들에게 "잊지 마세요. 당신은 곧 죽을 것입니다"라는 문자를 전송해준다. 2017년 앱 출시 이후 15만 명이 넘는 사람들이 이 유료 앱을 사용하고 있다. 이 문자는 '죽음이 그렇듯, 임의의 시간에 아무 때나' 도착한다. 나는 매번 문자 메시지를 받을 때마다 가슴이 철렁 내려앉는 느낌이다. (특히 메시지가 나타날 때 옆에 있는 사람이 우연히 당신의 핸드폰을 힐끗 볼 경우 더 그렇다. 나는 지난 몇 년간 그럴 때마다 상황을 설명해야 했다.)

2. 부고기사를 검색하라

매년 1월이 되면 아버지와 나는 전화로 '올해는 누가 죽었는지 찾아보는' 게임을 한다. 약간 섬뜩하지만 나름의 의미가 있다. 내가 〈뉴욕 타임스〉에서 눈에 띄는 사망자 명단을 읽으면, 아버지는 그 명단에 있는 스포츠 선수들과 화려한 영화배우들에 대한 추억을 들려준다. 우리는 여러 고인에 관한 이야기를 나누며 여러모로 의미 있는 대화를 이어간다.

유명인의 죽음은 '오늘을 즐겨라'라는 메시지를 강조하는 데 효과적이다. 그리고 그들의 죽음이 우리가 스스로 죽음을 성찰하는 데 도움이 된다면 부자와 유명인의 죽음을 살펴보는 것도 나쁘지 않을 것이다. 하지만 나는 유명하지 않은 이들의 죽음에도 관심을 갖는다.

언론은 아이다호주의 보이스Boise라는 도시 출신인 회계사 레그의 부고에 주목하지 않을 것이다. 이웃에 사는 수많은 소녀와 할머니에 대한 기사도 다루지 않는다. 그들의 삶은 헤드라인을 장식할 만큼 눈에 띄진 않지만, 결코 평범한 것도 아니다. 그러나 나는 이들의 삶이 훨씬 더 주목받을 만하다고 감히 말할 수 있다. 이들의 삶이 레드카펫을 밟은 사람들보다 우리의 삶과 더 닮았기 때문이다. 영국 여왕의 삶은 우리와 무관해보이지만, 사무실과 집, 약국, 패스트푸드점을 오가는 레그의 삶에는 공감할 수 있을 것이다. 다음은 온라인에서 발견한 일반인 부고기사를 무작위로 발췌한 것이다.

- 펜실베니아에 사는 린다는 82세에 세상을 떠났다. 동물애호가였던 그녀는 여러 마리의 안내견을 키웠고, 와들스라는 이름의 오리를 입양했다. 그녀는 정원 가꾸는 것을 좋아했고, 세상에서 제일 맛있는 아이스티를 만들 수 있었다.
- 71세인 론은 미네소타주에서 자연을 사랑하던 열렬한 낚시꾼이었다. 그는 손자들과 증손자들, 네발 달린 친구 데이지를 사랑했다. 끝까지 트럼프를 노골적으로 싫어했다.
- 45세인 딘은 요리를 좋아했고, 델라웨어 카운티 박람회에서 육우를 선보였다.
- 테네시주 출신의 버바는 엑스박스 게임을 하고, 반려견과 시간을 보내며, 화창한 날 자전거 타는 것을 좋아했다. 그는 18세의 나이로 사망했다.

100세에 가까운 사람들이 죽으면 우리는 그들의 죽음을 받아들이고 깨끗이 잊어버리는 경향이 있다. 82세가 넘으면 죽는 게 당연하니까. 하지만 우리 또래나 그보다 어린 사람이 죽으면 "내가 될 수도 있었는데" 하며 두려움에 사로잡혀 단번에 주의가 쏠린다. 그런 순간에 삶의 덧없음이 훨씬 더 분명하게 드러나고, 살아 있음을 간접적으로 자각하게 된다. 우리의 다음 여행이 마지막이 될 수 있고, 어깨 위에 있는 이상한 모양의 점이 악성 흑색종일 수도 있으며, 그밖에도 어떤 일이든 일어날 수 있다는 것을 깨닫게 되기 때문이다. 인생에서 예기치 않은 일은 언제든 일어날 수 있고, 우리는 다른 사람들이 깜짝 놀라며 주목할 만한 다음 부고기사의 주인공이 될 수도 있다.

나는 사람들의 부고를 읽을 때마다 죽음의 필연성을 인정할 수밖에 없다. 사진 속에 담긴 그들의 눈을 깊이 들여다보고 그들의 삶이 과연 어땠을지 궁금해한다. 과연 그들은 행복했을까? 나는 내 삶이 인터넷의 작은 사각형 안에서 어떻게 요약될지 궁금하다. 나는 행복했을까? 부고기사는 깊은 울림을 준다.

내 부고기사 작성하기

인생에는 하고 싶지는 않지만 가치 있는 일들이 있다. 치과 신경치료나 대장내시경 검사처럼 말이다. 여기 달갑지 않은 과제가 하나 있다. 바로 자신의 부고기사를 작성하는 것이다. 영혼의 대장내시경과 같은 이 작업은 죽음을 현실로 받아들일 수 있게 해줄 것이다. 이제부터 종이를 꺼내서 편안한 자세를 취하고,

다음의 사항을 생각하면서 천천히 작성해보자.

- 200자 정도로 작성하라. 약 50자 정도로 짧고 간결하게* 쓸 수도 있고, 약간 장황한 편이라면 최대 500자까지 늘릴 수 있다.
- 이 부고기사에서 사망 날짜와 사망 관련 세부사항은 생략하라. 인생에 영원히 징크스를 남기고 싶지 않다면 말이다. (100번째 생일에 사망 날짜를 작성하는 것은 허락한다. 그보다 나이가 적다면 안 된다.)
- 인생 스토리의 하이라이트를 작성하라. 생년월일과 출생지, 고향, 살았던 곳, 학교 정보, 직업 정보, 특별한 관심사가 포함될 수도 있다.
- 부고기사에 나의 본질이 잘 담겨 있는지 스스로에게 물어보라. 부고를 읽은 사람들이 "그래, 소피가 자신의 장례식에 뒤늦게 와서 직접 쓴 것 같네!"라고 말할 수 있을 정도로.
- 부고기사에는 인생에서 중요한 사람들의 추모가 담긴다. 생존해 있거나 이미 사망한 가족 구성원, 친구, 반려동물이 될 수 있다. 자신의 삶을 간략하게 요약하는 이 글에 누가 등장할까?
- 사람들이 조의금 대신에 당신이 관심을 갖고 있는 자선단체에 기부할 수 있도록 자선단체 정보를 넣는 것은 어떨까?
- 영정 사진으로 어떤 사진을 선택할 것인가?

---

* 재미있는 사실: 노스다코타주의 더그 레글러 부고의 간결함을 따라잡기는 힘들 것이다. 그의 부고 소식은 당사자의 요청에 따라 단 두 단어로 작성됐기 때문이다. '더그가 죽었다.' 사람들이 더그를 많이 좋아했을 것 같다.

이제 부고기사 초안을 작성해보았는데, 작성하는 과정은 어땠는가? 중간에 어려워서 막히는 부분이 있었을 것이다. 그것은 무엇을 의미할까? 이 초안을 작성하면서 어떤 감정이 들었는가?

여기서는 당신이 과제를 완성했는지 여부에는 큰 관심이 없다. 당신이 자신의 삶을 200자 정도로 정리하면서 느꼈을 감정에 관심이 있다. 나는 주로 인생 스토리, 즉 삶을 어떻게 요약하고 싶은지에 관심이 있다. 왜냐하면 그것이 앞으로 당신이 원하는 삶의 방식을 결정할 때 영향을 미칠 것이기 때문이다.

가끔 평범한 사람들의 부고를 들여다보고, 그 부고가 어떤 자극을 주는지 살펴보자. 예를 들어, 다른 사람들이 무엇을 잃게 되었는지 간접 체험하면 타인에 대한 공감, 소중한 사람에 대한 감사, 아직 살아갈 수 있는 남은 삶에 대한 감사한 마음이 생겨날 것이다.

3. 기회가 될 때마다 묘지를 산책하라

이제 작은 현장학습을 떠날 시간이다. 앞으로 30일 내에 완수하라. 바로 공동묘지, 묘지, 묘소 또는 기타 안식처를 방문하는 것이다. '최후의 종착지'라고 할 수 있는 그곳에 가서 죽음을 느껴보라.

그런 곳과는 멀리 떨어진 곳에 살고 있어서 이 특별한 답사를 떠날 수 없다면, 유명인의 묘지를 구글에서 검색해보자. 의미 있는 삶을 살기 위한 개인적인 노력의 일환으로 직접 실행해보라.

- 공동묘지를 걷다가 묘비 몇 개를 보고, 한때 같은 땅을 밟았던 그 사람들의 삶을 상상해보라.
- 특정 묘비에 관심을 갖고, 이름, 생년월일과 사망일, 기타 새겨진 내용들을 살펴보라.
- 그들의 희망, 꿈, 그리움은 무엇이었을지, 그들의 입장이 되어 하루를 상상해보라.
- 마지막 순간에 어떤 기분이었을지, 무엇을 자랑스러워했을지, 무엇을 후회했을지 상상해보라.
- 현실을 감안하되, 이 일에 가능한 한 많은 시간을 할애하라. 최소한 15분 정도는 집중해서 죽음을 생각하라.
- 묘지에 있는 기분은 어땠는가? 무엇을 생각했는가? 그리고 무엇을 생각하지 않으려고 했는가? 혹은 무엇을 알아차렸는가?
- 이번 답사에서 관찰을 통해 알게 된 다른 내용은 무엇인가?
- 당신이 방문하는 다른 도시에 있는 공동묘지를 찾아가보라. 인간이 공유하는 죽음의 경험을 목격함으로써 무엇을 얻을 수 있을까?

죽음을 성찰할 수 있는 활동

죽음에 대한 성찰로 얻을 수 있는 이점은 수없이 많다. 피할 수 없는 죽음을 의도적으로 바라보면 우리가 받은 축복을 헤아려보게 된다. 즉 우리의 유한함을 깨달을 뿐 아니라 아직 살아 있다는 것, 신선한 공기를 마실 수 있다는 것, 존재 자체로 특별한 일을 할 시간이 남아 있다는 축복을 깨닫게 된다.

홀로 죽음과 만나는 활동을 정기적으로 해보자. 부탄으로 휴가를 떠나거나, 스타벅스 구석에 자리를 잡고 앉아 다음의 제안들을 생각해보는 것도 좋다.

- 매주 월요일마다 남은 월요일을 세어보라.
- '죽음 성찰'이라는 생활 방식을 채택하라. 생의 유한함을 상기할 수 있는 방법을 찾아서 정기적으로 변화를 줘라.
- 죽음을 명상하라. 단 2분이라도.
- 평범한 사람의 부고기사를 몇 개 읽어봐라. 좀 더 가슴 아픈 경험을 하려면 자신과 같은 연령대 사람들의 부고를 읽어라.
- 아까 작성한 본인의 부고기사 초안을 다시 살펴보라. 그 부고 내용이 당신의 삶을 여전히 잘 요약하고 있는 것 같은가?
- 공동묘지를 산책하거나 파리에 있는 페레 라셰즈Père Lachaise 공동묘지 이미지를 구글에서 찾아보면서 죽음과의 만남을 마무리하라.

4장

항상 죽음을 가까이하라

우리는 죽음이라는 주제를 금기시한 대가로
혹독한 값을 치른다.

허먼 파이펠Herman Feifel

이제 우리가 죽음을 피하거나 직면하는 방식에 대해 깊이 탐구
해보려고 한다. 혹시 스스로를 '죽음 회피자'라고 생각해본 적이
있는가? 만약 그렇다면 죽음이라는 생각을 언제 어디에서 회피
하려 했는지를 인정하는 것이, 회피를 멈추고 진정으로 삶을 사
는 데 도움이 될 수 있다. 결국 변화는 깨달음에서 시작되니까.

죽음을 부정하는 것을 부정하라

죽음 회피에 대한 논의에서 문화인류학자 어니스트 베커Ernest
Becker의 이야기를 빼놓을 수 없다. 그는 저서인《죽음의 부정The

Denial of Death》에서 죽음에 대한 두려움을 형성하는 실존적 문제를 다뤘다. 학계에서는 베커 사후에 퓰리처상을 수상한 이 책을 20세기 사회과학 역사에서 '삶의 의미'를 논한 가장 중요한 5대 저서 중 하나로 평가한다.

퓰리처상도 대단하지만, 자신의 이름을 딴 재단이 생길 정도면 진짜 대단한 사람임은 틀림없다. 나는 어니스트 베커 재단Ernest Becker Foundation의 상무이사인 데보라 제이콥스Deborah Jacobs와 이 책에 대한 이야기를 나눈 적이 있다. 그녀는 엘리베이터에서 만난 누군가에게 베커의 사상을 간단히 설명해야 한다면 이렇게 말할 거라고 한다.

"음, 프로이트는 모든 것이 '성'과 관련되어 있다고 생각했잖아요? 베커는 모든 것이 '죽음'과 관련되어 있다고 생각한 거죠. 차이점은, 베커의 이론은 과학적으로 입증되었고 프로이트의 이론은 그렇지 않다는 거예요." 나는 처음부터 그녀가 마음에 들었다. "죽음을 인지하는지 여부에 따라 우리는 더 충만하게 살 수도, 혹은 덜 충만하게 살 수도 있어요. 죽음을 마주하고 받아들일 때 우리는 비로소 더 충만하게 사는 방법을 알 수 있는 거죠."

베커는 우리가 죽음을 부정하려는 행동을 또 다시 부정하기보다는, 인간으로서의 한계와 결국 소멸할 운명을 가진 신체의 한계를 담담히 받아들이라고 조언한다. 죽음에 대한 본능적인 반응을 억누르려는 시도를 포기하라는 권고다. 여기에는 분명 역설이 존재한다. 바로 죽음을 부정하려는 태도를 먼저 부정해야 한다는 것이다.

베커는 우리들이 죽음이라는 딜레마를 다루는 방법 중 하나로 '불멸 프로젝트'를 만들어낸다고 언급했다. 불멸 프로젝트란, 우리를 상징적으로 불멸의 존재로 느끼게 하는 일련의 신념을 뜻한다. 우리는 여기 영원히 존재하지 못할 것임을 충분히 인지하고 있으면서도, 우리 존재의 작은 일부라도 우리를 넘어 지속될 수 있다는 생각에서 위안을 찾곤 한다. 그렇지 않은가? 불멸 프로젝트의 예시는 다양하다. 모교의 도서관 신축 건물 벽돌에 자신의 이름을 새겨 넣거나, 종교적 교리를 충실히 따르거나, 노화를 막으려고 성형수술을 받거나, 자녀를 낳고 그 자녀들이 또 자녀를 낳는 형태로 혈통을 이어가게 하는 것 등이 있다.

베커는 죽음에 대한 두려움, 혹은 죽음을 부정하려는 태도가 '인간 활동의 주요 원동력'이며, 우리가 하는 모든 행동의 근본적인 동기가 된다고 보았다.

자신만은 특별할 거라 생각하지 마라

실존주의 심리학자 어빈 얄롬Irv Yalom은 '개인적 특별함'이라는 개념이 죽음을 부정하는 가장 흔한 방식이라고 말한다. 그는 이를 "우리가 생물학적 필연성에서 면제되었으며, 삶이 다른 모든 사람에게 가혹하게 다가가는 방식으로 나를 대하지는 않을 것이라는 확신"이라고 정의한다. 이 믿음은 예측 가능하면서도 비논리적이다. 아, 우리 인간은 얼마나 자기기만적인 전략을 사랑하는지.

대부분의 사람들이 나쁜 일은 다른 사람에게만 일어난다고 생각한다. 그리고 그런 일이 자신에게 일어날 때는 놀라움을 감추지 못한다. 다른 사람들의 차는 도난당하지만 내 차는 아니라고 믿는다. 다른 사람들은 불황에 해고당하지만, 나는 아니라고 생각한다. 다른 사람들은 주름진 건포도 마냥 나이 들고 결국에 마지막 숨을 거둘 테지만, 나는 어떻게든 그 총알을 피해서 살아남을 거라고 생각한다. 아무런 상처 하나 없이 놀랍도록 매끄러운 피부를 유지한 채 믿을 수 없을 정도로 불멸인 존재로 말이다. 이성적으로는 이런 생각이 어리석다는 것을 알지만, 우리는 여전히 자신은 특별하며 불행한 타인이 겪는 부정적인 일들이 나에게는 일어나지 않을 것이라고 믿는다. 참으로 안타까운 일이다!

　　한 번은 고객과 이야기 도중에 웃음을 터뜨린 적이 있다. 그녀는 최근 돋보기 없이는 글자를 읽을 수 없다는 사실에 크게 당황해서 안과를 방문했던 경험을 이야기해주었다. 그녀는 의사에게 전문적인 검사를 요청하면서 '대체 내 눈이 왜 이러는지 알아내라'고 다그쳤다는 것이다. 그녀는 남부 억양이 섞인 의사의 말투를 흉내 내며 말했다. "환자 분, 이건 전혀 불가사의한 일이 아닙니다. 환자 분은 마흔두 살이잖아요. 뭔가 다를 줄 알았어요?" 그녀는 자신은 예외일 거라 생각했다. 자신의 눈은 특별할 거라고 생각했다.

　　물론 세상에 당신 같은 사람은 없다. 당신은 정말 특별한 눈송이다. 하지만 눈송이가 어떻게 되는지 아는가? 녹는다. 여러분은 특별한, 녹는 눈송이다. 아름답지만, 덧없다. 녹고 있다.

작가 윌리엄 서로이언William Saroyan은 이렇게 말한 적이 있다.
"모든 사람들은 죽겠지만, 나는 예외일 거라고 줄곧 믿고 있었다."
(예외는 인정되지 않았고, 그는 1981년에 사망했다.)

그렇다면 어떻게 해야 스스로에게 특별함을 강요하지 않을 수
있을까? 죽음을 직시하고, 어떠한 예외도 없고 앞으로도 없을 것임
을 기억해야 한다. 오늘 당신이 마주한 현실은 어떤가? 예를 들어,
아버지와 할머니가 관절염을 앓고 있다면 당신도 그 가능성을 미
리 예상하고 지금부터 활동적인 라이프 스타일을 시작해야 하지
않을까? 아직 무릎을 잘 구부릴 수 있을 때 마추픽추로 여행을 떠
나야 하지 않을까? '언젠가' 갈 거란 생각을 버리고 바로 지금!

죽음에 대한 태도가 삶에 미치는 영향

- **죽음에 대한 감정은 삶에 대한 감정에 영향을 미친다.** 죽음에 대
  해 지속적으로 불편함을 느끼는 사람은 우울감, 불안, 낮은 자
  존감 등을 경험할 가능성이 높다. 반면, 죽음을 중립적으로 받
  아들이는 사람들은 삶에서 더 큰 만족감과 의미를 느낀다는 연
  구 결과가 있다.
- **여성은 더 열린 태도를 보인다.** 학계에 따르면, 여성은 남성보다

죽음을 더 열린 마음으로 성찰하려는 경향이 있다. 반면, 남성은 이 주제를 피하려는 경향이 강하다고 한다.

- **죽음에 대한 자각은 성장으로 이어질 수 있다.** 자신의 죽음을 진정으로 이해하는 것은 심리적으로 큰 이점을 가질 뿐만 아니라 성장을 위한 자극제가 될 수 있다. 반대로 죽음을 두려워하면 죽기 전에 이미 '죽은' 것 같은 상태가 될 수도 있다고 한다.

- **죽음을 받아들이면 삶에 대한 경이로움이 깨어난다.** 일부 학자의 연구에 따르면, 죽음을 받아들이는 것은 삶을 전혀 다른 시각으로 보게 하고, 그것이 곧 자신의 인생을 탐구하는 과정처럼 느끼게 만든다. 혹시 삶에 대한 경이로움이 필요하다면 죽음을 바라보는 관점을 바꿔보는 것도 방법이 될 수 있다.

- **죽음에 대한 철학을 갖는 것은 이롭다.** 심리학자들은 "죽음에 대한 당신의 철학은 무엇인가?", "죽음이란 무엇인가? 죽음은 당신에게 어떤 의미인가?"라는 질문에 대한 응답을 분석하여 죽음에 대한 태도를 연구한다. 죽음에 대한 자기만의 철학을 갖고 있는 사람은, 그렇지 않은 사람보다 삶에 대해 목적의식을 더 강하게 느끼며 자신의 유한성을 더 잘 받아들인다. 만약 당신이 죽음에 대한 철학을 몇 줄로 써야 한다면, 뭐라고 쓰겠는가?

- **의미와 연결이 중요하다.** 연구에 따르면 삶의 의미를 강하게 느끼고, 자신을 사회적으로 연결되어 있다고 생각하는 사람들은 죽음에 대한 불안을 덜 느끼며, 죽음을 이야기할 때도 정신적 건강이 유지된다고 한다. 여기서 핵심은 삶의 의미를 찾고, 의미 있는 관계를 강화하라는 것이다.

- **긍정적 환상주의자.** 죽음에 대한 부정적인 태도와 회피는 단순한 부정이 아니라, 자신이 모든 것을 통제할 수 있다는 착각에서 비롯된다는 연구 결과가 있다. 특히 개인적인 시스템과 통제를 강하게 원하는 사람들에게서 이런 경향이 두드러진다. 혹시 당신도 죽음을 진지하게 받아들이지 않고 있다면 이러한 유형일 가능성이 있다. 삶의 운전대를 쥐고 있다는 통제감을 유지하기 위해 진실을 회피하고 있진 않은가?

- **겸손은 죽음에 대한 불안을 누그러뜨린다.** 겸손이라는 성격적 특성('조용한 자아'라고 불린다)은 여러 연구에서 죽음에 대한 불안을 완화하는 효과가 있는 것으로 나타났다. 겸손함에는 자기 인식이 포함되는데, 자신의 강점과 불완전함을 예리하게 이해하는 것이다. 겸손함은 '시간과 공간이라는 우주의 규모에 비해, 모든 인간은 미미한 존재'라는 사실을 받아들이는 것으로 이어진다. 이러한 깨달음은 '데프콘 1' 수준의 비상사태쯤으로 인식하던 죽음을 받아들일 수 있는 정도의 비극으로 낮춰 인식하게 만든다. 나아가 삶의 방향을 제시하는 나침반으로 생각하도록 할 수 있다.

나이가 들어갈수록, 나는 내가 호흡하는 탄소 기반의
고깃덩어리로서 스스로 선택하지 않은 시간과 장소에서 태어나
아주 짧은 시간 동안 머물다가 어느 순간 완전히 소멸될 것이고,
내 원자는 다시 배분될 것이라는 사실을 받아들이는 것이
아이러니하게도 나를 더 고무시킨다. 나는 심리학자가 되어

여러 책을 쓴 것이 자랑스럽지만, 마찬가지로 맑은 날
신선한 공기를 한가득 들이마시거나 개를 데리고 동네를 산책하는
소소한 즐거움에도 여전히 큰 만족을 느낀다.

셸던 솔로몬Sheldon Solomon

인간은 자신의 죽음을 인식하고 죽음 이후에 있을지 없을지
모를 일에 대한 두려움을 느낄 수 있는 인지 능력을 갖고 있다.
앞에서 논의했듯, 우리는 죽음에 대한 생각을 부정하고 죽음에
관한 대화를 회피하는 경향이 있다. 죽음에 대한 생각을 피하더
라도, 스스로를 속이면 안 된다. 표면 아래에서는 많은 일이 일어
나고 있고, 그것이 궁극적으로 우리 행동에 영향을 미친다는 사
실을 말이다.

연구에 따르면, 우리는 죽음이라는 개념을 처음 마주하게 되
면 '심리적 면역 체계'를 작동시킨다. 죽음이라는 암울한 현실에서
스스로를 보호하기 위해 무의식적으로 행복한 생각을 찾아서 붙
잡는다는 것이다. 이것은 꽤 매력적이고 선의로 가득 찬 대처 메
커니즘일 수도 있다. 하지만 우리의 마음은 깊고 복잡하다. '행복
한 척하기' 전략만으로 죽음이라는 주제를 충분히 잊을 수는 없다.

수천 건의 실험 연구에 따르면, 죽음을 떠올리는 일은 우리
를 천사처럼 행동하게 만들 수도, 정반대로 만들 수도 있다고 한
다. 우리가 얼마나 의도적으로 죽음을 떠올리고 그와 대면하느
냐에 따라 행동이 달라진다는 것이다.

관련 연구에 따르면, 우리는 보통 죽음을 인식했을 때 심리

적으로 두 가지 뚜렷한 경로 중 하나로 나아가게 된다.

'공포 관리 이론Terror Management Theory(TMT*)'이라는 심리 이론은, 사람들이 죽음을 인식했을 때 두려움, 증오, 소외된 신념, 차별적 행동으로 반응하는 이유를 설명한다. 이는 우리가 살아남아 의미 있는 삶을 살고 싶어 하는 본능과, 결국 죽음에서 벗어날 수 없음을 아는 현실 간의 괴리에서 비롯된다. 이러한 불일치로 인해 생기는 공허함은 불편함과 두려움 같은 감정으로 채워질 수 있는 상황을 초래한다.

공포 관리 이론에 따르면, 일부 사람들은 '죽음 현저성(자신의 죽음이 불가피하다는 것을 의식적으로 인식하게 되는 심리적 상태)'에 직면할 때, 두 가지 방식으로 이 불안한 감정을 관리한다.

1. **특정 문화적 세계관에 더 깊이 몰입한다.** 세계관은 집단 내에서 공유되는 신념과 가치의 집합으로, 우리에게 질서와 의미를 제공한다. 우리는 죽음을 떠올릴 때 종교적 신념, 국가 정체성, 정당, 직장 문화, 동문 네트워크 등 세계관을 공유하는 집단과 더 연결되려는 경향이 있다.

2. **자존감을 높이려고 한다.** 자신이 속한 집단에서 '좋은 구성원'이라고 평가받는 행동을 통해 자존감을 높이려 한다. 예를 들어 자본주의 세계관에서는 죽음을 인식할 때 '눈에 띄는 소

---

* 이 이론은 1986년 심리학자들이 구상한 것으로, 우리의 친구인 셸던 솔로몬 박사도 그 이론을 창안한 사람 중 한 명이다.

비'를 통해 자신의 재력을 과시하려는 경향이 나타난다.

공포 관리 이론은 죽음에 대한 불신을 잠시 멈추고, 우리의 가치 있는 어떤 부분이 우리가 세상을 떠난 후에도 영원히 이어질 것이라는 믿음을 갖게 해준다.

이러한 접근법이 죽음이라는 문제를 해결할 수 있을까? 아니다. 우리는 이미 이성적으로 그렇지 않다는 것을 알고 있다. 하지만 이러한 접근법은 죽음의 문제를 '상징적인 영역'으로 전환시킨다. 우리는 특정한 세계관을 실천함으로써 상징적 불멸을 경험하게 되는 것이다.

그렇다면 문제적인 행동은 어디에서 나오는 걸까? 심리학자들은 인간이 죽음을 인식하는 전형적인 시나리오는 대개 미묘하고 잠재의식적이며 추상적인 방식으로 이루어진다고 지적한다 (예를 들어, 영화 속 캐릭터가 죽는 장면을 보거나, 구급차 사이렌 소리를 듣거나, 기차 사고에 대한 기사를 읽거나 흰머리가 나는 것과 같은). 그런데 이러한 '미묘한 죽음의 단서들'은 우리가 무의식적으로 특정한 방식으로 반응하게 만든다.

공포 관리 이론의 흥미로운 사례들

죽음이라는 개념이 강조될 때, 연구의 참여자들은 자신의 세계관과 일치하는 기존의 신념을 더욱 고수하면서, 자신이 진실이라고 믿는 것과 다른 견해를 제시하는 사람들을 비난하고 방어적으로 행동한다는 결과를 나타냈다. 다음은 1,500건이 넘는 공포 관리 이론에 관한 연구에서 발췌한 사례들이다.

- **판사들은 더 가혹하게 판결한다.** 지방법원 판사들은 자신이 죽을 것이라는 사실을 상기했을 때, 그렇지 않은 판사들보다 9배나 더 가혹한 판결을 내렸다. 이 중요한 공포 관리 이론 연구에서, 죽음을 떠올린 판사들은 가상의 성매매 사건에서 평균 보석금을 455달러로 책정한 반면, 죽음을 떠올리지 않은 집단의 판사들은 평균 보석금을 50달러로 책정했다. 판사들은 자신의 세계관을 위반한 성매매자를 처벌함으로써, 삶에 대한 자신의 신념을 강화하여 죽음에 대한 생각으로 발생한 긴장감을 완화한 것이다. 이 연구를 주도한 셸던 솔로몬은 자신의 경험을 이렇게 얘기했다. "브리핑룸에 있던 모든 판사들에게 죽음에 대해 생각해보라고 요청했었죠. 그러고 나서 그들에게 '여러분은 사건에 대해 가혹한 판결을 내렸습니다'라고 말하자, 그들은 이렇게 말했습니다. '말도 안 됩니다. 그 바보 같은 설문지가 이 사건을 판결하는 데 영향을 미쳤을 리가 없어요.' 그 대답을 듣고는 우리도 놀랐죠." 공포 관리 이론은 우리 삶에 아주 깊게 작용한다. 하지만 우리는 이렇게 죽음에 대한 인식에 따라 달라지는 세계관의 반사적 반응을 전혀 자각하지 못하고 있다.
- **일반적으로 건강을 희생하더라도 자존감을 유지하는 선택을 한다.** 연구의 참가자들은 두 그룹으로 나뉘었다. 한 그룹은 죽음

에 대한 두려움에 대해 쓴 기사를, 다른 그룹은 대중 연설에 대한 두려움에 대해 쓴 기사를 읽었다. 그러고 나서 두 그룹에게 패션잡지 기사 두 개 중 하나를 읽어보라고 했다. 하나는 '창백한 피부가 아름답다'는 주제의 기사(피부가 하얀 니콜 키드먼과 기네스 팰트로의 사진이 포함됨)고, 다른 하나는 '구릿빛 피부가 아름답다'는 메시지가 담긴 기사(그을린 피부를 지닌 제니퍼 로페즈와 제니퍼 애니스톤의 사진이 포함됨)였다. 이후 참가자들에게 미래에 태닝을 할 의향이 있는지 질문했을 때, 어떤 결과가 나왔을까? 대중 연설에 관한 두려움을 읽은 그룹은 어떤 피부 톤의 기사를 읽었든 상관없이, 대체적으로 태닝을 할 의향을 나타냈다. 죽음에 대한 두려움이 담긴 기사를 읽은 그룹은 '창백한 피부가 예쁘다'는 기사를 접한 후에는 태닝을 할 의향이 크게 감소한 반면, '구릿빛 피부가 아름답다'는 기사를 읽은 후에는 태닝 계획이 눈에 띄게 증가했다. 죽음을 떠올리면, 자존감을 더 높일 수 있는 사회적 규범을 더욱 충실히 따르려고 한다는 결과다.

- **자존감에 대해 말하자면,** 자신의 죽음에 관한 에세이를 쓴 남성 연구 참가자들은, 치통에 대한 에세이를 쓴 참가자들보다 권력 획득에 더 많은 관심을 보였다. 죽음을 떠올린 남성은 연구를 진행한 그 다음 주에 더 권위적으로 행동했다. 이는 그들의 자존감이 권력을 중시하는 세계관에 의존하고 있고, 죽음에 대한 생각이 그 세계관에 따라 행동하도록 그들을 자극했다는 것을 나타낸다.

- **죽음을 떠올리는 일은 우리가 썩어가는 신체와 거리를 두게 만든**

다. 이는 죽음이 명백히 다가올 때 성관계나 다른 신체 활동을 피하게 되는 것을 의미한다. 그 이유는 우리의 몸이 언젠가 죽을 운명에 처한 생명체라는 신호를 보내기 때문이다. 공포 관리 이론 연구에서 여성의 몸은 마치 지뢰 같은 존재다. 생리와 수유를 하는 생식의 중심으로서, 여성의 몸은 그 자체로 '생명체'를 의미하기 때문이다. 이는 우리의 잠재의식에서 불편함을 유발한다. 한 연구에서, 학생들에게 죽음을 떠올리는 주제와 중립적인 주제를 각각 접하게 한 후, 실험 파트너(여성 배우)의 옆에 앉으라고 요청했다. 그 여성이 실수로 가방에서 탐폰을 떨어뜨리게 하고, 참가자들에게 '당신의 파트너가 얼마나 유능하고 지적이며, 집중력이 있고, 친근하고, 호감이 가는지' 평가하도록 했다. 죽음을 떠올렸던 참가자들은 그 여성을 부정적으로 평가했고 휴식 후 돌아와 더 멀리 떨어져 앉았다. 반면 죽음을 떠올리지 않은 참가자들은 그 여성을 훨씬 더 긍정적으로 평가했고 그녀의 바로 옆에 앉았다.

• **추상적으로 죽음을 떠올리는 것은 우리가 신념이 다른 외부인에게 적대적이고 공격적으로 반응하도록 만들 수 있다.** 미국에서 진행했던 한 연구에서는 참가자들에게 컴퓨터 화면에 '죽음'이란 단어를 띄우고 몇 초 동안 보여주었다. 그러자 참가자들은 미국을 비판한 저자에 대해 적대감을 드러냈다. 저자들이 반미 정서가 담긴 에세이를 썼기 때문이 아니라, 무의식적으로 죽음을 떠올리게 된 이후에 '당신 vs 우리'라는 대립적인 사고방식에 빠졌기 때문이다. 죽음이 이분법적 갈등을 조장한 셈이다.

• **그리고 '핫살사 실험'도 있다.** 한 연구에서 참가자들을 정치적으로 보수적인 그룹과 진보적인 그룹으로 나눈 후, 한 그룹에게는 자신의 죽음에 대한 답변을, 다른 그룹에게는 중립적인 주제에 대한 답변을 작성하도록 했다. 그 후 참가자들에게 보수주의자 또는 진보주의자를 비하하는 글을 읽도록 했다. '진보주의자(또는 보수주의자)가 내 눈앞에서 사라져 버렸으면 좋겠다. 그들은 정말 역겹다'와 같은 표현이 포함되어 이었다. 이후 참가자들은 자신이 '성격과 음식 취향에 관한 연구'에 참여하는 줄 알고, 좀 전의 그 글을 쓴 사람이 맛 테스트를 위해 먹어야 할 매운 살사 소스의 양을 직접 정하도록 요청받았다. 공포 관리 이론의 예상대로, 죽음을 떠올리는 질문에 답했던 참가자들은 자신과 반대되는 정치적 입장을 가진 사람에게 두 배나 더 많은 매운 살사를 퍼줬다. 반면, 죽음을 떠올리지 않은 대조군의 참가자들은 상대의 정치적 성향에 신경조차 쓰지 않았다. 즉, 죽음에 대한 인식이 강화될수록 타인에 대한 적대감이 커질 수 있다는 것을 보여주는 실험이다.

이처럼 공포 관리 이론은 우리를 악당으로 만들 수도 있다. 그러나 적절한 방식으로 죽음을 인식하게 되면, 우리는 천사처럼 변할 수도 있다.

죽음에 대한 성찰은 추상적으로 죽음을 인식하는 것에 비해, 더 사려 깊고 내면화된, 의도적인 과정이다. 이런 체험적인 형태의 죽음을 기억하는 방식은, 삶을 균형 있는 관점으로 바라보고 의미와 목적을 되새기며, 죽음을 맞이한 후 우리가 남기게 되는 것들에 대해 생각하게 한다. 이것이 우리가 함께 이 책을 읽고 있는 이유다. 자기 초월과 창조성, 우선순위 재조정, 그리고 가장 넓고 깊은 버전의 삶에 대한 깨달음을 이끌어내기 위함이다. 다음의 연구는 죽음에 대한 성찰의 본질을 제법 극적으로 포착한다. 연구자들은 연구 참가자를 세 그룹으로 나눴다.

1. 통제 집단: 연구의 참가자들에게 평범한 하루를 상상해보라고 요청했다.
2. '죽음 현저성'(96쪽 참고) 집단: 참가자들에게 이렇게 요청했다. "자신의 죽음을 생각할 때 떠오르는 생각, 느낌, 감정을 가능한 한 많은 단어를 사용해서 자세하게 설명해주세요."
3. '죽음 성찰' 집단: 참가자들에게 이렇게 요청했다. "구시가의 오래된 건물 20층에 있는 친구의 아파트에서 한밤중에 비명 소리가 들리고 숨 막힐 듯한 연기 냄새를 맡으면서 깨어나는 모습을 상상해보세요." 연구 참가자들에게 '불타는 건물에서 탈출하려는 헛된 시도를 하다가 불길에 휩싸여 결국 죽는 상황'을 상상해보라고 요청했다. (과학은 정말 재미있지 않은가?)

주요 세부사항: 이 연구 참가자들은 세 그룹으로 나뉘기 전과 후에 '삶에 대한 감사함' 평가를 완성하도록 요청받았다.
연구 결과가 어떻게 나왔는지 궁금한가?

- 통제 집단의 참가자들(평범한 하루를 생각하라는 요청을 받은 그룹)의 답은 지루해 죽을 지경이었다. (농담이다. 그러나 그들은 실제로 연구 기간 동안 감사하는 마음이 줄어드는 것을 경험했다.)
- 죽음 현저성 그룹의 참가자들(좀 더 추상적으로 자신의 죽음을 생각한 그룹)은 감사함이 약간 증가하는 것을 경험했다.
- 죽음 성찰 그룹의 참가자들(불타는 화재 시나리오)은 자신의 죽음을 생각하지 않은 연구 참가자들에 비해 감사함이 크게 증가했다.

피할 수 없는 죽음을 좀 더 현실감 있게 바라보는(즉, 불에 타 죽는다는 세부 설정 등으로 죽음을 좀 더 구체화할 때) 의도적이고 인상적인 연습은, 우리로 하여금 죽음을 깨닫게 할 뿐만 아니라, 아직 살아 있다는 것, 신선한 공기를 마실 수 있다는 것, 무언가를 할 수 있는 시간이 남아 있다는 것을 축복으로 여기게 해준다.

의식적으로 죽음을 떠올리는 것은 장례식장을 방문하거나 범죄 소설을 읽는 것과는 다른 방식으로 죽음을 바라보게 만든다. 즉, 죽음을 생각하는 맥락이 중요하다. 죽음을 추상적인 개념으로 접하게 되면(뉴스로 우크라이나 전쟁 소식을 듣는 경우), 우리는 세계관이나 종교적, 사회적 연대감을 강화하는 것처럼 추상적인 방식으로 위안을 얻게 된다. 또 이러한 과정에서 자신과 다른 것을 믿는 사람들을 비난하기도 한다. 그러나 우리가 죽음의 개념에 의도적으로, 구체적이고 개인적인 방식으로 노출될 때(예를 들어, 의식적인 죽음 성찰을 통해), 우리는 목표를 설정하거나, 자신의 필요를 충족할 수 있는 창의적인 방법을 찾거나, 내적 성장에 집중하는 것과 같은 내면적인 자원으로부터 힘을 얻는다.

다음은 죽음을 성찰하는 것이 삶에서 긍정적이고 생산적인 역할을 할 수 있다는 것을 보여주는 몇 가지 연구 사례다.

- **목표의 명확성.** 의식적으로 죽음을 떠올리는 것은 '진짜 삶'을 살라는 강력한 경고음 역할을 할 수 있다. 연구에 따르면, 죽음을 깊이 성찰할수록 명성과 부, 존경, 권력 같은 외적 목표가 덜 중요하게 느껴진다. 반면, 내면에서 우러나오는 본질적인 목표, 자기 개발에 집중하고, 공동체에 기여하며, 건강한 관계를 구축하고, 행복을 추구하는 일에 더 집중한다. "헛된 생각과 가식은 이제 사라졌어요." 한 고객이 워크숍에서 죽음 성찰 연습을 마친 후에 이렇게 말했다. "저는 제 이미지에 너무 많은 에너지를 쏟았어요. 사람들이 링크드인에서 저와 저의 직책을 어떻게 생각하는지, 어떤 가방을 들고 다니는지에 너무 신경을 썼어요. 이제는 그것이 너무 피상적으로 느껴져요. 저는 이 감정 에너지를 차라리 사람들을 돕는 데 쓰고 싶어요." 이후 이여성은 회사에서 지역 사회의 불우한 청소년과 해당업계의 멘토를 연결해주는 프로그램을 직접 만들었다.
- **죽음에 대한 성찰은 탐욕을 줄인다.** 죽음을 의식적으로 생각하면, '나'에서 '우리'로 사고방식을 전환할 수 있다. 한 연구에서, 참가자들에게 죽음과 자신의 가치에 대해 성찰하도록 유도한 후 그들에게 100달러를 받을 수 있는 복권 티켓을 나눠주는 실

험을 진행했다. 그 결과, 죽음을 성찰한 참가자들은 티켓을 독식하기보다 다른 참가자들에게 더 많이 남겨두는 경향을 보였다. 즉, 이기적인 선택보다 이타적인 선택을 하게 되었다.

• **죽음을 깊이 생각하면 미래에 관대해진다.** 죽음에 대한 성찰을 수행한 연구의 참가자들은 미래의 후손을 위해 돈을 기부할 가능성이 더 높았다. 이는 세대 간의 이타심을 보여주는 아름다운 사례이자, 우리가 수명의 한계를 넘어 유산을 남기려는 경향이 얼마나 강한지 보여주는 강력한 증거다.

• **감사와 죽음은 공생 관계다.** 죽음을 성찰하면 감사함이 커지고, 감사함을 느끼면 죽음에 대한 두려움이 줄어든다. 한 연구에서는 자신의 죽음을 깊이 성찰한 참가자들이 감사의 수준이 높아졌을 뿐만 아니라, 삶의 소소한 즐거움에 대한 감각도 더욱 예민해졌다. 또한, 특별히 감사했던 순간을 떠올리도록 요청받은 사람들은 무의식적인 죽음의 공포가 줄어드는 경향을 보였다.

• **공포 관리 이론의 희망적인 면.** 세계관에 맹목적으로 집착하면 분열과 갈등을 낳을 수도 있지만, 반대로 자기 존재의 가치가 '좋은 사람'이 되는 것에 달려 있다면, 선한 방향으로 작용할 수도 있다. 죽음을 의식하는 과정에서 평등, 연민, 공감, 용서, 그리고 이타심 같은 친사회적 가치가 강화될 수 있다. 연구에 따르면, 죽음을 의식적으로 떠올리면 기부 활동이 증가하고 사람들이 더 이타적인 행동을 하게 된다. 특히 여성들은 죽음을 떠올린 후 일주일 동안 더욱 친사회적으로 행동하는 경향을 보였다.

- **죽음에 대한 성찰은 더 나은 인격으로 이어질 수 있다.** 9·11 테러 이후, 죽음에 대한 인식이 강제적으로 전면에 떠오른 많은 사람들 사이에서 감사, 친절, 희망, 사랑, 영성, 리더십, 팀워크 같은 성격적 강점이 향상되었으며, 이러한 변화는 사건 발생 후 최대 10개월까지 지속되었다.

- **더 나은 사람이 된다.** 적절한 맥락에서 '죽음의 자각'을 경험하면 최고의 자신이 되고 싶은 욕구가 증가할 수 있다. 또한, 의식적으로 죽음을 떠올리면 건강한 삶을 유지하려는 동기도 높아진다. 연구에 따르면, 죽음을 인식하는 것이 운동을 꾸준히 하고 건강한 식습관을 유지하려는 결심을 강화한다.

- **세계관 방어 본능을 완화한다.** 우리는 흔히 막연하고 추상적인 방식으로 죽음을 인식할 때 본능적인 방어 전략을 발동시킨다. 이런 경우 적대적인 반응이나 세계관을 더 강하게 방어하려는 태도로 이어질 가능성이 높다. 그러나 죽음을 열린 태도, 마음 챙김, 호기심으로 성찰할 때, 우리는 본능적인 방어 기제를 약화시키고, 더 수용적이고 균형 잡힌 태도를 유지할 수 있다. 또한 높은 자존감은 죽음에 대한 불안을 완화하고, 세계관 방어 기제를 덜 가동하도록 하는 효과가 있다.

이제 죽음에 대해 어중간하게 떠올리는 일이 좋지 못한 생각과 행동으로 이어질 수 있다는 것을 알게 된 이상, 그런 상황에서 본능적인 반응을 조절하고, 더 나은 길을 선택하는 방법을 배우는 것이 중요하다. 예를 들어, 동료의 암 진단 소식을 듣게 된다면, 잠시 멈추고 스스로에게 이렇게 물어보라. '내가 지금 내 신념에 지나치게 집착하고 있지는 않은가?', '혹시 자존감을 지키려고 억지로 애쓰고 있지는 않은가?'

연구의 결론

- 죽음을 생각할 때는 세심한 배려가 필요하다. 그렇지 않으면 공포 관리 이론에 불을 지필 수 있기 때문이다.
- 잘못된 방식으로 죽음을 인식하게 되면 자칫 편협하고 자기중심적인 사람으로 변할 수 있다. 이런 종류의 추상적 사고는 피하는 것이 좋다.
- 죽음을 '올바르게' 성찰하면, 매우 생산적이고 주체적이며 동기부여가 되는 생각을 불러일으킬 수 있다.
- 혹시 당신이 지금 자신의 신념에 집착하거나 자존감을 높이려 애쓰고 있다면, 죽음에 대한 생각이 당신의 의식에 영향을 미치고 있는 것일지 모른다. 그때는 당신의 생각과 감정을 진지하게 들여다보는 것이 중요하다.

죽음을 받아들이지 않는 사람들을 위한 수업

이런 죽음의 문제는 덮어두고 싶은 당신의 욕구를 존중한다. 그게 바로 당신이 얼마나 인간적인지를 보여주는 증거니까. 그럼에도 불구하고 우리는 모두 언젠가 죽음을 맞닥뜨릴 것이라는 사실을 잘 알고 있지 않은가? 다만, 죽음이라는 깊은 물에 뛰어드는 것이 두려울 뿐이다. 한 번에 한 걸음씩 죽음에 대한 부정적인 태도에서 벗어나야 한다.

군이 일부러 죽음을 되새기는 일이 아직 마음에 들지 않는다면, 미리 작은 맛보기를 보여주겠다. 인생에서 일어나는 작은 변화를 받아들이는 것으로 워밍업을 해보자. 필연적으로 사라지고 죽는 것들의 여러 방식을 생각해보는 것이다.

- 주방 조리대에 아름답게 꽃혀 있는 수국은 머지않아 잎을 떨어뜨리고 죽을 것이다.
- 불쾌한 기분이나 미친듯이 행복한 기분, 그 어떠한 기분이라도 다 지나갈 것이다.
- 순간의 잘못된 판단으로 커트한 헤어스타일이 별로여도, 머리카락은 다시 자랄 것이다.
- 골든 리트리버는 죽을 것이다.
- 당신 아들도 미운 두 살 시기를 결국 벗어날 것이다.
- 좋아하는 식당이나 옷가게, 빵집, 요가 스튜디오는 언젠가 문을 닫게 될 것이다.
- 당신의 몸은 점점 느려질 것이다.
- 어떤 우정은 시간이 지나면서 희미해지고, 어떤 친구는 당신보다 먼저 죽게 될 것이다.
- 이웃들이 이사할 것이다.
- 직장의 조직도가 개편되고 김대리는 한 단계 더 승진하며, 당

신에게는 다른 상사가 생길 것이다.

- 대통령은 교체될 것이다.
- 냉장고에 있는 요거트의 유통기한이 지날 것이다.
- 당신의 태도는 시간이 지나면서 더 부드러워지며, 당신은 더 나은 모습으로 변할 것이다.

슬프게도 우리는 주름, 약해짐, 사고, 질병, 멸종에 매우 취약한 존재다. 변화만이 유일한 상수라는 사실을 받아들이면, 무상함을 위협이 아닌 성장의 기회로 보는 데 도움이 된다. 거의 모든 것이 일시적임을 되새기는 일은 우리 자신의 죽음을 명상하는 데 도움이 된다.

우리 주변에는 항상 끝나는 것과 시작되는 무언가가 있다. 지금 당신 주변에서 일어나고 있는 변화는 무엇인가? 당신이 일으키고 있는 변화는 무엇인가?

이길 때도 있고, 질 때도 있다

연구에 따르면, 목표를 향해 나아가는 과정 자체가 강력한 동기부여와 행복감을 준다. 보통 실패는 부정적인 것으로 여겨지지만, 그것은 우리가 '성공'에 대해 사회적으로 형성된 개념(즉, 승자가 되어야 하고 절대 패자가 되어서는 안 된다는 생각)으로 인식하고 있기 때문이다. 그렇다면! 패배를 다른 시각으로 바라보면 어떨까? 패배를 인식하고 그것의 교육적 가치를 인정한다면? 삶에서의 변화와 상실을 의도적으로 파고들어 그로부터 통찰과 의미를 찾는다면 어떨까?

내가 상담했던 한 고객은 자신의 승리는 쉽게 지나치고 패배에 대해서는 과하게 자책하곤 했다. 나는 그녀에게 그 두 가지를 모두 기록해두라고 조언했다. 그러자 흥미로운 일이 일어났다. 그녀는 좋은 일과 나쁜 일을 완전히 새로운 시각으로 바라보게 되었다. 자신의 승리, 대체로 이런 작은 승리를 주목하게 되었다. '오늘 고객 제안서를 완성함', '가라테 수업에서 그 동작을 이해함', '일레인과 어색하지만 꼭 필요한 대화를 나눔'. 그녀는 자신이 매일 얼마나 많은 진전을 보이고 있는지 깨닫게 되었다.

역설적으로, 그녀의 실패 목록은 '내가 얼마나 처참한 인간인가'라는 목록으로 변하지 않았다. 오히려 이 목록은 모든 것을 제대로 관찰하게 해주었다. 예를 들어 '딸을 도예 수업에 5분 늦게 데려다줌'은 글로 봤을 때는 큰일이 아니었다. '오늘도 문제의 고객에게서 연락을 받지 못함'도 그녀가 문제의 크기를 가늠하는 데 도움이 되었다. 그녀는 회사에 중요하지만 까다로운 고객과 더 이상 함께하지 못할 수도 있다는 사실을 담담히 받아들이기 시작했다. 그 일을 계속해서 곱씹는 대신 받아들이는 쪽으로 나아가기 시작했다.

승리를 기록하는 것은 목표를 향해 의미 있게 나아가는 데 있어 확실히 큰 도움이 되지만, 실패를 기록하는 것의 영향도 과소평가해서는 안 된다. 이는 평정심을 기르는 데 도움이 된다. 즉 승리와 패배는 우리의 생각과 경험에서 균형을 이루며, 때에 따라 이길 수도 있고 질 수도 있지만, 삶은 계속 될 것이라는 사실을 깨닫게 해준다. 삶의 멋진 마무리를 향해 가는 여정에서 이러한 실패의 연습은 반드시 필요하다.

꾸준히 죽음을 연습하라

'죽음을 연습하는' 기술이 있다. 이는 죽음에 살짝 발을 들여놓는 것과 같다. 때론 다음과 같은 방식으로 나타난다.

- 슬픔에 빠진 사람들과 교류하기
- 장례 행렬이 보이면 자신의 장례를 상상해보기
- 실직, 시들어버린 우정, 식어버린 연애, 직장에서 실패한 훌륭한 아이디어 등 삶에서 일어나는 작은 실패들을 받아들이기
- 그날 아침에 작별 인사를 깜박했는데, 사랑하는 사람이 끔찍한 사고로 죽을 것이라는 최악의 상황을 상상해보기

연구에 따르면, 우리가 이런 소소한 방법으로 일상에서 죽음을 경험하면, 불안을 다루고 삶에 감사하는 능력을 더 잘 갖출 수 있다고 한다.

죽음에 대한 두려움을 없애라

사실을 직시하라. 당신에게는 유통기한이 있다. 나도 유통기한이 있고, 고양이 베리도, 냉장고에 있는 우유도 유통기한이 있다. 그저 우유가 먼저 상하길 바라고 있을 뿐이다.

하지만 삶의 진실을 외면하는 이 끔찍한 실수를 우리는 얼마나 자주 저지르고 있는 걸까? 죽음은 우리의 삶을 자극하는 중요한 존재다. 죽음은 우리가 살아 있는 동안 다르게 행동하고, 더 강력한 선택을 하도록 이끌어준다.

솔직하게 얘기해보자. 우리를 두렵게 하는 것은 '죽음'이라는 거대한 개념 자체가 아니라, 우리가 삶의 끝에 다다랐을 때 진정 멋지게 살아보지 못했다는 사실을 깨닫게 될지도 모른다는 자각이다.

이제 죽음을 빙빙 돌려 말하는 걸 그만두자. 죽음은 우리가 행동하는 이유에 깊숙이 자리한 근본적인 동기이다. 솔직히 말해서 나는 편안한 나만의 안전지대에서 조금이라도 벗어나려면 건강한 동기부여가 필요하다. 내 폴리스 안감이 깔린 구역은 너무나 편안하고 안락하다. 그러나 나는 시간이 소중하다는 사실과 그 시간이 서서히 줄어들고 있음을 깨달을 때 비로소 삶에서 긍정적인 선택을 하게 된다. 아무 생각 없이 살아가는 좀비 모드에서 벗어나게 되는 것이다. 내가 사랑하는 모든 사람들이 결국 죽음을 맞이할 것이고, 거울 속에 비치는 내 자신도 예외가 아니라는 불편한 진실을 포함한 이러한 삶의 진실을 직면할 때, 나는 비로소 살아 있다고 느낀다.

　우리가 죽음을 더 많이 예상하고 받아들이고 성찰할수록 우리는 우리의 우선순위와 목표에 더 집중하여 많은 것을 얻을 수 있게 될 것이다.

5장

죽음을 간접 체험하며 살아라

의사: (이마를 찡그리며) 이 혹이 생긴 지 얼마나 됐나요?

나: 혹이요?

죽을 뻔했던 순간은 우리가 진정 원하는 삶의 방식을 깨닫는 데 강력한 계기가 된다. '생사의 갈림길'에 놓여봤던 사람들은 삶에서 의미, 성취감, 기쁨을 찾느라 더 이상 시간을 낭비하지 않는다. 그들은 새롭게 살 수 있는 기회를 얻은 것처럼 살아간다. 자신이 거의 잃을 뻔했던 것의 가치를 아주 명확하게 깨달았기 때문이다.

심리학자들은 이러한 '깨달음의 포효the roar of awakening'라고 일컫는 상황을 경험한 사람들의 삶에 주목한다. 연구 결과는 이러한 사람들이 더 명확한 우선순위와 태도 변화를 통해 오늘 이후의 삶을 살아가려는 강렬한 의지를 갖게 된다는 점을 일관되게 보여준다.

나의 고객 중에서 유독 활기가 넘치는 이들은 대개 죽을 고비를 넘긴 경험이 있는 사람들이었다. 예를 들어, 한 고객은 군 호송차량 폭격에서 살아남은 후 삶에 대한 새로운 활력을 찾았다. 그녀는 이렇게 말했다. "제게 남은 시간이 얼마든지 간에, 삶을 최대한 만끽하며 살고 싶어요. 그동안 저는 눈가리개를 한 채 살아왔던 것 같아요. 이제 예전에 살던 방식으로는 돌아갈 수 없어요." 그녀는 삶의 무관심과 반복적인 일상에 종지부를 찍었다. 이제 매일 떠오르는 태양과 아이의 깔깔거리는 웃음소리, 모든 소소한 즐거움에 감사하며 살고 있다.

또 다른 사례로는, 지붕에 크리스마스 장식을 달다가 사다리에서 떨어졌던 한 남성의 이야기를 들 수 있다. 그는 혼수상태에서 깨어난 후 자신의 삶에 제대로 눈을 뜬 것 같은 기분이 들었다고 한다(자신을 쓰러뜨렸던 거대한 풍선 산타에 대한 형제들의 계속된 놀림을 받아야 했지만 말이다). 그는 관성적으로 당연하게 살아왔던 자신을 돌아보았다. 그리고 회사 안팎에서 보내는 시간을 체계적으로 재정비하며, 예상치 못하게 '리셋 버튼'을 누르게 된 것을 새로운 삶의 출발점으로 삼았다.

이처럼 한때 죽음과 친밀한 관계를 맺었던 사람들은 우리가 모르는 것을 알고 있는 듯하다. 우리처럼 무덤에 한발짝도 가보지 않은 행운아들은 왜 그들처럼 절실함과 동기부여, 그리고 살고자 하는 강한 열망을 느낄 수 없을까? 아니 어쩌면 우리도 그럴 수 있지 않을까? 죽음의 문턱에서 가까스로 살아남은 사람들이 얻은 통찰을 깊이 탐구함으로써 말이다. 이제 당신도 잘 살펴보라. 지붕에서 떨어지지 않고도 어떤 통찰을 얻을 수 있을지에 대해.

죽음의 위기에서 얻은 10가지 통찰

1. 삶의 우선순위 재정립. 눈앞에서 죽음을 마주했던 사람들은, 해야 할 일의 목록이나 일상의 사소한 일에 집착하지 않고 정말로 중요한 일에 집중하기 시작한다. 이를 테면, 정말 함께 시간을 보내고 싶은 사람들, 마음을 사로잡는 관심사, 성취감을 느낄 수 있는 일, 가슴이 설레는 기회들 같은 것이다.

중요한 일에 우선순위를 두는 것만큼이나 중요하지 않은 일(칼로리 계산 등)에 우선순위를 두지 않는 선택도 삶에서 중요한 가치를 가진다. 또한, 사회적으로 학습된 '행복'이라는 함정(명성! 재산! 인맥! 어떤 차를 타는지!)에 빠지지 않으며, 더 개인적이고 내면적인 가치들을 존중하기 시작한다. 죽을 뻔한 경험은 우리가 어떻게 자신과 맞지 않는 방식으로 살아왔는지를 깨닫게 하는 것이다. 다른 사람들이 강요한 가치로 가득 찬 삶이 아니라, 자신의 가치를 따르는 진정성 있는 삶을 살 두 번째 기회를 얻게 된다.

셰이의 원

"암에 걸린 건 정말 감사한 일이었어요. 제 삶에 커다란 정지 신호를 주었으니까요." 셰이 모라가Shay Moraga*는 이렇게 말했다. "암 덕분에 제 삶에서 두 번째 기회를 얻었어요."

셰이는 20주 동안 항암치료를 받으면서 일기를 쓰고, 많은 시간 동안 앞으로 어떤 인생을 살아가고 싶은지에 대해 깊이 생각했다고 말했다. 그녀는 어느 날 치료를 받는 도중 새 종이를 펼치고는 한가운데 원을 하나 그렸다. 그리고 원 안에는 인생에서 자신이 원하는 것을, 원 밖에는 더 이상 원하지 않는 것을 모두 적었다.

나는 그녀의 아이디어가 너무 마음에 들어 숨이 멎을 정도였다. 원 밖에는 다른 사람을 기쁘게 하려는 마음, 시간과 에너지를 쓰고 싶지 않은 일, 독이 되는 인간관계가 있었다. 원 안에는 자신의 필요와 관심사, 함께 시간을 보내고 싶은 사람들이 있었다.

만약 당신도 삶에서 '두 번째 기회'를 얻는다면 어떨까? 원 안에는 무엇이, 누가 들어갈까? 또 원 밖으로 인정사정 없이 내쳐질 것들은 무엇일까? 가장 중요한 우선순위는 무엇이고, 우선순위를 낮춰야 할 사소한 일들은 무엇일까?

2. **삶에 대한 깊어진 감사.** 죽을 뻔한 경험을 한 사람들은 자신이 누리고 있는 삶에 대한 감사함이 더 커졌다고 말한다. 죽음은 마치 얼굴에 찬물을 끼얹는 것과 같아서, 삶에 더 큰 가치를 부여하도록 우리를 정신차리게 하는 데 도움이 된다. 우리가 얼마나 덧없는 존재인지, 즉 삶의 끝자락에 서 있다는 사실을 강력하게

＊   셰이는 암 생존자를 후원하는 비영리 단체인 'Shay's Warriors'의 설립자다.

상기시켜 줌으로써, 더 의식적으로 살아갈 수 있도록 자극하는 것이다. 삶에 대한 감사를 느끼지 못하는 것은 삶을 당연하게 여기는 것과 같다.

심장이 뛰고 있다는 사실, 마트를 왔다 갔다 할 수 있을 만큼 튼튼한 다리가 있다는 사실, 지금 이곳에 '존재'한다는 선물에 마지막으로 감사했던 순간은 언제였는가?

뇌에서 아보카도를 제거한 경험

크리스 바카시Chris Baccash는 2019년 27세의 나이에 자신에게 아보카도 크기만한 뇌종양이 있다는 사실을 알게 되었다. 내가 그와 대화를 나눈 것은 그로부터 몇 년 후 '아보카도의 대부분을 제거할 수 있었다'는 세 번의 수술을 받은 뒤였다. 그는 농담처럼 말했지만, 그가 이전에는 간과했던 것들을 얼마나 감사하게 여기게 되었는지를 보니 정말 놀라웠다.

"제 인생에서 가장 깊은 감사가 흘러넘쳤어요. 이제는 자주 어머니의 사랑에 감동과 경외감을 느껴요. 어렸을 때는 전혀 감사할 줄 몰랐죠. 어머니는 제 자전거 의자에 포스트잇으로 이런 글을 남겨두곤 하셨죠. '잘 돌아왔어. 너무 보고 싶었어.' 또 제 항암제 옆에도 포스트잇을 붙여 놓으셨어요. '사랑과 치유의 약', 이렇게 말이죠. '그 아보카도'가 없었다면 알아차리지 못했을 거예요."

크리스는 MRI 검사 결과가 깨끗하다는 좋은 소식을 들었던 6월의 어느 날을 떠올렸다. 그는 병원 밖에 앉아서 주변을 둘러보고 있었다. "그날 병원 옥상에는 환자를 태운 헬리콥터들이 조심스럽게 착륙하고 있었어요. 그걸 보니 사람이 이런 기계를 만들어내고, 그것을 정교하게 조종하여 병원 옥상에 착륙하게 할 수 있다는 사실에 너무 감사했어요. 사람이 물리적으로나 정신적으로 서로를 돌볼 수 있는 능력을 가지고 있다는 점도 정말 감사하게 느껴졌습니다." 크리스는 이제 이러한 감사의 물결을 '헬리콥터 순간'이라고 부른다.

"사람들이 알았으면 좋겠어요. 인생이 상황에 따라 무너질 수도 있지만, 오히려 그 경험이 최고로 좋은 일이 될 수도 있다는 사실을요. 저는 뇌를 열어본 그 경험 덕분에, 내 삶에서 정말 중요한 것이 무엇인지, 그리고 무엇을 음미해야 하는지 분명하게 알 수 있었어요. 뇌종양은 제가 다시는 겪고 싶지 않은 최고의 경험입니다."

당신이 크리스처럼 고통스러운 시간 끝에 마침내 좋은 검사 결과를 들은 후 병원 벤치에 앉아 있다고 상상해보라. 당신은 어떤 일에 감사함을 느끼게 될까? 당신이 뇌수술을 받지 않고도 감사를 느낄 수 있다면 삶은 어떻게 달라질까?

3. **기대감 내려놓기.** 죽음과 마주했던 사람들은 종종 사회가 자신에게 부여했던 기대를 버리고, '이게 진짜 나야' 하며 진정한 자신의 모습으로 살기로 결심한다. '사람들이 나를 어떻게 생각할까?' 하는 유해한 질문은 뒷전으로 밀려난다. 다른 사람의 생각은 더 이상 중요하지 않기 때문이다. 부모님, 상사, 친구, 이웃 사람들에게 인정받는 것이 더 이상 타당한 관심사가 아니게 된

다. 자신만의 기준을 세우고, 그 기준을 존중한다.

내가 진행했던 회사 워크숍의 한 참가자는 24시간 내내 이메일과 메시지에 답장하는 것을 자신이 어떻게 느끼는지 팀원들과 공유했다. "아마 이미 눈치채셨을 텐데요. 저는 더 이상 밤이나 주말에 이메일을 확인하지 않습니다. 사고 전과는 달라졌어요." 그는 죽을 뻔했던 오토바이 사고를 겪은 이후, 하루에 딱 8시간만 일하고 그 이상은 단 1분도 더 일하지 않기로 결심했다. 그는 그런 자신을 동료들이 어떻게 생각할까 신경 쓰지도 않았다. "물론 앞으로도 여러분을 위해 최선을 다할 거예요. 하지만 '누가 가장 먼저 대답할까' 또는 '누가 일요일에도 일하는가' 같은 게임에 신경 쓰기에는 인생이 너무 짧아요. 여러분도 제가 찾은 자유를 찾길 바랍니다. 열심히 일하고, 일 외의 삶도 열심히 사는 그런 자유요."

스티브 잡스의 유명한 스탠포드 대학 졸업식 연설을
들어본 적이 있는가? 그가 이렇게 말한 것을 기억해보라.
"외부의 기대, 자부심, 창피함이나 실패에 대한 두려움 등 거의
모든 것은 죽음 앞에서 사라지고 진정으로 중요한 것만 남습니다…
여러분의 시간은 한정되어 있습니다. 그러니
다른 사람의 인생을 사느라 시간을 허비하지 마세요.
다른 모든 것들은 부차적인 것입니다."

4. 삶에 더 깊이 몰입하기. 목숨을 잃을 뻔한 경험만큼 삶에 대한

참여도를 높이는 것은 없다. 자신의 유한함을 뼈저리게 자각하는 것은 우리로 하여금 인생이라는 경기장에 뛰어들어 적극적으로 플레이하도록 만든다. 죽음의 위기를 겪었던 내 고객들은 마침내 온라인 데이트 프로필을 만들기 시작하고, 모로코로 여행을 떠나고, 52세에 스노보드를 배우고, 비영리단체를 설립하고, 따뜻한 곳으로 이사했다. 금요일마다 손주들과 시간을 보내고, 타투를 하며, 주3일 근무로 조정하고, 개인 트레이너가 되기 위해 학교에 복학하는 등 다양한 일을 시작했다. 우리가 꿈꾸는 삶에는 수많은 다양한 일들이 우리를 기다리고 있다.

언젠가 스콧 델루지오Scott DeLuzio가 진행하는 '드라이브 온Drive On' 팟캐스트에 게스트로 출연했을 때, 나는 그에게 깜짝 놀랄 정도로 깊은 인상을 받았다. 그 팟캐스트는 회복탄력성에 관심이 많은 퇴역 군인들이 주요 청취자였는데, 죽음을 성찰하는 일에 대한 이야기를 하던 중에 그가 이렇게 말했다. "살면서 아무것도 하지 않고 그냥 집에서 가만히 앉아 있다면, 앞으로 더 많은 월요일을 남겨주기 위해 자신을 희생한 그 사람에게 얼마나 큰 모욕일까요? 당신 인생에서요. 그렇지 않나요? 저는 아프가니스탄에서 동생을 잃었어요. 제가 그냥 앉아서 허송세월만 보내고 있다면, 제 동생의 희생은 헛된 일이 될 것 같아요. 그래서 전 그렇게 지낼 수 없어요. 동생에게 빚이 있다고 생각해요. 가치 있는 삶을 살아야 한다고 생각해요."

5. **평범함 받아들이기.** 죽음의 그림자 아래를 걸어본 사람들은 평범해보이는 일상적인 순간들조차 그저 흘려보내지 않고 감사하며 음미한다. 우리는 생일, 휴일, 기념일, 프러포즈, 출산, 마라톤 결승선, 승진 등 인생에서 '중요한 순간'을 인정하고 축하하는 세상에서 살고 있다. 그런데 평범한 일상에서 짜낼 수 있는 소소한 기쁨은 어떤가?

따뜻한 목욕물의 느낌, 아주 크게 틀어놓은 좋아하는 음악 소리, 지나가다 맡은 좋아하는 빵집의 냄새, 좋아하는 음료의 첫 모금처럼, 평범한 일상에서 작은 기쁨을 만끽할 때, 삶은 점점 더 나아진다. 앞서 작성했던 '나를 행복하게 해주는 목록'에 평범한 일상 속 마법 같은 순간을 몇 가지 추가해보는 건 어떤가? 그런 순간들을 그냥 지나치지 않도록, 흘려버리지 않도록 하기 위해서 말이다.

평범한 일상 즐기기

크리스 티아는 2021년 42세의 나이에 세 번째 유방함 투병 끝에 세상을 떠난 나의 소중한 고객이다. 그녀가 죽기 불과 몇 달 전 마지막 상담에서, 그녀는 이제 그만 인생의 속도를 늦추고 삶의 지루함을 받아들이기로 했다고 말했다.

- 그녀는 마트를 걸어다니며 전구를 고르는 걸 즐겼다.
- 그녀는 높은 천장의 노출된 배관의 먼지를 털어내는 모습을 지켜보는 것을 즐겼다.

- 그녀는 스팸 메일을 훑어보고 분류하는 것을 즐겼다.
- 그녀는 집 근처 일리노이 대학의 시카고 캠퍼스 잔디 곳곳에 있는 커다란 빨간색 의자에 앉아서 시간을 보내는 것을 즐겼다. 그냥 '앉아 있는' 것이다.
- 마리아노의 식료품점까지 걸어가서 초콜릿 아이스크림을 먹으며 집으로 돌아오는 것도 즐겼다.

6. **관계 되살리기.** 한 순간에 이 땅을 떠날 뻔했던 사람들은 주위를 보살피고 자신의 삶에서 중요한 사람들을 더욱 소중하게 여긴다. 죽음이 가까워지면 우리가 잃게 될 모든 것, 그리고 잃게 될 '사람들'이 더 선명해진다. 장례식에 참석할 때 이런 사실을 깨닫는다. 우리는 다음번에 잃게 될까 봐 두려운 사람들을 마음속에 떠올리며 이렇게 생각한다. "뎁, 앨런, 에스메렐… 지난 번 앨런에게 집을 봐달라고 부탁했을 때 내 비취나무를 죽였으니까 앨런은 괜찮아. 하지만 뎁이 죽으면 어쩌지?" 아무리 상상이라고 해도 사랑하는 사람들을 잃을 수 있다고 생각하면, 우리 삶에서 중요한 사람들과 보내는 시간을 소중히 여길 수 있다.

한 고객은 총을 든 강도에게 차량을 빼앗긴 후, 예상치 못한 깨달음을 얻었다. 그녀는 자신의 인간관계가 어느새 완전히 끊겼다는 사실을 '어렵게 배웠다'고 표현했다. 그날 저녁에 경찰서에서 집으로 돌아온 후 그녀는 홀로 두려움과 외로움에 떨었지만 연락할 만한 가까운 사람이 하나도 없었다. 온통 겉으로만 친한 지인과 동료들뿐이었다. 연구실에서 함께 웃고 행복한 시간을 보내며 생일 케이크를 나눠 먹는 사이지만, 정작 도움이 필요한 순간에는 연락할 수 있는 사람이 아무도 없었던 것이다. 그녀는 커리어를 위해 소홀히 했던 우정을 되살리고 싶었다. 한 번에 한 사람씩 관계를 회복하고 싶었다. 논문 출간 압박이 심한 직업을 가진 그녀로선 설령 성과가 줄어든다 해도 말이다. 그녀는 삶을 풍요롭게 해주는 의미 있는 인간관계 없이 이 세상에서 사라지고 싶지 않았다.

당신이 죽기 전에 연락하고 싶은 사람은 누구인가? 죽을 뻔한 위험한 고비를 넘겼을 때 밤늦게 도움을 요청할 수 있는 사람은 누구인가?

7. **마음챙김 극대화하기.** 죽을 뻔한 경험을 한 사람들은 현재 이 순간에 더 집중하게 된다. 그들은 거의 삶을 잃을 뻔했기 때문에 지금 이 순간을 산다는 것이 얼마나 사치스럽고 귀한 일인지 알기 때문이다. 그들은 과거를 곱씹거나 미래를 걱정하는 데 많은 시간을 허비하지 않는다. 그들은 우리 같은 평범한 사람들이 당연하게 여기는 지금 이 순간이, 자신에게 주어진 전부라는 사실을 누구보다 잘 이해하고 있다.

마음챙김을 통해 우리는 주위의 모든 사람, 장소, 사물을 새로운 시각으로 볼 수 있다. 마음챙김을 통해 지금 이 순간에 집중하고 시야를 넓혀, 휴대폰으로 타인의 삶을 들여다보느라 지나쳤을 새로운 정보를 받아들인다.

내 친구 던컨은 몇 년 전 심장마비를 겪었다. 던컨은 몇 달이 지나서야 자신이 죽을 수도 있다는 사실을 깨달았다. 이후에 그는 마음챙김에 눈을 뜨게 되었다. "완전히 새로운 시각으로 삶을 바라보게 되었어요. 건물과 나무, 구름이 완전히 다른 모습으로 눈에 들어오더군요. 입이 떡 벌어질 정도였죠. 그것들은 정말 아름다웠어요."

이 모든 것은 아주 간단한 '주목하기'와 '조율하기'라는 개념으로 귀결된다. 당신은 매 순간 무엇을 주목하기로 선택하는가? 무엇을 조율하고 있는가? 무엇을 이성적으로 판단하지 않고, 관찰하고 있는가? 마음챙김을 하려면 노력이 필요하다. 집중하지 못하는 소란스러운 마음은 과거를 곱씹거나 미래를 걱정하는 경향이 있기 때문이다. 괜찮다. 그냥 잠시 멈춰서 숨을 한모금 내쉬고 들이마시고, 주목하고 조율하면 된다.

8. **의미와 성장을 창조하기.** 죽음에 가까워지거나 충격적인 사건을 경험한다고 해서 우리가 반드시 더 행복해지거나 똑똑해지는 것은 아니다. 하지만 생존자들은 일관되게 자기 인식이 높아지고, 삶에서 더 많은 지혜를 얻었으며, 목적의식과 자아실현감이 커졌다고 말한다. 죽음의 문턱에 다다르면 많은 사람들은 새로운 교육과 직업, 관계, 경험에 열린 마음을 갖게 되고, 더욱 성장하며 새로운 모습으로 변모한다.

한 고객의 아들은 우발적인 약물 과다복용으로 목숨을 잃을 뻔한 경험을 했다. 병원에서 집으로 돌아온 아들은 자신을 완전히 새롭게 알게 된 느낌이라고 말했다고 한다. "마치 전형적인

'비포앤애프터' 사진을 보는 것 같아요. 전에는 내 자신을 그냥 아는 사람처럼, 담 너머로 손 흔들며 인사하는 이웃처럼 알았던 것 같아요. 내가 내 자신을 피하고 있었던 것 같기도 해요. 이제는 내가 무엇을 중요하게 여기고, 중요하게 여기지 않는지 확신이 생겼어요. 학교로 돌아가서 심리학을 공부하고 싶어요."

죽음에 대한 인식은 분명 성장의 발판이 된다. 당신이 겪어온 어려움을 어떻게 재구성하고 도약의 발판으로 삼아 일상에서 더 큰 의미를 창출할 수 있을까? 당신이 성장하고 발전할 수 있는 기회들을 놓치고 있지는 않은가? 어디에든 아주 작은 성장의 싹이 돋아날 수 있을지 모른다.

외상 후 성장

심리학자들은 '외상 후 성장'을, 역경에서 비롯된 긍정적인 심리적 변화라고 말한다. 죽을 뻔한 경험, 인생의 큰 위기, 인생에서 온갖 쓰디쓴 어려움을 겪은 덕분에, 우리는 실제로 더 높은 수준의 능력을 발휘할 수 있게 된다. 이러한 성장은 자신에게 더 이상 도움이 되지 않는 가치관, 기대, 목표를 버리면서 이뤄지는 경우가 많다.

지나치게 오래된 목표를 내려놓으면 엄청난 해방감을 느낄 수 있다. 혹시 당신도 집착하듯 꽉 붙들고 있는 프로젝트가 있는가? 이미 절정의 시기가 지나버려 방향을 바꾸면 삶이 더 나아질 수 있는데도, 고집스럽게 진행하는 일 말이다.

이를 테면 에너지를 소모시키는 복잡한 업무 프로젝트, 조명 기구 하나하나 사람을 지치게 하는 리노베이션 프로젝트(그냥 이사하는 게 어떨까?), 더 이상 즐겁지 않은 마라톤 훈련(그냥 짧은 거리를 달리며 다시 즐거움을 느끼는 게 어떨까?) 같은 거 말이다. 나는 사람을 지치게 하는 목표를 그냥 내려놓았을 때, 하루 만에 950배 더 행복해지는 경우를 종종 목격했다.

나는 작년에 그림 작업을 한 적이 있었는데, 그 작품을 볼 때마다 수명이 단축되는 느낌이 들었다. 실수를 가리느라 너무 많이 덧칠하는 바람에 캔버스가 아크릴 물감과 패배감으로 두꺼워졌다. 마치 스펀지가 창의성과 행복을 빨아들이는 것처럼, 나는 작업을 하면서 활기를 느낀 적도 없고 재미있지도 않았다.

"이번에 마지막으로 한 번만 더 해볼 거야" 나는 남편에게 가짜 열정을 드러내며 힘없이 선언하곤 했다.

"호박이 많아 보이네" 그는 망설이듯 (하지만 예리하게) 내 작품을 관찰하더니 이렇게 말했다.

나는 호박을 그리려던 게 전혀 아니었다. 남편이 호박을 좋아하는 것도 아닌데, 왜 우리 현관에 3x4피트짜리 호박 그림을 그리겠는가?

나는 그 호박, 아니 캔버스를 그만 정리하기로 힘들게 결정했다. 아, 그때 찾아온 달콤한 해방감이란! 내가 만약 죽을 고비를 넘긴 후 병원에서 집으로 돌아오는 모습을 상상해봤다면 그 재앙 같던 그림에 시간을 낭비했을까? 아마 아니었을 것이다.

때때로 우리는 '끝까지 하는 것'이 마치 좋은 도덕적 성품을 나타낸다고 생각하거나, 매몰비용의 오류에 빠지지도 한다(즉, 이미 투자한 많은 시간과 에너지가 아까워서 그것을 포기하는 것이 최고의 현명한 선택임에도 불구하고 고집을 부리는 것). 하지만 우리는 다음 주에 죽을 수도 있다. 자신에게 맞지 않는 책, TV 프로그램, 영화, 팟캐스트, 사람, 직장, 헤어스타일리스트와 인생의 마지막 날을 보낸다면 너무 아쉽지 않을까?

9. 영적 깨달음. 죽음의 문턱까지 갔다온 많은 사람들이 자신 너머에 있는 어떤 초월적인 존재와의 연결을 경험하며, 이러한 경험은 헤아릴 수 없는 위안을 준다. 어떤 사람들은 차갑게 식었던 신앙심을 다시 회복하거나, 위안을 얻기 위해 새로운 종교를 찾기도 한다.

심리학자들은 '영적 항복spiritual surrender'이라는 이 개념에 대해 이야기한다. 이 개념은 자신이 우주의 중심에 있는 것이 아니라 더 큰 존재의 일부, 즉 신성한 존재의 일부로 느끼는 현상이다. 삶의 모든 일들을 통제하려는 욕망을 가진 우리에게 있어 이러한 항복은 역설적으로 더 큰 통제감을 안겨준다. 더 위대하고 자애로운 존재나 힘에 대한 신뢰가 온전함과 감사, 고요함, 평온함, 자비를 느끼게 해주는 것이다.

10. 생명력의 재탄생. 죽음을 마주했던 사람들, 특히 심각한 질병

이나 교통사고, 익사 위험, 낙상 등을 겪은 사람을 대상으로 한 연구에 따르면, 이들은 생명력이 넘치는 풍요로운 삶으로 새롭게 '재탄생'하는 것과 같은 경험을 한다.

또한, 흥미롭게도 임사체험과 관련된 긍정적인 효과는 시간이 지나도 줄어들지 않는 경향이 있다. 연구의 참가자들은 실험 후 20년이 지나도 변화된 가치관과 관점을 계속 유지하고 있었다.

위기의 순간과 전화 한 통

트리시 켄달은 스무살 때, 자신의 삶을 끝내려는 시도 직후 새로운 삶을 시작하게 되었다. 이 이야기의 행복한 결말부터 시작해 보자. 현재 트리시는 남편과 두 자녀, 그리고 웨스라는 이름의 반려견과 조용한 교외에서 살고 있다. 그녀는 25년 전 마약중독자로 살았던 삶과는 완전히 대조되는, 자칭 꿈만 같은 삶을 살고 있다.

"당시 저는 차갑고 곰팡이 슬고 더러운 욕실 바닥에 누워 있었어요" 트리시가 말했다. "그리고 정맥에 주사바늘을 찔러 필로폰을 과다 투입하는 것으로 인생을 끝내기로 결심했어요. 왜냐하면 더 이상 다른 방법이 없다고 생각했거든요. 매일 아버지에게 성적 학대를 당하는 스무살 소녀인 내가 희망이나 사랑받을 가치가 있는 존재라고 믿지 않았어요. 기대할 건 아무것도 없었죠. 그런데 욕실 바닥에서 마지막 주사 바늘을 찔러 넣으려던 바로 그 순간, 언니에게 전화가 왔어요. 텍사스에 있는 제 언니였어요. 저는 주사기를 내려놓고 전화를 받았죠. 아마 마음속 깊은 곳에서는 죽고 싶지 않다는 진심이 있었던 것 같아요. 주사하는 대신 그 전화를 받기로 선택한 것을 보면요."

　이 운명적인 전화를 받은 후 트리시의 이복오빠가 그녀를 데리러 왔고, 그들은 곧 텍사스로 가는 비행기에 올랐다. 도착하니 그녀의 언니가 공항 출구에서 기다리고 있었다.

　"저에게 가장 큰 두려움은 나란 존재는 누구이고, 살아야 하는 이유가 무엇인지 알 수 없다는 거였어요. 죽는 것이 문제가 아니라, 어떻게 살아야 하는지 모르는 게 문제예요. 평범한 일상에서 기쁨을 찾는 방법을 몰랐어요. '평범한 삶'을 사는 방법을 몰랐어요. 평범한 삶을 살 수 있다는 믿음조차 없었죠."

　나는 트리시에게 과거를 돌아봤을 때 '와, 이렇게 좋은 삶이 진짜로 끝날 뻔 했구나'라고 생각한 순간이 있었는지 물었다. 그녀는 큰소리로 그렇다고 대답했다. "언니의 아이들과 함께하며 사랑과 기쁨을 느끼는 순간이었어요. 아이들이 아침 7시에 시리얼을 들고 저를 깨울 때, 그리고 이불 속으로 기어 들어와서 자기들이 좋아하는 애니메이션을 보자고 할 때처럼요. 그 평범한 순간들은 너무도 순수하고, 치유력이 있는 강렬한 기쁨을 안겨 주었어요. 살아남아 그 평범한 기쁨을 경험할 수 있다는 것에 너무 감사했고, 그 경험은 제가 다시 살아갈 수 있도록 힘을 주었어요. 지금까지도 깊이 감사하고 있어요."

뺄셈을 통한 더하기

　심리학자들은 '정신적 뺄셈'으로 알려진 연습을 통해 주관적인 삶의 만족도를 높일 수 있다고 말한다. 삶에서 긍정적인 것들이 사라진 모습을 상상하면(배우자를 만나지 못한 것처럼), 연구자들이 일컫는 '감사 유도'라는 감정을 불러일으킨다. 그러나 여기서는 '우리가 당연하게 여겼던 것을 인식하는 것'이라고 부르기로 하자. 연구에 따르면, 정신적 뺄셈은 우리가 간과하고 있던 것들에 눈뜨게 하고, 호기심을 유지하며, 지나치게 관성적으로 사는 습관에서 벗어나는 데 도움이 된다.

다른 예로는 거동을 할 수 없을 만큼 건강을 잃었다고 상상하거나 자신이 가진 가장 뛰어난 재능을 더 이상 갖고 있지 않다고 상상하거나, 반려동물을 잃어버렸다고 상상해보는 것이다. 사랑하는 존재(두 발 또는 네 발 달린 존재)도 없고, 즐겁고 감동적인 기억도 없으며, 자율성도 없고, 잠재력을 발휘할 수도 없고, 미래에 대한 계획도 없다고 생각해보라. 이제 주위를 둘러보라. 앞으로 할 수 있는 시간이 충분하다고 생각해서 미뤄뒀던 일 중에서 무엇을 하고 싶은가? 이 깊은 깨달음을 간직한 채 이 유한한 시간 속에서 스스로를 다시 태어나게 할 수 있다면, 어떤 사람이 되고 싶은가?

불안을 기회로 만들어라

19세기 실존주의 정신과 의사이자 철학자인 카를 야스퍼스Karl

Jaspers는, 살아 있다는 것은 다양한 상황 속에서 자신을 발견하는 일이라고 믿었다. 어떤 상황은 인생의 큰 틀에서 보면 사소한 것이지만(예를 들어 드라이클리닝 맡긴 세탁물 찾아오기), 어떤 상황은 우리의 세계를 흔들 수 있는 능력을 갖고 있다(예를 들어 출산 또는 50세가 되는 일).

우리 자신에 대한 가장 높은 자각, 즉 우리가 진정한 자기 자신이 되는 것은 보통 '경계 상황boundary situations'에서 비롯된다. 경계 상황이란, 우리 존재의 한계를 드러내는 중대한 순간들이다. 세상을 뒤흔드는 경계 상황은 변화, 고통, 투쟁, 죄책감, 그리고 마지막으로 죽음으로부터 비롯된다.

심리학자들은 존재적 위기는 죽음과 대면하는 경계 상황에서 비롯된다고 설명한다. 이는 인간의 무상함을 암시하거나 과감하게 죽음을 전면에 내세우는 보다 긴급한 사건에 의해 촉발된다. 예를 들면 다음과 같다.

- 끝자리가 0으로 끝나는 생일(이 생일은 중요하다. 앞으로의 10년이 이제 막 지나온 10년과는 주관적으로 다르게 느껴지기 때문이다. 심지어 화요일에는 39세였던 사람이 수요일에 40세가 되었어도 말이다.)
- 중요한 기념일
- 은퇴
- 실직
- 심각한 장애나 질병
- 관계의 약속

- 관계의 종료 또는 이별

- 이사

- 중대한 재정적 변화

- 사랑하는 존재의 죽음

- 노화의 증거(예: 흰머리, 주름, 축 처진 피부, 폐경, 발기 부전 등)

많은 사람들이 은퇴가 다가오거나 은퇴를 맞이하는 것처럼 전형적인 인생의 전환기에 접어들면 딜레마에 빠진다. 과거 은퇴를 앞둔 리더를 대상으로 진행했던 '이제 무엇을 할 것인가?'라는 행사에서, 그들은 자유와 선택권("우후! 매일이 토요일 같아!")과 직업적 정체성 상실("내가 더 이상 박사가 아니라면, 나는 누구란 말인가?"), 목적의 불확실성("그럼 이제부터 무엇을 하지?") 사이에서 종종 긴장감을 드러내곤 한다. "내 선택지가 한정되어 있다"는 두려움이 서서히 엄습해오기 때문이다. 이러한 상황은 존재적 절망의 단계로 발전될 수도 있다. 반면 이러한 상황은 삶을 재정의하고 재설계할 수 있는 엄청난 기회가 되기도 한다.

변화의 시기 탐색하기

가까운 시일 내에 전환점을 맞이할 계획이 없다고 해서(올해 파산이나 이혼 계획이 없다면?), 가만히 앉아서 경계 상황이 문을 두드릴 때까지 기다리라는 건 아니다. 개인적인 휴식처로 말없이 떠나서 다음 생일이나 인생의 큰 사건, 은퇴를 상상해보라. 편안한 마음으로 다음 질문을 신중하게 생각해보자.

- 지금 내면 깊숙한 곳의 진짜 기분은 어떤가? 인정하기 두려운 감정은 무엇인가?

- 이 변화 속에서 느끼는 감정에 반응하는 것과 대응하는 것의 차이는 무엇인가?

- 어떤 상실감과 성취감을 경험할 것 같은가?

- 이 변화의 시기를 어떻게 되돌아보고 싶은가? 그리고 그때 스스로를 자랑스럽게 여기기 위해 지금 무엇을 할 것인가?

- 이 전환기를 어떻게 묘사하고 싶은가?(예를 들어 우아한, 흥미진진한, 호기심 많은, 차분한, 모험심이 강한, 인생을 바꾸는, 열린, 사소한, 영감을 받은)

- 가장 생동감 넘치는 버전의 당신이라면, 이제 무엇을 할 것인가?

- 이 전환기를 가장 잘 헤쳐나가기 위해 어떤 모습으로 변화해야 할까?

- 이 변화의 시기가 당신의 유한성을 어떻게 되새기게 하는가?

- 시간이 한정되어 있다는 사실을 자각했을 때, 앞으로 남은 월요일을 어떻게 보내고 싶은가?

지금 든 생각들을 기록하라. 작성한 글을 읽어보고, 어떻게 생각하는지 써보라. 그리고 이 과정을 다시 반복하라.

여기서 권장하는 것은 당신의 한계를 기념하라는 것이다. 비록 처음에는 이런 상황들이 혼란스럽게 느껴질 수 있더라도 말이다. 이런 각성의 순간들을 종종 변장한 채로 찾아오는 선물로 받아들여 보자. 이러한 태도는 당신에게 더 넓고 깊게 살아갈 수 있는 기회를 줄 것이다.

깨달음의 순간을 스스로 만들어라

죽을 뻔한 경험은 '양자 변화quantum change'라는 개념과 아주 유사하다. 이는 갑자기 '전구가 켜지는' 것 같은 순간적 깨달음으로, 지속적인 가치와 우선순위, 관점의 변화를 이끄는 갑작스러운 사건이다. 예를 들어 《크리스마스 캐롤A Christmas Carol》의 스크루지를 떠올려보라. 심리학자들은 이러한 중대한 주관적 경험을 '발달적 변형developmental metamorphosis'이라고 설명하며, 이는 마치 '매슬로Maslow가 말한 '자아실현'의 과정을 빠르게 앞당기는 것과 같다고 표현한다. 나는 우리 모두가 피라미드 꼭대기로 가는 지름길을 원한다는 것을 안다.

우리의 고정관념과 역할, 정체성, 기대가 모두 사라지고 나면, 새로운 삶의 방식을 다시 만들어보고 싶은 강한 욕구가 남는다. 타인의 인정을 받는 것이 아니라, 우리 자신에게 진정으로 의미 있는 삶을 창조하려는 욕구다. 바로 여기서 양자적 변화의 마법이 일어난다. 이러한 판을 뒤흔드는 변화는 자기 자신을 바라보는 방식과 미래를 계획하는 방식을 새롭게 구축하게 만든다. 현실 1.0버전의 해체로, 우리는 더 신중하게 살아가는 2.0버전으로 나아간다. 우리는 재건이 필요한 것을 재건할 수 있다. 버려야 할 것은 버릴 수 있다. 두 가지를 다 할 수 있다. 우리 스스로 지진을 일으킬 수만 있다면 말이다.

지구를 움직일 만한 '만약'이라는 게임을 한다면 어떨까? '만약 당신이 오늘 죽음의 문턱에서 다시 살아난다면?'

- 내일 무엇을 할 것인가?
- 어떤 사람이 될 것인가?
- 소중한 것이 없을 때 어떤 느낌일지 알게 된 후의 지혜로 무엇을 음미할 것인가?
- 삶에서 무엇을 버릴 것인가? '고맙지만 사양할게요'라고 말할 대상은 무엇인가?
- 남은 월요일을 어떻게 보낼 것인가?

각 질문에 대한 답을 살펴봤을 때, 지금 그런 사람이 되어 그 삶을 살지 못하게 막는 것은 무엇인가? 당신이 당연하게 여겼던 것들에 주목해보라.

존재론적 대면ontological confrontation(즉, 죽음의 필연성을 마주하는 경험)에 대해 우리가 알고 있는 사실은 이것이 시간적 희소성을 자각하게 하고, 인생에 유통기한이 있다고 인식할 때 우리의 우선순위를 더 세밀하게 조율하게 만든다는 것이다. 다행히도 비행기 추락 사고를 겪거나 암에서 회복되는 경험을 하지 않아도 이러한 각성을 경험할 수 있다. 의도적으로 죽음을 성찰하는 것만으로도 깨달음을 얻을 수 있다.

이제 내가 왜 이렇게 죽음에 관한 이야기를 하고 있는지 알겠는가? 죽음만이 불러일으킬 수 있는 '깨달음의 포효'를 수동적으로 경험하는 유일한 방법은, '우리는 결국 죽는다'는 사실을 전적으로 받아들이는 것이다.

이제 삶의 방향을 스스로 결정할 수 있는 기회가 생겼다고 상상해봐라. 당신에게는 이미 그 기회가 있다! 그러니 앞으로 후회 없는 월요일을 향해 나아가보자.

6장

후회를 남기지 마라

모든 슬픈 말이나 글 중에서, 가장 슬픈 것은 이것이다.
'아, 그때 해볼걸!'

존 그린리프 휘티어John Greenleaf Whittier

나는 내가 두려워하는 모든 것 중에서 후회가 가장 무섭다. 나는 삶의 끝에 다다랐을 때, 내가 살아온 삶보다는 '살지 못했던' 삶에 대해 깊이 실망하게 될 것이라는 뿌리 깊은 두려움이 있다.

　이 점에 대해서는 어머니께 감사하다. 앞에서 이미 언급했지만, 나의 어머니는 '이루지 못한 꿈' 전집을 남기고 돌아가셨다. 어머니는 놀라운 몽상가였지만, 행동하는 사람은 아니었다. 우리 중에는 하루 종일 꿈만 꾸고 그날그날 떠오른 아이디어를 실행하지 못해도 만족하는 사람이 있다. 하지만 어머니는 정체된 느낌에서 고통을 느꼈다.

　조울증을 앓는 창의적인 영혼이었던 어머니는, 조증일 때 글을 쓰고 아이디어를 내며, 집에서 강아지 간식을 만들고 등산용 지팡이를 손수 깎아서 만들었지만, 우울할 때는 그 모든 계획을 무산시키곤 했다. 그 주기를 반복하는 어머니의 모습을 보며 마음이 아팠지만, 나는 어머니가 새로운 아이디어를 낼 때마다 응원했고("우와, 엄마! '테이크 어 하이크Take a Hike'라니, 등산용 지팡이 사업에 잘 어울리는 멋진 이름이야!"), 그 아이디어가 다시 그대로 묻히는 걸 지켜봤다. 내게는 그녀가 브리티시 컬럼비아의 어느 야외 플리마켓에서 간이 테이블을 차려놓고 지팡이를 진열하고 있는 모습이 찍힌 사진이 한 장 있다. 그녀는 지팡이 위에 귀여운 로고가 있는 가격표를 손수 만들어 달아두었는데, 왠지 이것 때문에 이야기가 더 슬픈 것 같다. 그날 그녀는 등산용 지팡이를 하나도 팔지 못했고, '테이크 어 하이크'라는 브랜드는 시작도 해보지 못한 채 막을 내렸다.

어머니는 80년대 초에 《드림더스트Dreamdust》라는 동화책을 쓴 적이 있다. 그 책에는 책벌레인 딸이 원하는 모든 요소가 담겨 있었다. 아름답게 그려진 주인공 생쥐 아를로와 귀엽고 영리한 동물 친구들, 그리고 아를로가 숲에서 친구들에게 꿈의 가루를 뿌려주며 모든 꿈을 이뤄주는 환상이 담겨 있었다.(엄마는 매일 밤 잠자리에 들 때, 아를로처럼 상상 속 꿈의 가루를 내게 뿌려주곤 했다. 그게 이불에 실수하는 걸 막아주진 못했지만 악몽을 줄여주긴 했다.) 그녀는 몇 군데 출판사에 원고를 보냈지만, 거절의 물결이 밀려오자 더 이상 용기를 내지 못했다. 어머니는 결국 자신에게는 꿈의 가루를 뿌리지 못한 것이다.

이 아이러니로 점철된 이야기는 내가 자라면서 경험한 일이다. 나는 반짝이는 창의성을 소중하게 여기고 꿈의 가루가 제 역할을 해주길 바라며 프로젝트가 시작하기도 전에 포기하는 법도 배웠다. 나는 솔직히 거절과 실패에 대한 두려움을 그대로 물려받았다. 어머니의 아파트를 정리하면서 그녀의 잠들어 있던 꿈이 드러나는 것을 보고, 내 안의 겁쟁이 같은 모습을 알게 되었다. 나는 시작하기도 전에 이미 죽어버린 꿈으로 가득한 삶을 살고 싶지 않았다.

그래서 어머니의 책상 서랍에서 절취선이 있는 '테이크 어 하이크' 명함을 꺼내고(기념으로 간직하기 위해), 내 배낭에 《드림 더스트》 원고를 넣고(바로 옆에 유골함도 넣고), 오렌지색 고양이 테디도 이동장에 넣었다. 그리고 그녀의 빈집을 잠그고 나오면서 후회 없는 삶을 살겠노라고 다짐했다. 적어도 나는 노력하다 죽을 것이라고.

후회는 최악 중 최고다

내가 조금 과하게 이야기했지만, 후회가 '항상' 나쁜 것만은 아니다. 후회는 우리의 행동을 바꾸고 삶을 개선하는 데 동기부여가 될 수 있다. '조금 더 나은 결정을 내렸다면 어땠을까'라는 불편한 생각 때문에 속이 부글부글 끓은 후에 말이다.

후회는 실제로 '최악 중 최고'인 감정으로 뽑힌다. 연구에 따르면, 우리는 후회를 다른 모든 부정적인 감정*보다 소중히 여긴다. 후회가 우리의 결정을 이끄는 데 유익한 역할을 한다고 인정하기 때문이다. 후회는 놀라운 삶을 사는 데 중요한 역할을 한다. 오늘 주목해야 할 후회의 유형은 크게 두 가지다.

행동의 후회regrets of commission는 우리가 했던 일 중에서 하지 말았어야 했던 행동을 후회하는 것이다. 다음은 내 고객과 워크숍 참가자들이 경험한 실제 후회의 사례다.

- 6학년 때 학교 운동장에서 친구에게 못되게 군 일
- 불륜을 저지른 일
- 고객에게 내 진심을 말했던 일
- 음주운전을 한 일
- 빈티지 야구 카드 컬렉션을 집에 두고 온 일. 이후에 어머니가 버려버림
- 홧김에 그만둔 후 상사에게 손가락 욕을 한 일
- 3일 지난 초밥을 먹은 일

이런 후회는 '뜨거운 후회'로 불린다. 단기적으로는 수치심, 죄책감, 당혹감, 후회로 뜨겁게 달아오르지만, 시간이 지나면서 차츰 식어간다.

그리고 하지 않은 행동의 후회regrets of omission가 있다. 우리가 하지 않았던 일에 대해 후회하는 것이다. 이것은 '아쉬운 후

＊   우리는 부정적인 감정 중에서 질투를 가장 낮게 평가한다.

회'로 불린다. 이것들은 초신성처럼 밝게 타올라 사그라질 때까지 오랫동안 우리를 괴롭히는 후회다. 고객들이 실제로 겪은 아쉬운 후회의 사례는 다음과 같다.

- 대학 졸업 후 유럽 배낭여행을 가지 않은 일
- 마라톤을 하지 않은 일
- 로스쿨을 마치지 않은 일
- 동생과의 관계를 회복하지 않은 일
- 동화책을 쓰지 않은 일
- 나만을 위한 디저트를 주문하지 않은 일; "케이크를 더 많이 먹었으면 좋았을 텐데"
- 첫사랑에게 사랑한다고 말하지 않은 일

마크 트웨인Mark Twain은 우리가 실제로 했던 일보다
하지 않은 일을 더 후회할 가능성이 크다고 말했는데,
그의 말이 정확히 맞았다.
"지금으로부터 20년 후, 당신은 했던 일보다
하지 않았던 일들로 인해 더 실망하게 될 것이다.
그러니 밧줄을 풀어라. 안전한 항구를 떠나 항해하라.
무역풍을 타고 나아가라. 탐험하라. 꿈꿔라. 발견하라."

이미 저지른 행동에 대한 후회는 시간이 흐르면서 서서히 합리화할 수 있지만, 하지 않아서 하는 후회는 우리를 계속 따라

다니며 괴롭힌다. 그 이유는 우리가 선택하지 않은 길이 실제의 나와 이상적인 나 사이의 간극을 적나라하게 드러내기 때문이다. 이상적인 나는 꿈과 목표를 실현하고 자신의 삶을 잘 꾸려나가는 버전의 나이다.

후회 예방을 위한 '삶의 12가지 부문' 평가

이제부터 당신의 삶에서 후회가 만들어지고 있는 영역을 찾아내려고 한다. 죽기 전에 할 법한 후회를 예상하는 것, 즉 '사전 후회 pre-grets'를 통해 후회가 현실화되기 전에 자신에게 맞는 삶을 살수 있는 기회를 얻을 수 있을 것이다.

아래의 목록은 후회 심리학 연구에 기반한 것으로, 후회가 생길 수 있는 12가지 영역을 제시한다. 각 예시를 읽고, '쿠다 슈다 우다Coulda Shoulda Woulda 척도('할 수 있었는데', '했어야 했는데', '했을 텐데')'에 따라 가장 적합한 숫자를 선택하라.

1 = 후회가 전혀 없음!
2 = 후회가 조금 있음
3 = 후회가 생겨나고 있음
4 = 후회로 가득함

종류	세부 내용	예시	쿠다 슈다 우다 척도
가족	부모 및 형제자매와의 상호작용	• 아빠에게 더 자주 전화했더라면 • 휴일에 더 자주 집에 갔더라면	1 ②3 4
육아	자녀와의 상호작용	• 아이들과 더 많은 시간을 함께 놀았더라면 • 딸에게 덜 권위적이었더라면	1 2 3 ④
로맨스	사랑, 섹스, 데이트, 결혼	• 다른 사람과 결혼했더라면 • 좀 더 애정 표현을 많이 했더라면	1 2 3 4
친구	가까운 사람들과의 상호작용	• 여자들끼리의 모임에 더 자주 나갔더라면 • 직장 동료들과 더 연락을 유지했더라면	1 2 3 4
커리어	직업, 고용, 생계	• 무대 디자이너가 되었더라면 • 그동안 더 큰 일자리에 지원했더라면	1 2 3 4
교육	학교, 좋은 학점, 고급 학위 취득	• 대학 시절을 더 진지하게 보냈더라면 • MBA를 땄더라면	1 2 3 4
재정	돈에 관한 의사결정	• 주식 시장에 더 일찍 뛰어들었더라면 • 어렸을 때 더 많이 저축했더라면	1 2 3 4
건강	운동, 다이어트, 질병 예방 또는 치료	• 다이어트를 계속할 수 있었더라면 • 의사가 권고했을 때 대장내시경 검사를 받았더라면	1 2 3 4
여가	레크리에이션, 재미, 취미, 스포츠	• 그 사파리 여행을 갔더라면 • 다시 기타를 쳤더라면	1 2 3 4
커뮤니티	자원봉사, 지역 사회 참여, 정치적 활동	• 도서관에서 자원봉사를 더 많이 했더라면 • 집집마다 다니며 선거운동을 했더라면	1 2 3 4
영성	삶의 의미, 종교, 철학	• 이 목적을 더 빨리 찾았더라면 • 다른 종교를 탐구했더라면	1 2 3 4
자아	능력, 태도, 행동 측면에서 자기 개발	• 자신감이 더 많았더라면 • 사람들이 나를 어떻게 생각하는지 너무 신경 쓰지 않았더라면	1 2 3 4

차트에서 어떤 내용이 가장 강렬하게 다가왔는가? 당연히 후회할 만한 일이 있을 거라 짐작하지만, 내 경험상 그 후회들을 더 선명하게 자각하려면 약간의 도움이 필요하다. 더 많은 예시가 필요하다.

가슴 아픈 후회가 영감을 주는 경우

내가 '후회를 가득 남긴 채 죽지 마세요'라는 주제로 크고 작은 그룹에서 발표하면서 한 가지 배운 것이 있다. 사람들은 다른 사람들이 자신을 얼마나 과소평가하며 사는지 듣는 것을 좋아한다는 점이다. 이는 남의 불행에서 쾌감을 느끼는 '샤덴프로이데schadenfreude'라는 일종의 이상 심리 현상 때문만은 아니다. 우리가 이 삶을 제대로 살지 못하고 있다고 느끼는 감정, '아, 망했네'라는 감정을 나만 느끼는 건 아니라는 안도감에서 비롯된 것이라고 생각한다. 매년 목표를 미루고 있는 게 나뿐만이 아니라는 사실을 아는 건 불안을 잠재우는 데 도움이 되니까.

예를 들어 도나가 오늘 밤 죽는다면 플라멩코 춤을 배우지 못한 것을 후회할 것 같다고 말한다면, 파티마는 오랫동안 잃어버렸던 브레이크댄스에 대한 강렬한 열망을 떠올리게 될 것이다. 우리는 다른 사람을 통해 간접적으로 학습할 수 있다. 그래서 나는 프레젠테이션을 통해 참가자들에게 죽음을 앞두고 어떤 후회가 들지 공유해달라고 요청해서, 다음과 같은 목록을 만들었다. 이 목록은 현재의 삶에서 원하는 것을 더 이상 미루지 않고 더 나은 삶을 살 수 있도록 영감을 줄 것이다. 선택하지 않은 것들에 관한 이야기들이다.

- "완강한 상사에게 맞서지 못한 것을 후회할 것 같아요"
- "무슨 일이 일어날까 노심초사하기보다는, 그냥 모든 돌발 상황에 대비하지 않고서도 잘 대처할 수 있다고 믿었더라면…"
- "의대에 진학했으면 좋았을 것 같아요"
- "동부 지역으로 이사하기 전에 엄마를 더 많이 찾아뵀어야 했어요"
- "건강을 다시 찾지 못한 것과, 몸과 마음을 좀 더 가볍게 살지 못한 것을 후회할 것 같아요"
- "제 직감에 더 귀를 기울였다면 좋았을 것 같아요"
- "할로윈 때 제대로 분장하고 더 재미있게 보내지 않은 것을 후회할 것 같아요"
- "장래성이 없는 직장을 그만두지 못한 것을 후회할 것 같아요"
- "수의사가 될 수도 있었을 텐데…"
- "나를 힘들게 하는 사람들과의 우정을 끝내지 못한 것을 후회할 것 같아요"
- "병원에 더 빨리 갔으면 좋았을 것 같아요"
- "사람들이 나를 어떻게 생각할까 늘 걱정했어요. 그건 정말로 제가 신경 쓸 일이 전혀 아니었는데 말이죠"
- "조카들과 더 깊은 관계가 되지 못한 것을 후회할 것 같아요"
- "피트니스 대회에 참가하지 않은 것을 후회할 것 같아요"
- "종교를 갖거나 최소한 명상이라도 해볼 걸 그랬어요"

- "회사에서 아시아 파견직처럼 더 도전적인 직책에 지원했더라면 좋았을 것 같아요"
- "왜 아이들을 디즈니랜드에 데려가지 않았을까요?"
- "제 발명품을 특허로 등록하지 않은 것을 후회할 것 같아요"
- "그림이나 목공처럼 창의적인 수업을 수강할 용기가 있었으면 좋았을 거예요"
- "요가를 배우지 않은 것을 후회할 것 같아요"
- "해외 선교사로 떠날 수 있었는데…"
- "다른 언어를 배웠으면 좋았을 거예요"
- "허락보다 용서를 더 많이 구했더라면 좋았을 것 같아요"

임종을 앞둔 사람들은 진통제가 혈관을 타고 흐르고 있는 와중에도 다음과 같은 이유로 자책하곤 한다.

- "아버지 생전에 아버지를 더 잘 알지 못한 것을 후회합니다"
- "회고록을 꼭 출간하고 싶었어요"
- "더 빨리 커밍아웃하고 다른 성소수자들을 위해 목소리를 냈더라면 좋았을 텐데 말이죠"
- "회사에서 아이디어를 더 많이 제시하고, 더 주도적으로 행동했으면 좋았을 것 같아요"
- "외모에 대해 지나치게 걱정했던 것을 후회해요"
- "좀 더 빨리 금주했더라면 좋았을 텐데…"
- "더 건강할 때 여행을 거의 하지 못했어요. 더 많이 다녔으면

좋았을 것 같아요"

- "주말에 일하느라 아이들과 더 많이 놀아주지 못한 게 후회됩니다"
- "제 자신과 남편에게 더 특별한 것을 더 자주 대접하지 않은 게 후회스러워요. 좋은 그릇을 사용하고, 잘 차려입고, 촛불을 더 자주 켜고, 더 근사한 식사를 만들 걸 그랬어요"
- "아내에게 사랑한다고 더 자주 말했어야 했어요"
- "친구들과 가까이 지내려고 더 노력했더라면"
- "더 즐기지 못한 것을 후회해요. 일을 너무 많이 하고, 맡은 일을 모두 책임지느라 좋은 시간을 다 흘려보냈어요"

나는 노벨상으로 유명한 알프레드 노벨Alfred Nobel의 죽음과 후회에 관한 이야기에서 큰 영감을 받았다. 1888년 그의 형 루드비히Ludwig가 사망했을 때, 알프레드는 신문에서 자신의 부고기사를 읽고 끔찍할 정도로 큰 충격을 받았다. 신문사가 실수로 자신의 부고기사를 게재한 것이다. 알프레드는 앉아서 자신의 부고기사를 읽었는데, 그다지 좋은 내용이 아니었다.

그의 부고기사 제목은 '죽음의 상인이 죽다!'였다. (그 당시 알프레드는 다이너마이트와 탄약 제조업계에서 거물이었기 때문에, 사회적으로 약간 배척받는 인물이었다.)

들리는 이야기로는 알프레드가 자신에 대해 이처럼 나쁜 평판이 인쇄된 신문을 보고 큰 충격을 받았고, 이로 인해 자신의 유산과 재산을 인류의 발전을 위해 남기기로 결심했다고 한다

(즉, 노벨상). 실수로 발표되었지만 큰 깨달음을 준 부고기사를 계기로, 알프레드 노벨은 후회라는 총알을 피한 셈이다.

알프레드의 사례를 포함해서 지금까지의 이야기를 살펴보면, 대부분의 후회에는 당사자가 이를 막을 선택의 기회 또한 있었음을 알 수 있다. 어떤 것은 더 쉽게, 어떤 것은 더 어렵게 예방할 수 있었겠지만, 그럼에도 불구하고 가능한 것이었다.

중요한 것은 지금도 절대 늦지 않았다는 점이다. 사람들은 나이에 상관없이 새로운 것을 배우고, 책을 출판하며, 금주로 건강을 되찾고, 자신감을 얻으며, 관계를 회복할 수 있다. 또한 더 용기를 낼 수 있고, 더 재미있게 살고, 자신을 가꾸는 일을 시작할 수 있다. 유일한 한계는 우리가 스스로에게 하는 이야기다. 즉, 배는 이미 떠났다는 생각이다. 지금 그 배가 부두에 정박해 있다면, 언제든 항구를 떠나기 위한 준비가 되어 있다는 사실을 기억하라.

후회 연습하기

이 연습법은 오래되긴 했지만 여전히 효과적이다. 침대에 편안히 누워보라. 맞다, 진짜로 몸을 기대고 심호흡하라. 이제 당신이 임종을 몇 시간 앞두고 누워 있다고 상상해보라. 고통스럽지 않고 의식이 또렷하며, 평온하고 멋진 모습을 하고 있다. 이제 삶의 끝에 가까워졌음을 느끼며 당신의 삶을 되돌아보라. 후회되는 일, 즉 '했던' 일보다는 '못했던' 일에 초점을 맞춰라.

당신이 놓친 결정이나 기회는 대학 시절 연극 프로그램에 참여하지 않은 것을 아쉬워하는 것처럼, 아주 오래전으로 거슬러 올라갈 수도 있다. 샌프란시스코에 있는 멋진 직장에 지원하지 않았거나 지하실을 개조하지 못한 것처럼 최근에 생긴 후회일 수도 있다. 후회하는 일 중 일부는 상당히 중요할 수도 있고, 사소할 수도 있다. 하지만 모두 후회로 남는 건 똑같다.

당신이 임종을 맞이했을 때 후회할 만한 것들을 상상하고 적어보라. 이 임종 후회 연습은 당신이 해보지 못한 일들에 대한 욕구를 선명하게 드러내주며, 결국 이런 후회들이 역설적으로 앞으로 어떻게 삶을 이끌어가야 할지를 성찰하게 만들어줄 것이다.

후회를 유익하게 활용하는 7가지 방법

1. 의사결정 습관의 개선

- 과거의 후회에서 배운 교훈은 미래의 결정을 더 신중하고 깊이 있게 만들어준다. 반복되는 실수를 막기 위해 더 넓은 관점을 갖게 된다.
- 당신의 과거 후회 중에서 오늘 배울 수 있는 것은 무엇인가? 그것이 앞으로 더 건강하고 행복한 방향으로 당신의 결정을 이끄는 데 어떤 도움이 될 수 있을지 생각해보라.

2. 인간관계의 개선

• 개인적인 관계와 관련된 후회는 다른 유형의 후회보다 더 깊은 상처를 남긴다. 인간은 수세기 동안 소속감을 아주 중요하게 생각해왔다. 과거에는 무리에 섞여 있지 않으면 하이에나의 먹잇감이 되었기 때문이다. 우리는 다른 사람과의 관계가 어떤 식으로든 위험에 처해 있다고 느낄 때 힘들어하는 경향이 있다. 심지어 우리가 그 관계의 단절을 초래했더라도 말이다.

• 나와 함께 일하는 대다수의 사람들은 '중요한 사람들에게 시간을 내지 못했다'는 후회의 늪에 빠져 있다. 어디서 많이 들어본 말 아닌가? '중요한 사람들'이라면 대부분, 딸, 아들, 남편, 아내, 친구, 부모님 등일 것이다. 우리는 왜 사랑하는 사람들에게 항상 상처를 줄까? 왜 그들의 존재를 당연하게 여길까?

초사회적 Supra-social = 초행복 Supra-happy

연구자들은 '매우 행복한 사람들'과 '행복한 사람들'을 비교하여 그들의 차이가 어디에서 오는지를 알아봤다. 표본에 포함된 '매우 행복한 사람들(초행복)'에게서 가장 눈에 띄는 점은, 그들 모두가 다른 사람들과 친밀한 관계를 맺고 있다는 것이었다. 다른 사람들과의 좋은 관계는 나이나 문화와 상관없이 삶의 만족도와 정서적 행복감의 가장 중요한 원천일 수 있다. 고작 업무 이메일 3통에 더 답장하겠다고 이러한 관계를 망쳐버린다면 얼마나 안타까운 일인가?

회복하고 싶은 어려운 관계가 있는가? 지금 당장 간단한 '안부' 문자 한 통이라도 보내보는 건 어떨까. 오래전에 멀어졌지만 다시 보고 싶은 사람이 있는가? 그 사람과 다시 연락하는 일은 당신이 걱정하는 것만큼 어렵고 어색하지 않을 것이다.

3. 성과 향상

- "만약 그랬더라면"이라는 생각은 종종 아쉬운 후회의 감정을 불러일으키고, 이는 보통 성찰을 거쳐 어떤 식으로든 기존의 전략을 수정하는 방향으로 나아가며, 결국 더 나은 성과와 결과로 이어지게 된다. 이 과정이 항상 직선적이지는 않지만, 후회 속에 숨겨진 가능성에 주의를 기울이면 그 흐름이 분명하게 보일 것이다.

- CEO인 어느 고객은 뛰어난 인재를 채용하는 데 실패한 이야기를 해주었다. "그녀는 내가 놓친 유일한 사람이에요"라며 한탄했다. 그는 자신의 실수를 한참 동안 곱씹은 후 인사팀과 협업하여 더 효율적인 채용 프로세스를 마련했다.

- 과거로부터 배운 교훈 중 현재의 삶을 개선하는 데 도움이 된 것이 있는가? 과거의 잘못이나 실수로 자책하고 있다면 이제 그것을 활용할 때가 됐다. 후회를 하지 말아야 할 일과 해야 할 일을 구분하는 유용한 지침으로 사용하여 앞으로 나아가야 할 때다. 지금 당신은 할 수 있는 최선을 다하고 있다.

4. 아직 열려 있는 기회 찾기

• 나는 최근에 세상을 떠난 소중한 멘토에게 더 자주 연락하지 못한 것을 후회한다. 이는 '닫힌 문' 후회다. 내가 할 수 일이 더 이상 없기 때문이다.

• '열린 문' 후회는 그 반대다. 수년간 연락이 끊겼던 대학 시절 룸메이트를 찾는 것처럼, 여전히 행동할 수 있는 기회를 제공한다. 열린 문 후회는 매력적으로 들리지만, 솔직히 말하면 노력이 필요하기 때문에 번거롭게 느껴질 수도 있다. 그리고 우리가 항상 그런 노력을 할 준비가 되어 있는 건 아니다.

• 당신의 '열린 문' 후회 중에서 노력을 기울여 실행할 만한 가치가 있는 것이 있는가? 어떤 후회는 그리 중요하지 않을 수도 있다. 우리에게 남은 월요일은 한정되어 있다. 검은 띠를 따거나 멋진 얼음 호텔을 방문하거나 '터덕킨turducken(칠면조, 오리, 닭고기를 이용한 요리)'을 먹어보지 않아도 괜찮을 수 있다. 그렇지만 자기 자신만은 마음속 깊이 알고 있을 것이다. 진심으로 의미 있게 살기 위해 어떤 후회거리를 해결해야 할지 말이다.

> 당신이 꿈꿔왔던 일을 하기에 너무 늦은 때란 없다.
>
> 조지 엘리엇George Eliot *

---

*　조지 엘리엇은 메리 앤 에반스Mary Ann Evans의 필명으로, 그녀는 1800년대에 '개방 결혼'을 하며 후회 없는 삶을 살았던 것으로 보인다.

5. 용기 내기

• 열정을 갖고 진심으로 의미 있게 살려면 용기가 필요하다. 이미 좌절되어 후회로 가득 찬 꿈과 마주하는 데에는 분명 용기가 필요하니까. 현재 서 있는, 그러니까 후회가 예상되는 길에서 물러나 후회 없는 새로운 길을 개척하며 나아가는 데에도 용기가 필요하다.

• "좀 더 대담해지고 싶어요. 좀 더 즉흥적으로 스케줄을 소화할 수 있는 용기가 있으면 좋겠어요." 워크숍 휴식 시간에 한 근사한 여성이 이렇게 속삭였다. 본인은 몰랐겠지만, 그녀는 아주 성공적이고 체계적이며 '통제력 있는' 사람들의 목소리를 대변하는 인물이다. 기차가 제시간에 운행되길 좋아하고 무엇이든 '정확한' 것을 좋아하는 사람들에게 즉흥적인 행동은 두려울 수 있다. 과감하게 일정을 깨는 것은 무모하고 상식을 벗어난 행동처럼 느껴질 수 있지만, 조금은 매력적이고 생동감 넘치는 행동처럼 느껴질 수도 있다. 만약 당신이 그런 사람이라면, 다음 장에서 인생을 뒤흔드는 기술에 대한 이야기에 집중해보라.

• 용기를 내어 일상적인 삶의 규칙에서 벗어나 새로운 것을 시도해야 한다. 그것이 후회하지 않을 최고의 선택이다.

잃어버린 가능성의 자아

새로운 커리어나 관계를 시작할 때처럼, 미래의 후회를 막는 일에는 용기가 필요하다. 마찬가지로 실패한 꿈을 마주하는 데에도 용기가 필요하다. 많은 사람들은 '최고의 자기 모습'에 대한 이상적인 이미지를 갖고 있으며, 그런 사람이 되기 위해 열정적으로 노력한다. 하지만 심리학자들이 말하는 '잃어버린 가능성의 자아'를 놓아버리는 연습도 필요하다.

다른 목표와 마찬가지로 우리는 종종 자아와 결과를 결부짓고, 목표를 달성하지 못했을 때 그런 자신을 받아들이는 것을 힘들어한다. 최고 마케팅 책임자가 되고 싶고, 부모가 되고 싶고, 킬리만자로 등반 목표를 세우는 등의 꿈과 욕망을 항상 실현할 수 있는 건 아니다. 최고 마케팅 책임자는 옆자리 동료가 차지할 수도 있다. 자녀를 갖지 못할 수도 있고, 베이스캠프에서 고산병에 걸릴 수도 있다. 내가 되고 싶어했던 나의 모습을 내려놓는 일이 쉽지는 않을 것이다. 하지만 뒤처진 자아를 인정하면, 역설적으로 더 풍요롭고 성숙하며 발전된 삶으로 나아갈 수 있다. (실패한 목표를 신중하게 되짚어보라는 이야기가 아니다. 이는 수용에 관한 이야기다.)

당신은 자신의 삶의 일부를 새롭게 만들어 나가기 위해 얼마나 용기를 낼 수 있는가? 잃어버린 가능성의 자아를 마주하고, 새로운 '최상의 자아'가 지금의 삶에 훨씬 더 어울릴 수도 있다는 사실을 받아들일 용기가 있는가? 용기는 자신감과 같다는 것을 잊지 마라. 용기가 생길 때까지 기다린다면, 영안실에서 방부 처리된 후에야 기회가 올 것이다. 아직 살아 있을 때 용기를 내야 한다.

6. 긴박감 갖기

- 한 연구는 호스피스 환자들이 종종 놓쳐버린 기회에 얼마나 강하게 사로잡혀 있는지 보여준다. 그도 그럴 것이 그들에게는 실수를 바로잡을 수 있는 시간이 거의 또는 전혀 없다. 무덤에 한 발을 들여놓은 상태에서, 자주 생각했던 뉴질랜드로 여행을 가거나 팬플룻을 배우거나, 사촌과 화해하는 일은 쉽지 않을 테니까. 꼭 해보고 싶지만 '나중에' 하려고 계속 미루고 있는 일이 있는가? 수년 동안 사람들에게 말했지만 아직 실행하지 못한 일이 있는가? 그렇다면 그 꿈을 향해 나아가지 못하는 이유는 무엇인가? 당신의 장례식장에서 누군가 고개를 저으며 단지 당신의 죽음뿐만 아니라 함께 묻힌 당신의 꿈에 대해서도 슬퍼하게 될지 누가 알겠는가.

> 묘지는 지구상에서 가장 부유한 곳이다. 이곳에는
> 결코 이루어지지 않은 모든 희망과 꿈, 쓰이지 못한 책,
> 불리지 못한 노래, 공개되지 못한 발명품, 발견되지 않은 치료법들이
> 있기 때문이다. 이는 모두 누군가 너무 두려워서 첫걸음을
> 내딛지 못했거나, 문제를 끝내 해결하지 못했거나,
> 꿈을 실행하기로 결심하지 못했기 때문이다.
>
> 레스 브라운Les Brown

7. 마지막 순간에 절망과 후회를 피하기

- 에릭슨Erikson의 심리사회적 발달 이론에 따르면, 인간의 여덟

번째이자 마지막 단계는 자아 통합 vs 절망*ego integrity vs. despair* 단계로 알려져 있다.

- 자아 통합은 자신의 삶을 긍정적으로 받아들이고, 의미를 찾으며, '내 삶은 가치 있었다'라고 인정하는 상태를 의미한다. 이 특별한 성숙함은 스스로 인생을 잘 살아왔다고 믿는 사람들에게 주어지는 보상이다. 에릭슨은 반면에 자신의 삶을 후회하는 사람들은 절망에 빠져 불안 속에서 삶을 마무리하게 된다고 믿었다.

- 내 친구 다나는 불치병 진단을 받은 아버지의 말에 큰 충격을 받았다고 말했다. "나는 내가 원하는 삶을 살았다." 그는 생의 끝자락에서 골프를 치고 딸들과 시간을 보냈고, 자신이 충만한 삶을 살았다는 확신에 차 있었다. 온전히 긴 삶은 아닐지도 모르지만, '충만한' 삶이었다. 만약 당신이 오늘 밤 잠을 자다가 마지막 숨을 거둔다면, 인생을 잘 살았다고 자신 있게 말할 수 있겠는가? 절망이 아닌 자아 통합 상태에 도달했다고 말할 수 있을까?

후회 없이 사는 방법

이제 후회의 긍정적인 면에 대해 충분히 알았으니, 후회할 일을 없애는 방법에 대해 이야기해보자. 결국, 이는 놀랍고 충만한 삶을 살기 위한 과정이다.

우리는 모든 목표를 달성하진 못할 것이라는 사실은 이미 알고 있다. 그리고 그 과정에서 몇몇 '가능한 자아'를 잃게 될 것이라는 사실도 안다. 어떤 항목이 반드시 실천해야 할 것이고 어떤 것이 꼭 필요한 건 아닌지 어떻게 구별할 수 있을까?

나는 나의 고객과 프로그램에 참여한 사람들에게 이러한 후회 항목에 주목하고, 그 항목을 '좋은 삶을 사는 방법'에 관한 소중한 지침서로 사용하라고 권하고 있다.

어떤 후회는 목록에서 튀어나와 당장 행동해야 한다고 요구하기도 한다. 얼마 전 워크숍에 참석한 한 여성은 자리에서 벌떡 일어나더니, 15분 동안 자리를 비웠다가 다시 돌아왔다. 그러더니 곧 감정에 벅차오른 표정으로 산악 트레킹을 막 예약하고 왔다고 말했다.

한 고객은 자신의 후회 목록을 계속 확인하면서, '자원봉사'라는 항목에 계속해서 신경이 쓰인다는 것을 알아차렸다. 그래서 그 항목은 실행할 수밖에 없는 목표라는 것을 깨달았다.

어떤 후회는 우선순위에 들어가지 못할 수도 있다. 나의 고객 중 한 명은 27개의 후회 목록을 들여다보다가 순간적으로 2개를 지웠다. "수화를 배우고 싶긴 하지만, 꼭 배워야 하는 건 아니에요." 우리의 남은 월요일은 유한하기에 무엇으로 채울지 우선순위를 정하는 것이 중요하다. 따라서 지금 당신의 임무는 다음과 같다.

• 임종 전에 후회할 것 같은 일들, 즉 '예상 후회 목록'을 작성하

고 이를 계속해서 업데이트하라.

- 당신의 심장을 빨리 뛰게 하는 항목, 심장을 아프게 하는 항목, 설레게 하는 항목에 동그라미를 쳐라. 심장과 관련된 모든 항목은 '중요하다'는 좋은 표시다.
- 자신의 존재감을 당당히 드러내며 당신의 주의를 끄는 후회 목록을 기록해둬라.
- 숨어 있고 싶어하는 여린 후회 목록에 주목하라. 이것들은 실패나 거절, 조롱에 대한 두려움 때문에 드러나는 게 무서운 후회들이다.* 그 꿈들을 보호하라.
- 한 걸음이라도 앞으로 나아갈 방법을 생각해보라.

지금 당장 후회거리를 하나 없애라

'낭비 없이 살기'는 나의 좌우명 중 하나다. 그래서 나는 우리가 '만약 그랬더라면'이라는 생각에 빠져서 힘들어하지 않도록 하는 방법을 찾는 데 아주 열정적이다.

후회할 만한 일을 파악하고 그 일이 현실화되지 않도록 인생의 경로를 수정하는 것이 정말 잘 살기 위한 비결이다. 바로 주체성과 의도로 가득 찬 인생 말이다. 또 다른 비결이 뭔지 아

＊　40대 후반인 한 고객은 외발자전거를 배우지 않으면 크게 후회할 것 같다고 말했다. 꿈에 대한 판단은 필요 없다.

는가? 피할 수 없는 죽음을 성찰하는 것이다. 죽음을 성찰하면 의도적으로 살 수밖에 없기 때문이다. 우리의 삶은 여러 가지를 다시 시작할 수 있을 만큼 길지 않다. 그렇기 때문에 가장 간절한 바람을 정확히 짚어내고, 그것을 실현할 긴박함을 갖는 것이 중요하다.

그렇지 않으면 죽음을 맞이하는 순간, 안타깝게도 우리는 스스로를 더 살아 있게 만들었던 꿈이 아니라, 잘못된 것을 좇느라 시간을 허비했다는 사실을 깨닫게 될 가능성이 크다. 그래서 나는 '4,000번의 월요일Four Thousand Mondays'이라는 회사를 설립했다. 내면에 못 이룬 꿈을 안고 죽는다고 생각하면 관에 탕탕 못이 박히는 듯한 갑갑함을 느꼈기 때문이다.

후회할 뻔한 순간을 확실히 인식하면 삶의 궤도를 바꿀 수 있다. 삶에서 이미 느끼고 있는 고통스러운 후회를 깊이 생각해보라. 작성한 후회 목록을 다시 살펴보라. 아직 가지 않은 길, 방향을 바꾸지 않으면 후회할 길에 대해 진지하게 생각해보라. 현재 '가고' 있지만 그 길을 빠져나오지 못해 후회하고 있진 않은지도 진지하게 생각해보라.

시간에 압도당하기 전에 시간을 만들라. 아직 남아 있는 삶을 내면에 담아둔 채로 죽지 마라. 오늘 당장 후회 하나를 없애버려라.

7장
습관을 버려라, 관성대로 살지 마라

하루하루를 어떻게 보내는지에 따라
우리의 인생이 결정된다.

애니 딜러드Annie Dillard

우리는 알고 있다. 정신없이 바쁘게 돌아가는 일상 속에서 잘 정
돈된 편안함은 분명히 필요하고, 그렇기에 원할 수밖에 없다는
것을. 습관은 우리의 삶이 통제 불가능한, 결국은 종착점으로 향
하는 여정이라는 사실 속에서 어느 정도 안락한 통제감을 주니
까. 하지만 날마다 같은 루틴에 굴복하게 되면, 그것이 결국 우리
를 모두 무감각한 가짜 만족감의 최면 상태에 빠뜨릴 수도 있다.
그리고 우리는 그것을 때때로 유용하다고 여겨지는 '습관'이라
고 착각하기도 한다. 그 결과 우리는 모두 멋지게 기능하는 좀비
로 변해 간다. 자동 모드로 움직이는 삶이 되는 것이다.

　매일 같은 시간에 일어나고, 같은 그릇에 시리얼을 먹고, 같
은 기차를 타고 출근하고, 같은 커피를 주문하고, 같은 화요일 회

의에 참석하고, 여섯 가지 저녁 메뉴를 반복하며 돌려먹고, 하루의 마지막 몇 시간을 아이 숙제를 돕거나, 인스타그램을 보거나, 빨아둔 옷을 개는 것으로 채우는, 그런 루틴에 빠져버린 것이다.

프랑스의 대문호 프루스트는 습관이 우리에게 부여하는 '익숙함의 장막'이 삶을 무기력하게 만든다고 말한다. '익숙함은 경멸을 낳는다'는 속담도 있다. 바로 이 익숙하고 평범한 루틴들이 우리의 감각을 무디게 만들고 우리 삶을 정체된, 단조롭고 진부한 버전으로 만들어버린다. 그럼에도 우리는 활기차고 생생한 삶을 간절히 열망하고 있다.

그렇다면 어떻게 이 틀에서 벗어날 수 있을까? 어떻게 '삶의 낭비'를 멈출 수 있을까? 우리는 스스로의 습관을 탐구하고, 루틴이 어떻게 지루함의 온상이 되고 있는지 배워야 한다. 그렇게 하면 더 생기 있고 의미 있는 삶을 살기 위해 삶에서 어느 부분을 조정해야 할지 선택할 수 있게 될 것이다.

지루한 일상을 바꾸는 7가지 방법

틀에 박힌 생활과 무덤의 차이는 크기일 뿐이다.

엘렌 글래스고우Ellen Glasgow

이제 당신이 루틴에 빠진 중독자일 가능성이 있다는 사실을 깨달았으니, 권태와 지루함을 없애는 방법에 대한 힌트가 필요할 것이다. 여기 당신을 조종하고 있는 습관의 영향력을 완화할 수 있는 7가지 방법을 소개한다. 어떤 것이 당신에게 와닿는지 한번 찾아보라.

1. 새로움을 추구하라

우리는 대부분 예측 가능한 것을 선호하고, 안정적인 상태를 좋아한다. 그럼에도 인간은 유전자 깊숙이 박혀 있는 코드에 따라 새로운 경험을 추구하고, 신선한 방식으로 도전하며, 새로운 아이디어, 사람, 장소를 탐험하려는 본능을 갖고 있다.

우리가 '네오필릭neophilic'(새로운 것을 원하는 사람)이든 '네오포빅neophobic(새로운 것을 시도하는 데 별로 관심 없는 사람)'이든, 새로움은 좋은 삶을 살기 위해 꼭 필요한 필수 조건이다. 물론 사람마다 새로움을 필요로 하고 원하는 수준은 다를 수 있지만, 연구에 따르면 우리 모두는 어느 정도 새로움을 필요로 한다. 일상에 새로운 요소를 추가하면, 각자가 생각하는 새로움의 중요성과는 상관없이 동기부여와 행복감이 향상된다. 내 고객 중 어떤 이는 '새로운 경험에 대한 개방성openness to experience'이라는 성격 특성*에서 낮은 점수를 받았는데, 이는 우리가 속한 비즈니스 그룹에서 월례 회의를 개최할 새로운 장소를 제안할 때마다 분명하게 드러났다. 그는 순진하게 이렇게 묻곤 했다. "왜 그냥

---

* 심리학에서 말하는 고전적인 5가지 성격의 특성은 성실성, 우호성, 신경증, 새로운 경험에 대한 개방성, 외향성이다.

같은 장소에서, 같은 샌드위치를 먹으면서 회의를 할 수 없는 거죠?" 그룹은 (현명하게도) 매번 회의 장소를 바꾸자고 주장했고, 결국 그것은 새로운 경험에 닫혀 있던 그에게도 좋은 일이 되었다. 매번 회의가 끝난 후, 그는 다른 테이블의 다른 자리에 앉아서 얻은 다양한 관점을 감사하게 생각했으며, 가끔은 중동 지역의 전통음식인 팔라펠을 먹는 것도 좋은 것 같다고 인정했다. 그는 새로움과 다양성을 스스로 시도하진 않았지만, 그것을 접했을 때 적응하고 성장했다.

당신은 이 스펙트럼에서 어디에 속하는가? 그리고 어디에 있고 싶은가? 네오필릭 쪽으로 조금만 움직여도, 삶에 더 많은 활력과 만족감을 불어넣을 수 있을 것이다.

2. 책임감이라는 함정을 조심하라

새로움을 추구하는 성향과 높은 책임감을 동시에 가질 수도 있다. 많은 사람들이 '책임감 있는 어른'이 할 일이 아니라는 이유로, 안정적인 루틴과 삶의 방식을 바꾸는 것을 꺼려한다. 새로움을 좇는 것이 뭔가 무책임한 일이라고 믿기 때문이다. 그래서 스스로 정해놓은 익숙한 길을 고수하게 된다. 문제는 그 길이 다 닳고 닳은 낡은 길이라는 것이다.

나에게는 학교에 다시 가고 싶거나, 새로운 직업에 도전해보고 싶거나, 새로운 취미를 시작하거나, 새로운 도시나 나라로 이사 가고 싶어 하는 많은 고객이 있다. 그런데 그들은 인생에서 큰 실수를 저지르게 될까 봐 끊임없이 걱정한다.

"간호사가 되려고 학교에 갔는데, 갑자기 그래픽 디자이너가 될 수는 없어!" 음, 아니, 가능하다. "샌안토니오로 이사 가면 아이들은 어떻게 되죠?" 아이들은 데려가면 되고, 잘 적응할 것이다. "대학 때부터 이 머리를 했는데!" 그러니까 말이다.

새로움과 책임감은 서로 배타적인 개념이 아니다. 삶에 변화를 주는 것이 반드시 매년 직장을 그만두거나 아이들을 데리고 멀리 이사 다니는 것을 의미하지는 않는다(물론, 그게 당신이 원하는 것이라면 상관없지만).

당신은 얼마든지 책임감 있게 인생의 경로를 변경할 수 있다. 직업을 바꾸는 것이 무책임한 일은 아니다. 보스턴으로 이사 간다고 해서 무모한 것이 아니다. '전문 분야'를 벗어난 새로운 프로젝트에 도전한다고 해서 판단력이 부족한 것도 아니다. 오로라를 보려고 갑자기 휴가를 하루 연장한다고 해서 당신이 충동적인 사람이라는 뜻은 아니다. 회계사가 시나리오 작가 입문 수업을 들어도 전혀 이상하지 않다. 오히려 그건 진정한 삶을 찾았다는 의미일 수 있다.

우리는 삶의 방향을 바꿀 수 있는 권리가 있다. 단지 그렇게 할 수 있도록 스스로를 허락하는 일이 필요할 뿐이다. 때때로 그것은 당신에게 아주 중요한 사람들의 목소리를 무시해야 한다는 것을 의미하기도 한다.

어떤 아이디어나 목표, 꿈이 당신 안에서 끓고 있는지 들여다보라. 그리고 그것을 실행에 옮기는 것이 무책임하게 보일까 봐 두려워하고 있진 않은지 생각해보라. 활력, 의미, 생동감을 원하는 자신을 인정하고, 허락하라.

3. 삶에 변화를 줘라

루틴과 습관은 확실히 시간을 절약해준다. 때로는 우리에게 익숙한 방식Tried-and-True Operating Systems을 따라야 정해진 시간에 출근하고 아이들을 늦지 않게 데리러 갈 수 있다. 직장을 유지하고, 가족을 돌보는 것은 물론 중요한 일이다. 하지만 여기서 우리는 '시간을 아끼는 것 vs 시간을 즐기는 것'이라는 논쟁을 다시 생각해볼 필요가 있다.

때때로 우리는 무의식적으로 같은 길을 선택한다. 예를 들어, 퇴근하고 집으로 돌아갈 때면 늘 가던 길을 따라가면서 신호등 앞에서 자동적으로 좌회전을 한다. 하지만 만약 저녁 식사 시간에 늦지 않은 날이라면, 한 번쯤 색다른 길로 돌아가 볼 수 있지 않을까? 만약 차를 세우고, 낯선 동네를 걸어보면서 '내가 여기 살았다면 어떤 삶을 살고 있을까?'라고 상상해본다면? 혹은, 우연히 발견한 건강식품 가게에 들어가 생소한 녹색 주스를 한 잔 마셔보거나, 무작위로 선택한 레스토랑에 들러 가족을 위해 음식을 테이크아웃하고, 이렇게 거침없이 문자를 보내는 것이다. "배고파도 기다려! 오늘 저녁은 내가 기로스GYROS(그리스식 샌드위치)를 사갈 테니까!"

우리 삶에서 시간을 좀 더 가치 있게 쓰기 위해 변화를 줄 수 있는 부분은 무엇일까? 처음에는 불편하게 느껴질 수도 있지만, 결국 더 의미 있는 경험으로 남을 수 있는 변화로는 무엇이 있을지 생각해보라.

4. 여행으로 일상의 흐름을 깨라

여행이란, 단조로운 일상에 예상치 못한 신선한 혼란을 선사하는 최고의 경험이다. 익숙한 곳을 벗어나 새로운 환경에 놓이는 일은 우리의 일상을 묶어놓고 있던 습관을 깨트린다. 새로운 자극이 가득한 경험은 조금씩 활력을 잃고 있던 우리를 새로운 방식으로 깨어나게 해준다.

물론 몬트리올을 구경하는 버스 투어나, 프랑스어처럼 낯선 언어를 듣는 것과 같은 명백한 신선함도 여행의 묘미지만, 더 미묘한 디테일들도 간과할 수 없다. 예컨대 호텔 방에서 5일 밤을 보내며, 아침마다 샤워 손잡이를 제대로 작동시키는 법을 익히거나, 복잡한 커피 머신의 사용법을 터득하는 데 애쓰는 일처럼 말이다. 이런 사소한 번거로움이 있을지 몰라도, 이는 우리가 집에서 '자동 모드'로 살 때처럼 반복해오던 일상을 잠시 멈추고 새로운 활기를 되찾는 데 있어 주요한 해방제다. 우리의 뇌도 새로운 환경에서 이점을 얻는다. 우리의 뇌가 변화하고 성장하며 적응할 수 있는 능력인 '신경가소성'은, 주변 환경을 풍요롭게 할 때 더욱 향상될 수 있다.

2021년, 남편은 두 달간 휴가를 떠났고 나는 그중 5주를 함께 보냈다. 그 시간 동안 알게 된 점은, 일을 멀리하는 긴 휴식은 필수라는 깨달음과, 여행이 우리의 삶을 뒤흔드는 긍정적인 효과가 얼마나 강한지이다.

비록 5주 동안 전 세계를 여행할 수는 없더라도, 새로운 장소를 방문하는 것만으로 안일한 시간의 흐름을 기분 좋게 깨뜨릴 수 있다. 호텔, 에어비앤비, 새로운 식료품점, 공항, 렌터카 등의 새로운 경험은, 우리가 진부한 길에서 벗어나는 데 도움이 된다. 그리고 집으로 돌아와 예전의 습관으로 돌아가더라도 의식적으로 일상에 작은 변화를 주는 방법을 시도할 수 있다. 예를 들어 평일 아침 일찌감치 아침을 먹으러 나가는 건 어떤가? 마치 호텔에서 룸서비스를 받는 것처럼 침대에서 저녁을 먹는 것은 어떤가? 점심시간에 소설을 읽는 건 어떨까? 휴가 때 보내는 일상을 평소에 조금 적용해보면 어떨까? 여행은 필요하다고 느끼지 못했던 산소를 공급해주고, 그 산소를 집으로 가져가게 만들어준다.

여행하는 방식을 활용해 집에서의 루틴에 변화를 주고, 삶에 꼭 필요한 새로움을 불어넣어 시간의 흐름을 늦출 수 있는 방법으로는 뭐가 있을까 생각해보자.

5. 작은 새로움부터 도전하라

약간의 새로움만으로도 우리의 삶에서 지루함을 떨쳐낼 수 있다는 사실은 정말 큰 위안이 된다. 매번 멀리 떨어진 곳으로 여행을 떠나야만 '무감각한' 일상에서 벗어날 수 있는 것은 아니다. 매일 밤 새로운, 이국적인 요리를 먹어야 하는 것도 아니다. 너무 과한 새로움과 다양성은 오히려 현기증을 일으켜 역효과를 낼 수 있다. 일관되고, 천천히 새어나오는 새로움이야말로 일상에 무감각한 자동 모드에서 벗어나 다시 삶을 회복하는 데 도움을 줄 수 있다. 천천히 한 방울씩 떨어지는 새로움은 누구나 받아들일 수 있지 않을까?

삶에 새로움을 더하는 방법

내가 대학을 졸업하고 처음 했던 일은 퍼스널 트레이너였다. 그래서 사람들이 더 나은 삶을 살 수 있도록 돕는 몇 가지 원칙을 알고 있다.

운동 계획을 설계할 때, 나는 'FITT 모델'을 고려하곤 했다. 그리고 이제, 우리는 같은 모델을 적용하여 삶 속에서 새로움을 찾는 방법을 고민해볼 것이다.

FITT 모델이란 빈도Frequency, 강도Intensity, 시간Time, 유형Type을 조합하여 최적의 운동 계획을 세우는 방식이다. 이 모델을 활용하면 자신이 얼마나 자주, 어느 정도 강도로, 얼마나 오래, 어떤 방식으로 새로운 경험을 추구해야 하는지 파악할 수 있다.

그러니 이제 질문을 던져보자. 당신은 얼마나 자주 일상의 루틴을 깨고 새로운 경험을 시도하는가? 이 강도를 높이면 삶에 어떤 변화가 생길까? 우리는 이 질문을 통해 삶을 더욱 활기차게 만드는 새로운 도전과 변화를 설계할 수 있다.

• **빈도**Frequency: 얼마나 자주 일상에 새로운 변화를 주고 싶

거나 줄 필요를 느끼는가? 규칙적인 루틴을 깨뜨린다고 생각하면 싫은가, 흥분되는가, 아니면 그 중간 어디쯤에 있는가? 잘 기록해둬라.

- **강도Intensity**: 당신의 삶을 얼마나 강력하게 바꾸고 싶은가? 가벼운 진동을 원하는가, 아니면 지각 대변동을 일으킬 만한 지진을 원하는가? 가벼운 수준의 빈번한 새로움이 영감을 줄 수도 있고(외식할 때마다 새로운 애피타이저를 시도하는 것처럼), 드물지만 강력한 새로움이 당신 스타일일 수도 있다(매년 3주간의 국토 횡단 여행을 떠나는 것처럼).

- **시간Time**: 새로운 변화가 얼마나 오래 지속되길 원하는가? 짧고 다양한 변화가 더 편안할 수도 있고(1시간짜리 타파스 만들기 강좌처럼), 또는 길게 지속되는 새로움이 더 끌릴 수도 있다(7주간의 스페인 요리 및 과학 강좌처럼). 짧은 것과 긴 것을 함께 진행할 수도 있지 않을까?

- **유형Type**: 삶에 어떤 종류의 변화를 불어넣고 싶은가? 커리어에 약간의 '조정'이 필요한가, 아니면 데이트 패턴에 창의적인 변화를 주고 싶은가? 여가 시간이나 식사, 즐겨 듣는 팟캐스트에 변화를 주고 싶을 수도 있다.

우리는 생각보다 적은 빈도와 강도의 새로움으로도 얼마든지 삶에 활력을 불어넣을 수 있다. 모든 것을 바꿔야 한다는 압박을 느낄 필요는 없다. 단지 약간의 흔들림이 규칙적으로 계속되면 된다.

6. 호기심 운동에 동참하라

새로움은 호기심을 키우는 비료와 같다. 심리학자들은 우리가 호기심을 갖고 다양성을 추구하는 관점을 기꺼이 받아들일수록 삶이 더 풍요로워질 가능성이 높다고 분명히 말한다.

연구자들은 '탐험과 몰입'이 진정으로 의미 있는 삶을 사는 길이라는 사실을 알아차렸다. '탐험'은 흥미를 불러일으키는 것, 즉 새로운 것(예를 들어 라스베이거스에 새로 생긴 핑크 록 박물관을 방문하는 일 같은), 도전적인 것(예를 들어 트롬본 배우기), 매력적인 것(예를 들어 필리핀의 섬 개수를 알아보는 것)의 흔적을 따라가는 것이다. '몰입'은 어떤 활동에 완전히 집중했을 때 발생한다. 예를 들어 핑크 록 박물관에서, 또는 트롬본 수업에서, 새로운 장소에 대해 무언가를 배우면서 푹 빠져드는 것이다.

이러한 탐험과 몰입으로 이뤄진 호기심은 우리 삶의 만족도를 높인다. 당신은 이 호기심을 자주 발동하여 지루함을 물리치고, 주변에서 발견할 수 있는 새로운 상황을 최대한 잘 활용하고 있는가? 당신이 얼마나 호기심이 많은 사람인지 궁금하지 않나?

연구에 근거한 아래의 '호기심과 탐색 지수'에서 각 질문에 대해 1부터 5까지 숫자를 선택하라.

(1 = 아주 약간 또는 전혀 그렇지 않다, 2 = 조금 그렇다, 3 = 보통이다, 4 = 꽤 그렇다, 5 = 매우 그렇다)

1. 나는 새로운 상황에서 가능한 한 많은 정보를 적극적으로 찾는다.

2. 나는 일상생활의 불확실성을 정말로 즐기는 사람이다.

3. 나는 복잡하거나 도전적인 일을 할 때 가장 잘한다.

4. 나는 어디를 가든지 새로운 것이나 경험을 찾아나선다.

5. 나는 도전적인 상황을 성장하고 배우는 기회로 여긴다.

6. 나는 약간 두려운 일을 하는 것을 좋아한다.

7. 나는 항상 나와 세상에 대한 생각을 확장할 수 있는 새로운 경험을 찾고 있다.

8. 나는 예측할 수 없는 흥미로운 일을 선호한다.

9. 나는 나 자신이 도전하고 성장할 수 있는 기회를 자주 찾는다.

10. 나는 낯선 사람과 사건, 장소를 수용하는 사람이다.

'확장Stretching'(1, 3, 5, 7, 9에 해당) 항목은 새로운 경험과 정보를 추구하려는 동기가 얼마나 강한지를 나타낸다. 이 항목이 많은 사람은 구글 검색 기록이 많을 수도 있고, 아니면 아주 적을 수도 있다.

'포용Embracing'(2, 4, 6, 8, 10에 해당) 항목은 삶의 새롭고 불확실하며 애매한 측면을 얼마나 잘 받아들이는지 나타낸다.

확장과 포용 중에서, 더 개선이 필요한 부분은 어디인가? 그것이 당신이 지금 가장 신경 써야 할 부분일 수 있다.

심리적 풍요로움

최근 연구자들은 '좋은 삶'을 정의하는 또 다른 차원에 주목하고 있다. 바로 '심리적으로 풍요로운 삶'이다. 심리적 풍요로움은 새로움, 호기심, 흥미로운 사건, 예상치 못한 일, 복잡함, 그리고 관점의 변화로 특징지어진다. 이런 삶의 가장 좋은 점은 무엇일까? 심리적으로 풍요로운 삶은 단순히 지루함을 없애는 것을 넘어, 지혜로 이어진다는 것이다.

심리적 풍요로움을 만드는 큰 경험으로는 해외 유학과 같은 것들이 있고, 소소한 경험으로는 팀원들과 함께 어려운 방탈출 게임에 도전하는 것과 같은 활동이 있다. 이렇게 새롭고 흥미로운 기회를 받아들이는 것은, 비록 그것이 도전적일지라도, 세상을 바라보는 새로운 시각을 열어주며 궁극적으로 더 많은 지혜를 얻도록 도와준다.

이 세 가지 차원 – 행복, 의미, 심리적 풍요로움 – 을 결합하는 것이야말로, 웰빙 과학자들이 삶을 가치 있게 만드는 핵심이라고 믿는 요소다.

7. 모험을 떠나자!

어쩌면 대부분의 사람들이 최근에 하고 있는 유일한 모험이라고는 리얼리티 TV에서 다른 사람들의 일탈을 보는 것뿐일지도 모른다.

호기심은 새로움을 발견하게 만들고, 모험심을 불러일으키며, 성장하도록 격려한다. 그러니 우리가 호기심을 충분히 발휘하고 있다고 가정해보자. 익숙하지 않은 것, 이미 답을 알고 있지 않은 것, 놀랍고 기분 좋은 것들로 우리의 관심을 돌리고 있다고. 정말 매력적으로 들리지 않는가? 이제 우리는 호기심을 한 단계 더 끌어올릴 의향이 있는지 스스로에게 물어봐야 한다. 흥미를 자극하는 무언가를 실제로 할 것인지 말이다.

꼭 집어 말할 순 없지만, 무언가를 갈망하는 자신을 발견할 때가 있다. 대개는 저녁에 소파에 앉아서 TV를 보다가 지루함이 찾아올 때 그렇다. 때로는 화장을 하고 외출하는 그런 방식이 아닌 자유로운 외출을 하고 싶기도 하다. 밖에 나가서 별을 보고 싶다거나 밤에 숲속을 거닐고 싶다는 느낌, 멀리서 늑대가 울부짖는 소리를 듣고 싶다는 느낌 말이다. 하지만 그런 욕구를 실현시키기에는 장벽이 너무 높다. 우리는 숲 근처에 살지도 않고, 그런 곳이 어디에 있는지도 모른다. 숲에 간다 해도 다시 집으로 돌아오면 10시 10분 취침 시간이 위태로워질 수 있다. 그래서 우리는 지루함을 느끼면서도 소파에 그냥 앉아 있다가 제 시간에 잠자리에 든다.

삶은 찬란한 모험의 연속일 수도 있고, 단조로운 지루함의 반복일 수도 있다. 스스로를 돌아보고 아이디어를 떠올려봐라. 위험을 회피하고 있는가? 아니면 위험을 감수하고 있는가? 당신의 삶에 어울릴 만한 모험에 관한 아이디어를 몇 가지 적어보라.

길게 보면, 위험을 피하는 것이
완전히 위험에 노출되는 것보다 더 안전하지도 않다.
인생은 대담한 모험이거나 아무것도 아니다.

헬렌 켈러

루틴 vs 의례

얀 스탠리Jan Stanley는 사람들이 삶의 의미와 기쁨을 찾도록 도와주는 의식과 세속적 의례를 주관하는 전문가다. 나는 그녀를 '최고의 의례 마법사'라고 부른다. 여기 그녀가 '루틴'과 '의례'의 차이점에 대해 말한 내용이 있다.

- 의례의 목적은 우리에게 가장 중요한 것을 증폭시키는 일이다. 결혼식과 같은 인생의 중요한 순간이 대표적인 예이고, 일상적인 예로는 감사의 시간을 가지거나 매일 친구에게 전화하는 시간을 따로 두는 것 등이 있을 수 있다.
- 습관은 일단 형성되면 의식적인 노력이나 생각 없이 수행되는 반면, 의례는 그 순간에 온전히 집중할 때 효과적으로 작동한다.
- 습관은 행동을 반복하는 형태인 반면, 의례는 삶에서 중요한 것들과 연결되도록 도와주며 그것들을 더 깊이 경험하도록 해준다.

루틴과 의례의 차이는 의도와 인식에 달려 있다. 아침에 허겁지겁 시리얼을 먹으며 스마트폰으로 인터넷 뉴스를 스크롤하는 일은 루틴일 뿐이지만, 나의 행동이 어떤 의미를 지니는지, 어떻게 느끼고 있는지를 자각하며 행동하는 것은 의례이다.

예를 들어, 미국의 경우 추수감사절 저녁 식사는 많은 가족들에게 중요한 연례 의식이다. 특별한 테이블 세팅, 저녁 식사 전 기도나 감사 나눔, 칠면조 자르기 의식, 지니 이모의 유명한 캔디드 얌(참마의 주황색 껍질을 벗기고 흑설탕을 듬뿍 뿌려 오븐에 구운 요리 - 옮긴이), 공원에서 즐기는 플래그 풋볼 등이 포함될 수 있다.

나의 한 고객은 하루 중 오후의 티타임을 가장 중요하게 생각한다. 대부분의 사람들에게 카페인 섭취는 무의식적으로 멍하니 즐기는 경험이지만, 그녀는 단순히 하나의 루틴과는 다르게 이 의식에 완전히 몰입되어 있다. 어떤 컵과 받침(영국인이라 받침을 반드시 사용한다)을 사용할지 고민하고, 매일 어떤 차를 마실지 신중하게 결정하며, 물이 끓는 동안 정성스럽게 테이블을 세팅하고, 차가 우러나오는 동안 깊이 숨을 들이쉰다. 차를 따르는 과정도 의식적이다. 그녀는 말한다. "이제는 차를 마시는 시간이 명상처럼 되었어요. 찻잎의 색을 살피고, 맛을 예상하고, 냄새를 맡죠. 오늘 차는 꽃 향이 나는지, 약간 우디 향이 나는지 살펴봐요. 이 모든 경험에 감사하고 있어요. 바쁜 하루 중에 잠시 멈추고 여러 문화권에서 수세기 동안 이어져온 이 전통에 집중할 기회를 주니까요."

그러나 의례가 습관화되는 것 또한 주의해야 한다. 한때 특별하고 의미 있었던 의례가 식상하고 지루하게 느껴지기 시작한다면, 그때는 조금 변화를 줄 필요가 있다. 어느 해의 명절에는 가족과 함께 중국식 뷔페에 가서 식사를 한 뒤 전통적인 저녁 시간을 보내는 것도 좋은 예일 것이다. 또는 새해에 샌프란시스코로 날아가, 거리 한복판에서 자정 키스를 나누는 것도 괜찮다. 같은 의례이지만 다른 환경에서 경험하는 것이다.

삶에 활력을 불어넣는 아이디어들

당신의 습관은 필사적으로 자리를 지키려 하고 있다. 어찌 보면 그 끈질김을 존중해야 할지도 모른다. 하지만 그만두자. 습관들은 당신의 생동감을 빨아들이고 있을 뿐이다.

다양성은 무미건조한 삶의 양념과 같다. 여기 내가 진행한 워크숍에 참여했던 사람들의 실제 경험에서 얻은 '일상을 새롭게 바꾸는 방법'에 대한 아이디어들을 소개한다.

- 생활에 변화를 주려고 십자말풀이를 하고 있어요. 그게 지겨워지면 다른 두뇌 게임을 할 거예요.
- 저녁으로 아침 메뉴를 먹어보기!
- 인스타그램에서 새로운 사람들을 팔로우하고 있어요. 다른 사람들(그리고 반려동물)의 삶을 알아가는 게 정말 흥미롭네요.
- 산책할 때 음악 대신 팟캐스트를 듣고 있어요. 장르도 다양하게 바꿔 가며 듣고 있죠.
- 예전에는 새롭고 건강한 음식을 많이 먹었는데 잊고 지냈더라고요. 그래서 다시 찾아서 먹기 시작했어요.
- 읽는 책의 종류를 바꿔요. 전기, 에세이, 스파이 소설을 번갈아 읽죠.
- 엄마의 오래된 요리책을 꺼내서 클래식한 요리들을 만들고 있어요. 추억의 음식을 먹으며 엄마와 어린 시절을 회상하는 게 참 즐거워요.

- 저녁 식사 때 가족들의 식탁 자리 배치를 매일 바꿔보기로 했어요.
- 출근 준비하는 순서를 가끔 바꿔요. 샤워하기 전에 이를 먼저 닦는다거나, 밥을 먹고 나서 준비를 하는 것처럼요.
- 저녁 외식을 할 때, 한 번씩 새로운 동네의 새로운 음식점을 가보려고 해요.
- 요즘은 평소보다 밝은 색깔의 옷을 입고 다니는데, 사람들이 칭찬을 많이 해줘요.
- 남편에게 이번 휴가의 여행 계획을 맡기고 어디로 가는지 나에게 말하지 말라고 했어요. 그래서 전혀 예상하지 못한 곳으로 가게 될 것 같아요.
- 회사에서 평소에 대화하지 않던 사람들과 이야기를 나누고 있어요. 정말 멋진 일이에요. 보통은 제 팀이나 같은 층 사람들하고만 어울리거든요.
- 헬스장에서 개인 트레이너를 고용했어요. 복싱처럼 혼자서는 절대 하지 않을 운동을 해보려고요.
- 추수감사절에 가족에게 침묵 수련회에 간다고 말했어요. 또 칠면조는 테이크아웃으로 주문하면 된다고 말했어요.
- 돈을 절약해야 하는 상황이라, 남편과 함께 2주간의 챌린지를 했어요. 2주 동안 장을 보지 않고, 찬장과 냉동실에 있는 모든 음식을 사용해서 식사를 하자는 거였죠.
- 저는 매일 점심을 밖에서 먹고 있습니다.
- 개방 결혼

- 다양한 배경을 가진 친구들에게 그들의 종교 예배에 데려가 줄 수 있는지 물어봤어요.
- 아침에 하루를 준비하면서 다양한 음악을 듣기 시작했어요.
- 일주일에 몇 번씩 저녁에 수영을 하고 있어요. 아침에 수영을 하는 것과는 완전히 다른 경험이에요.
- 우리는 보통 토요일에 중국 음식을 주문하는데, 이제 한 달에 두 번 정도는 메뉴를 바꿔보기로 했어요.
- 주말 루틴이 너무 지루해서 바꾸고 있어요. 빨래는 평일로 미루고, 일요일에 박물관, 미술관, 골동품 가게를 가보려고요.
- 주방에 향신료가 너무 많아요. 그래서 2주마다 새로운 레시피에 사용하고 있어요.
- 평소에는 더 호화로운 도시 휴가를 선택했을 테지만, 이번에는 국립공원 여행을 예약했어요.
- 저는 원래 엄청난 비관주의자인데, 제가 긍정적인 사람이라면 상황이 어떻게 보일지 상상해보고 있어요.

습관과 루틴의 위험성

이제 당신은 스스로를 드러낼 준비가 됐을 거라 생각한다. 이번 장 내내 자신의 습관에 대해 깊이 생각해왔고, 아마도 새로운 아이디어들로 마음이 들썩이고 있을 것이다.

- 당신의 일상에 존재하는 습관과 루틴의 목록을 작성해보라. 그리고 그 목록을 더 풍부하고 탄탄하게 만들어보라.
- 당신이 갖고 있는 습관들이 삶에 긍정적인지, 절반은 긍정적이고 절반은 그렇지 않은지, 아니면 수정이 필요한지 판단해보라. 예를 들어, 매주 금요일 밤 데이트는 파트너와의 관계를 유지하는 좋은 습관일 수 있지만, 매번 같은 마르게리타 피자와 넷플릭스 영화만 고집한다면 새로운 활력이 필요할지도 모른다.
- 다음 도전 과제는 각 습관에 변화를 줄 방법을 찾는 것이다. 기존 루틴에 어떻게 새로움을 불어넣을 수 있을까? 각 습관에 대해 어떤 방식으로 변화를 줄 수 있을까?
- 호기심과 모험이라는 주제와 관련해, 미지의 영역을 탐험할 수 있는 방법은 무엇일까? 예측할 수 없는 무언가를 시도해볼 수 있을까? 이번 주를 지난주나 다음 주와 다르게 만들 수 있는 방법은 무엇일까?
- 지금 당장 이러한 아이디어를 실행에 옮길 필요는 없다. 하지만 이번 주에 행동으로 옮길 만한 것이 하나라도 있다면 바로 시도해보자.

대부분의 사람들이 뼛속 깊이 살아 있음을 느끼고 싶어 하는 현실에서, 소중한 하루를 그냥 무심코 흘려보낼 여유가 있을까? 우리는 때때로 기계적인 일상에 방해물을 던져야 한다. (예를 들어, 늘 똑같은 아침 대신 퐁뒤를 먹는다거나 하는 식으로), 그 하루를 365일이 똑같은 달력 속에서 특별하게 만들기 위해서 말이다.

우리의 삶은 분과 시간과 월요일의 조합이고, 그 시간들을 어떻게 보내느냐는 전적으로 우리에게 달려 있다. 우리는 틀을 깬 선택을 할 수 있다. 덜 알려진 길을 갈 수도 있다. 우리를 살아 있게 만드는 일을 할 수 있다. 새로움을 우리의 강점으로 사용할 수 있다.

습관을 방치하면 그것은 우리의 삶을 지배하고, 우리를 미라로 만들어버린다. 우리는 스스로를 탈-미라화해야만 한다! 무의식적으로 잠든 채 존재한다면, 우리가 살아가는 삶과 우리가 맞이할 죽음은 별반 다르지 않을 것이다.

우리는 단 한 번만 죽는다. 그러니 지루하게 죽지 말자.

8장

활력 넘치게, 더 넓게 살아라

사람들은 모두 삶의 의미를 찾고 있다고 말한다. 하지만 나는
우리가 진정으로 찾고 있는 것이 그것이라고 생각하지 않는다.
우리가 찾는 것은 살아 있다는 경험이다. 순전히 육체적인 차원에서의
삶의 경험이, 가장 깊은 내적 존재와 실체 안에서 공명하면,
실제로 '살아 있다는 황홀감'을 느낄 수 있다. 　　　조지프 캠벨Joseph Campbell

활력과 열정으로 삶을 가득 채울 때 우리의 삶은 더 넓어진다.
재미와 즐거움, 인생의 모든 경험의 폭을 확장하는 것이다.

　활력은 공식적으로 '생기와 에너지가 있는 긍정적인 감각'
으로 정의된다. 어떤 사람들은 이를 '정신의 건강'이라고 부르기
도 하는데, 멋진 표현이다. 건강한 정신을 원하지 않는 사람이 있
을까? 활력은 다음과 같이 설명할 수도 있다.

- 열정(활력에 대한 강한 흥미와 에너지를 경험하는 것)
- 심리적 에너지(가치 있는 행동을 위해 활용할 수 있는 정신적 자원)
- 활기(인지적 생동감, 감정 에너지, 체력이 모두 서로 연결된 상태)
- 몰입(활기, 헌신, 집중력이 결합된 강력한 상태)

- 충만(기쁨의 사촌격인 더 활기찬 감정)
- 번영(활력과 배움이 완벽하게 결합된 상태)
- 열정(삶에 대한 지속적인 흥미를 유지하는 생존 메커니즘)

동아시아 사람들은 활력이나 정신을 '기(氣)'라고 부르고, 일본에서는 기를 '활력의 열정'으로 묘사한다. 또한 밥을 지을 때 솥뚜껑을 날려버릴 정도의 에너지라고도 한다. 당신은 비유적으로 그 정도의 기를 가지고 있는가? 우리의 사명은, 솥뚜껑이 날아갈 정도의 열정을 삶에 불어넣는 것이다.

왜 활력이 중요할까

우리 삶에서 활력과 열정을 우선시해야 하는 이유는 무엇일까? 의미를 찾거나 매일 밤 감사 일기를 꼼꼼히 작성하는 것과 같은 '좋은 삶을 살기 위한' 다른 고귀한 목표보다, 활력을 우선시해야 하는 이유는 무엇일까? 활력은 우리의 행복감을 높이는 데 중요한 역할을 하고, 살아갈 가치가 있는 삶을 만드는 데 큰 영향을 미치기 때문이다.

인생을 마치 모험을 하듯 기대와 설렘을 안고 온 마음을 다해 삶에 임하는 자세, 즉 열정과 에너지를 갖고 살아가는 방식은 전반적인 삶의 만족도, 직장 만족도, 자신의 일이 소명이라는 믿음과 밀접한 관계가 있다.

터키의 연구자들은 활력이 주관적인 행복이라는 배를 끌어 올리는 조류와 같은 역할을 한다는 것을 통계적으로 입증했다.[*] 즉 활력을 높이면 행복의 물결과 함께 떠오르고, 활력을 무시하면, 불행과 고통의 썰물에 난파하게 된다. 생명력이라는 주관적인 감정은 개인적 행복감에 큰 영향을 미친다. 왜냐하면 그 반대는 확실히 좋지 않기 때문이다. 바로 죽어 있는 느낌이다.

활력이 넘치는 사람들은 자신의 삶이 의미 있을 가능성이 더 높다. 활력이 넘치는 상태에서 살아갈 때, 우리는 더 생산적이고 더 활발하며, 더 나은 성과를 내고, 더 끈기 있게 일한다. 이스라엘 대학원생들을 대상으로 창의적인 작업 참여와 활력에 대한 관계를 두 차례에 걸쳐 조사했는데, 그 결과 높은 활력을 가진 사람들이 더 창의적인 생각을 하고 문제에 대한 혁신적인 해결책을 더 많이 제시하는 것으로 나타났다.

활력은 삶의 만족도를 높인다

앞서 언급했던 긍정심리학의 대가인 마틴 셀리그만 박사를 기억하는가? 그는 활력에 대해 확고한 의견을 갖고 있다. 그의 연구에 따르면, 활력은 삶의 만족도와 가장 밀접하게 연관된 성격 강점 중 하나다.[**] 최근 80세가 된 그는 자신이 예전만큼 활

[*] 참고로, 심리학의 심층 분석에서는 활력과 행복의 개념이 뚜렷이 다르기 때문에, 연구자들은 주관적인 평가를 통해 이를 세부적으로 측정하는 데 신경을 쓴다.

[**] 성격 강점은 성격과 관련된 긍정적인 특성으로, 우리가 생각하고 느끼고 행동하는 방식에 영향을 미친다.

력이 넘치지 않는다는 사실을 잘 알고 있다. "이제 30년 전과 같은 활력과 체력으로 지적 활동을 할 수 없어요." 그는 최근 나와 화상 채팅으로 대화를 나누면서 이렇게 말하며, 활력을 되찾기 위해 자신이 찾은 해법은 '국제 브리지international bridge'게임이라고 덧붙였다.

물론 나는 그것이 어떻게 그의 활력을 이끌어내는지를 물었다. 그는 이렇게 설명했다. "지금도 브릿지에서 실력이 계속 향상되고 있어요. 아직 전 세계 최고의 브릿지 플레이어 1,000명 중에서는 하위권에 속하지만, 계속 발전하고 있고 더 많이 배우고 있습니다." 다시 말해 도전하게 만드는 활동에 참여하면, 활력을 불러일으키고 그것이 행복으로 이어질 수 있다는 것이다. 활력이 우리의 삶을 가치 있게 만들어준다면, 그것이 바로 인생 승리의 열쇠일지 모른다.

활력이 넘치는 행복

삶의 만족도와 가장 자주 연관되는 성격 강점은, 열정, 희망, 감사, 사랑, 호기심이다. 당신은 이런 감정을 어느 정도 발휘하고 있는가?

활력의 척도

활력은 타고나는 성향이 아니다. 우리에게는 그것을 변화시킬 수 있는 능력이 있다.

최근에 만난 한 고객에 대해 이야기하자면, 그녀는 '놀지 말고 일하자'는 삶의 방침을 극복하려고 노력하고 있었다. 그녀가 나와의 첫 상담에서 자신의 여러 가지 성과에 대해 이야기하던 중 했던 질문을 잊을 수가 없다. "이 모든 일에서 나는 어디에 있나요?" 직장에서 많은 시간과 노력을 투자하여 이룬 성취들이 있었지만, 다른 삶의 영역은 희생되었고, 결국 그녀는 자신을 잃어버렸다. 더 이상 삶의 재미를 느끼지 못했다. 그녀는 자아를 잃어버린 것처럼 영원히 일차원적인 존재로 남을까 두려워하고 있었다. 그럼 그녀는 어떻게 활력을 다시 찾을 수 있을까?

한 번에 한 걸음씩 시작했다. 먼저, 그녀는 스케치북을 사서 수십 년 만에 다시 그림을 그리기 시작했다. 밤에는 TV를 보는 대신 산책을 했다. 좋아하는 음악으로 특별한 플레이리스트를 만들고, 밤에 아무도 없을 때 거실에서 춤을 추었다. 그녀는 말했다. "예전에는 춤추는 것을 정말 좋아했었거든요." 그녀는 적극적으로 삶의 기쁨을 만들어 나갔고, 그 작은 의도적 노력은 점점 커져 삶에 들불처럼 퍼져나갔다.

연구에 따르면, 미국 성인 중에서 활력이 높은 사람은 5명 중 1명도 채 안 된다. 심리학자 리처드 라이언Richard Ryan과 크리스티나 프레더릭Christina Frederick은 우리의 정신적 활력이 살아 있고 뛰어난 상태인지, 아니면 죽음을 향해 가고 있는지 파악할 수 있도록 '주관적 활력 척도'를 개발했다. 아래의 질문을 살펴보고, 1부터 5까지의 척도로 자신의 활력을 평가해보자.

1점은 '제발, 아니요', 5점은 '네, 그럼요!'란 의미다.

	주관적 활력 질문	1	2	3	4	5
1	나는 살아 있고, 활력이 넘친다.					
2	나는 때때로 주체할 수 없을 정도로 너무 살아 있다는 느낌이 든다.					
3	나는 에너지와 활기가 있다.					
4	나는 매일 새로운 날을 기대한다.					
5	나는 거의 항상 정신이 맑고 깨어 있다고 느낀다.					
6	나는 에너지가 넘친다.					
7	나는 삶이 하나의 모험인 것처럼, 기대와 설렘을 갖고 온 마음을 다해 삶에 임한다.					

당신은 얼마나 활력 넘치게 살아 있는가? 3점이 많이 나왔다면 확실히 평균적이고, 지루하며, 평범하게 살고 있다고 느낄 수 있다. 1점과 2점이 많다면 활력이라곤 전혀 없는 삶이라는 것이고, 4점과 5점이 많다면 인생을 즐겁게 살아가고 있다는 의미일 수 있다.

우리는 내면에서 죽어가는 부분을 빨리 도려내야 한다.

활력을 앗아가는 6가지 주요 원인

다음은 당신으로부터 활력을 빼앗고 있는 6가지 주요 원인으로, 이것들을 없앨 방법에 대해 생각해보자.

1. 과도한 스크린 및 소셜 미디어 사용

당신은 일할 때를 제외하고 하루에 몇 시간이나 화면 앞에 앉아 있는가?

- 2023년 전 세계 통계에 따르면, 우리는 평균적으로 하루 6시간 37분을 온라인에서 보낸다.

- 미국인은 하루 평균 2.86시간 동안 TV를 시청한다. 연구에 따르면 25세부터 TV를 1시간씩 시청할 때마다 시청자의 기대 수명이 21.8분씩 줄어든다.

- 게다가 소셜 미디어에 지나치게 많은 시간을 쓰는 것도 문제다. 전 세계적으로 우리는 하루에 평균 2시간 31분을 소셜 미디어에 쓴다. 이는 그 시간 동안 신체 활동이 줄어들 뿐만 아니라, 스크롤하며 '좋아요'를 누를 때마다 행복감이 감소한다는 것을 의미하기도 한다. 나는 행복을 연구하는 사람들 중에 소셜 미디어 애호가는 본 적이 없다.

- 한 연구에 따르면, 인터넷 중독과 주관적 행복 및 활력 사이에는 우리가 본능적으로 알고 있는 관계가 존재한다. 인터넷 중독은 행복과 활력에 마치 최루가스를 뿌리듯 망쳐놓는다. 흥미

롭게도 이 관계는 양방향으로 작용한다. 연구자들은 사람들이 주관적 활력을 높이려고 노력할 때, 인터넷 중독 증상이 감소할 수 있다고 말한다. 또 다른 연구는 소셜 미디어 사용을 하루 30분으로 제한하면, 행복감이 크게 개선될 수 있다는 것을 보여준다.

디지털 세계에서 사는 시간

대부분의 사람들과 마찬가지로, 당신은 하루에 디지털 세계 (인터넷, 소셜 미디어, 게임 등)에서 8시간 14분을 소비하고 있다. 예를 들어, 앞으로 2,000번의 월요일이 남아 있다면, 남은 시간은 총 336,000시간이다. 이 중 3분의 1을 수면시간으로 빼면, 224,000시간이 남는다. 이 중 114,000시간을 정말 화면이나 붙들며 살고 싶은가? 타인의 경험이나 보면서 살고 싶은가? 아니면 깨어 있는 절반의 시간 동안, 실제로 뭔가를 하면서 보내고 싶은가?

한 고객은 스크린이 자신의 적이라는 사실을 깨닫고, 가족과 함께 시간을 보낼 때는 휴대폰 알림을 꺼두고 아예 다른 방에 두기로 했다. 그리고 휴대폰의 설정을 조정하여 하루에 소셜 미디어 사용 시간을 제한했다(맞다, 가능하다). 함께 일하는 팀에서는 5시 이후와 주말에는 이메일을 보내지 않기로 서로 약속했고, 그 덕분에 휴식의 만족도가 높아졌다. 내가 코치하는 한 CEO는

TV 시청 시간을 타이머로 제한했다. 그녀는 일주일에 최대 5시간만 TV를 시청했는데, 우선순위를 두어 자신의 애청 프로그램은 놓치지 않고 시청했다.

만약 당신이 30분짜리 프로그램을 한 편 줄이거나, 소셜 미디어 스크롤링 시간을 3분의 1로 줄인다면, 어떨까? 그래서 그 시간을 동네를 산책하거나, 친구에게 전화를 하고, 온라인 천문학 강좌를 듣거나 소설 한 단락을 쓰는 데 사용한다면 어떨까?

2. 휴가를 사용하지 않는 것

매년 52%의 사람들이 사용하지 않은 휴가를 그대로 방치한다는 사실을 알고 있는가? 정말 바보 같지 않은가? 물론 일을 멈추는 게 항상 쉬운 일은 아니다. 하지만 그보다 더 어려운 일이 뭔지 아는가? 죽음을 앞두고, 너무 많은 시간을 일에 쏟느라 정작 자신이 원하는 삶을 살지 못했다며 후회하는 것이다.

헬싱키 대학의 한 연구에 따르면, 매년 휴가를 3주 미만 사용하면 휴가를 3주 이상 즐기는 사람들에 비해 사망할 확률이 37% 더 높다고 한다.[*] (논리적으로 이렇게 연결된다: 휴가 부족 = 더 많은 스트레스, 더 많은 스트레스 = 더 높은 사망률) 휴가를 일을 위한 희생양으로 만들지 마라. 휴가를 충분히 사용하고 있지 않다면, 그 문제를 해결하는 가장 좋은 방법은 휴가를 계획하는 것이다.

---

[*] 연구의 참가자들은 40년 동안 추적 관찰되었다. 휴가를 3주 미만 사용한 사람들은 연구가 끝나기 전에 사망할 확률이 37% 더 높았다.

그래야 연말이 되어 '아직 휴가가 9일이나 남았는데, 어떻게 한 해가 이렇게 지나갔지?' 하며 후회하는 일이 없다.

휴가 계획을 짜는 것은 내가 새로운 고객들의 활력을 빠르게 회복시키기 위해 가장 먼저 제안하는 일 중 하나다. 대부분의 바쁜 직장인들은 시간이 나기를 기다리지만, 그건 오지 않는 버스를 기다리는 것과 같다. 휴가를 미리 계획하면, 스스로에게 삶의 만족감을 능동적으로 관리할 수 있다는 신호를 보내게 된다. 그리고 일에 파묻힌 일상에 갇혀 있을 때는 절대 경험하지 못할 삶의 즐거움을 탐험할 기회를 얻게 된다.

휴가는 삶의 균형을 회복하는 중요한 방법이다. 더 균형 잡힌 사람이 되겠다고 다짐하고, 주어진 모든 휴가를 사용할 수 있도록 개인적인 기준을 설정하라. 인생의 끝에 다다랐을 때, 사용하지 않은 휴가가 쌓여 있는 것을 보고 자부심을 느끼는 사람은 아무도 없다.

3. '더 많은 돈 = 더 많은 행복'이라는 잘못된 믿음

만일 당신이 현재 빈곤선 아래에서 살고 있다면, 확실히 돈은 당신의 생활 방식과 주관적인 행복감을 크게 변화시킬 수 있다. 하지만 그 선 위에 살고 있는데도 여전히 더 많은 돈을 벌기 위해 쳇바퀴를 돌리는 햄스터처럼 살아가고 있다면, 돈이 삶을 확장시키는 행복을 가져다줄 것이라는 환상에 빠져 있는 것일지도 모른다. 그러나 최근 연구에 따르면, 수입은 전반적인 행복에 있어 중간 정도의 결정 요인에 불과하다. 그러니 만약 돈을 행복으로 바꾸기 위해 헛된 노력을 하고 있다면, 앞서 이야기했던 '쾌락의 쳇바퀴'에 올라타 있는 것과 다름없다. 이 상태에서는 계속 달리느라 지치고 숨을 헐떡거릴 수밖에 없다. 물건을 사면 처음에는 행복할 수 있다. 하지만 그 행복이 지속될 거라는 비현실적인 기대는 오히려 삶의 활력을 고갈시킬 뿐이다. 다행히도 돈으로 당신의 삶에 활력을 더할 수 있는 3가지 방법이 있다.

- **다른 사람에게 돈을 써라.** 개인적인 소비는 일반적으로 행복과 큰 상관이 없지만, 다른 사람이나 자선단체에 돈을 쓰는 사람들은 더 큰 행복감을 느낀다. 다시 말해 당신이 새로운 옷을 '장바구니에 추가'할 때 느끼는 그 기분 좋은 설렘은 금방 사라질 것이다. 하지만 그 옷을 친구에게 '내 삶에 함께 있어줘서 고마워'라는 의미로 선물한다면? 그 행복감은 훨씬 더 오래 갈 것이다.

- **나중에 즐길 무언가에 돈을 써라.** 기대의 원칙은 아주 중요하다. 우리는 무언가를 기대할 때 더 행복해진다. 두 달 후에 갈 휴양지의 리조트를 예약하고 해변에서 하게 될 일출 요가 수업을 설레는 마음으로 기다리는 것, 이것이 행복의 비결이다. 그날 바로 출발하는 것보다 기다리는 기간이 더 큰 행복을 준다. '지연된 보상'은 우리가 살아 있다는 즐거움을 높여주기 때문이다.

- **소소하게, 더 자주 돈을 써라.** 자주 누리는 작은 즐거움이 큰 지출보다 더 큰 행복을 준다. 1년에 한 번 큰 행복을 주는 구매(방갈로나 옐로우 다이아몬드, 또는 버킨백!)는 여러 번에 걸친 작고 저

렴한 구매로 얻는 즐거움에 비할 바가 못 된다. 새로움은 적응적 반응을 자극한다. 여기저기서 문구류나 아름다운 책처럼 자신을 행복하게 해주는 작고 특별한 것들을 일 년 내내 자주 구매하면, 화려한 새 차보다 더 많은 삶의 기쁨을 얻을 수 있다.

4. 건강하지 않은 생활 방식을 유지하는 것

활력은 에너지와 밀접한 관련이 있기 때문에, 에너지를 앗아가는 생활 습관은 활력을 급격히 떨어뜨릴 수밖에 없다. 최근 나는 세계적으로 저명한 활력 연구자인 리처드 라이언Richard Ryan 박사와 공통 관심사인 생명력에 대해 이야기를 나누었다. 박사는 "우리 연구에서 활력의 개념은 에너지나 각성 그 자체를 말하는 게 아닙니다. 자기 자신에게 사용할 수 있는 에너지를 뜻하는 것이죠. 활력 덕분에 사람들은 자신에게 중요한 것을 추구할 수 있습니다. 따라서 활력은 좋은 삶에 반드시 필요합니다." 활력은 내면에서 나오며, 에너지가 충만해질 수 있는 환경을 조성하는 것은 결국 우리의 몫이다. 다음은 그 조건을 만들기 위한 4가지 방법이다.

• **수면**. 깊은 수면은 뇌의 찌꺼기를 제거한다. 이런 이유로 수면은 '정신적 치실'이라고 불리기도 한다. 13년 동안 4만 3천 명 이상의 사람들을 대상으로 한 연구에 따르면, 65세 미만의 사람이 매일 밤 5시간 미만의 수면을 취하면 6~7시간의 수면을 취하는 사람에 비해 사망률이 65% 높아진다.

- **운동.** 운동은 당신의 수명을 늘려준다. 매일 15분의 신체 활동을 추가할 때마다 조기 사망 위험이 4% 감소한다. 아주 작은 노력도 큰 효과를 가져온다. 일주일에 단 15~20분의 격렬한 신체 활동만으로도 아무런 활동을 하지 않는 사람들에 비해 사망 위험이 40%까지 감소할 수 있다. 또 다른 충격적인 통계로, 하루에 9시간 앉아 있으면 조기 사망 확률이 50% 증가한다. 서서 하는 회의처럼, 어떻게 하면 일상에서 더 자주 움직일 수 있을지를 고민해보라.

- **영양.** 연구에 따르면, 잘못된 식습관은 5명 중 1명의 사망 원인이 된다. 이렇게 생각해보자. 마음속으로 가족, 동료, 친구 등 다섯 명을 떠올려봐라. 그중 한 명은 나쁜 식습관 때문에 죽을 것이다. 그 한 명이 당신이 될 수도 있지 않을까? 현재 당신의 식단이 건강에 도움이 되기는커녕 해롭다면 말이다.

- **수분 섭취.** 전문가들은 우리가 영양 결핍이 아니라 수분 부족에 시달리고 있다고 말한다. 우리는 물을 충분히 마시지 않는다. 마신다고 해도 설탕이나 인공 감미료가 들어간 음료들이다. 하루에 물은 8잔 마시라는 얘기를 많이 들었을 것이다. 물가 상승에 맞춰 이제는 그 권장량이 여성은 11잔, 남성은 16잔으로 증가했다. 연구에 따르면, 적절한 양의 물을 마시면 뇌 기능, 기분, 수면의 질이 향상된다.

당신이 자신의 몸을 대하는 방식은 어떤가? 성공적인 삶을 뒷받침하고 있는가? 이제는 진짜로 개인 트레이너와 운동해야 할 때일지도 모른다. 매주 한 번 더 초록 채소를 먹거나 매일 물을 한두 잔 더 마시는 것부터 시작하는 건 어떨까?

5. 좋지 않은 관계를 끊지 못하는 것

불평불만이 많고 매사에 부정적인 사람들('데비 다우너Debbie Downers'라고 부른다)과 어울리면서 왜 삶에 활력이 부족한지 의아해하고 있진 않은가? 이들은 독감보다 더 전염성이 강하다. '사회적 전염social contagion'은 실제로 존재한다. 사회학자들은 친구들이 우리의 행복, 외로움, 우울증, 비만, 이혼, 흡연 습관, 음주량, 협동심, 책과 음악, 영화 취향에까지 영향을 미친다는 연구 결과를 발표했으며, 이처럼 우리가 누구와 시간을 보내느냐에 따라 삶의 방식이 달라질 수 있다.

감정은 관계를 통해 퍼져 나가며, 심지어 몇 관계를 거쳐서도 영향을 미칠 수 있다. 만약 당신의 배우자, 가족, 친구들이 활력 넘치는 삶의 롤모델이 아니라면, 나의 솔직한 조언은 '그들과 모두 손절하라'는 것이다. (물론 농담이다.) 하지만 우리 삶의 주도권은 결국 우리 스스로가 쥐고 있다. 활력 있는 삶을 살기 위해서는 우리를 지치게 만드는 사람들과 보내는 시간을 줄이고, 생동감 넘치는 사람들과 더 많은 시간을 보내는 것이 중요하다. 우리 삶에서 기쁨을 빼앗아가는 사람들은 실제로 우리의 활력도 앗아간다. 결국, 그 관계를 조정할 것인지, 그대로 둘 것인지는 각자의 선택에 달려 있다.

앞서 소개한 '셰이의 원Shay's circle'을 떠올려보자. 당신 삶의 원 안에 두고 싶은 사람과 외부에 둘 사람을 구분하는 것 말이다. 외부에 둘 사람들과 완전히 관계를 끊을 수 없다면, 함께 보내는 시간이라도 줄여야 한다.

나의 어떤 고객은 친구들과 지인들이 먼저 연락해서 커피나 점심, 술자리를 제안하면 그냥 흘러가는 대로 따라다니며 시간을 보내곤 했다. 하지만 그런 만남은 에너지를 빼앗아갔다. 그녀는 이후 자신에게 활력을 주는 친구들과 적극적으로 시간을 보내기 시작했고, 에너지를 빼앗는 친구들을 만날 시간은 자연스럽게 없어졌다.

또 다른 고객은 새로운 경험을 꺼리는 배우자 때문에 답답함을 느끼고 있었다. 새로운 장소? 싫어. 새로운 취미? 싫은데. 새로운 음식은? 싫어. 그녀는 "에티오피아 음식점에 한 번 가보자"고 말했지만 거절당했다. 그러자 이번에는 미리 준비한 대답으로 응수했다. "사랑해, 그리고 당신은 오늘 밤 피자를 주문해야 할 것 같아. 난 나와 데이트하러 가서 에티오피아 음식을 먹을 거니까." 그녀는 혼자 식사하며 가져간 책을 읽고 즐거운 시간을 보냈다.

또 다른 고객은 여름에 친구들이 로드 트립을 함께 가지 않는다고 하자 그냥 혼자 여행을 떠났다. 그는 박물관에 가고 여유 있게 산책하며, 밤에는 호텔 방에서 영화를 보면서 아주 즐거운 시간을 보냈다.

몇 년 전 한 고객은 도자기 수업을 듣고 싶었지만, 아내는 관심이 없었다. 그는 그냥 집에 있을지 혼자라도 갈지 고민하다가 결국 혼자 등록했다. 그리고 정말 열정적으로 참여했다. 그는 물레를 사서 자신의 집 지하실에서 그릇을 돌리기 시작했다. 재밌게도 그의 아내 역시 점차 흥미를 느껴서 직접 만들어보기도 했다. 결국 그는 새로운 취미에 빠져 도예를 그만두었지만, 아내는 도예를 계속하고 있다고 한다.

다음의 질문들에 대해 생각해보라. 누구와 보내는 시간을 줄여야 부정적인 감정을 피할 수 있을까? 혼자서라도 즐길 수 있는 활동에는 무엇이 있을까? 굳이 활력을 빼앗는 기생충 같은 사람들을 완전히 삶에서 없앨 필요는 없지만(특히 가족이라면), 그런 사람들 속에서도 활력 있는 삶을 지켜 나가야 한다.

6. 늘 똑같은 루틴과 습관

다시 한번 강조하지만 루틴과 습관은 우리를 무기력하게 만드는 주범이다. 매번 똑같은 운동을 하고 있진 않은가? 매일 아침 똑같은 피넛버터를 바른 잼 토스트를 먹고 있나? 늘 같은 콘텐츠를 스크롤하고 있는가? 매주 일요일 친구들과 똑같은 브런치 코스를 즐기고 있나? 회사에서 점심에 팀원들과 늘 똑같이 음식을 나눠 먹는가?

이 모든 것이 일상에 활력을 불어넣기 위해 변화를 시도할 수 있는 아주 좋은 기회가 될 수 있다.

지금까지 느리지만 꾸준히 활력을 빼앗기는 일을 '멈추기' 위해서 하지 말아야 할 일들에 대해 이야기했다. 위의 목록에서 눈에 띄는 것이 하나라도 있으면, 메모하라. 그리고 더 나은 삶을 위해 즉시 행동하라. 지금 당장 휴가를 계획하는 건 어떨까?

활기차게 사는 9가지 방법

이제 우리 삶의 활력을 빼앗는 요소들을 제거했으니, 활기찬 삶을 살기 위해 할 수 있는 긍정적인 행동에 주목할 때다. 생기 넘치게 사는 사람들은 우리가 하지 않는 어떤 일을 하고 있을까? 다음은 연구를 기반으로 하면서 고객 경험을 통해 검증된 9가지 아이디어다.

1. 당신이 가치 있게 여기는 일을 하라

긍정심리학에 따르면 개인적으로 가치 있게 여기는 활동을 통해 삶에 적극적으로 참여할 때 행복감이 높아진다.

나의 한 고객은 시 창작을 매우 중요하게 생각했지만 20년 동안 시를 쓰지 않았다고 고백했다. 그러나 그녀는 다시 시를 쓰기 시작하면서 인생에서 엄청난 기쁨을 발견했다. 이 한 가지 변화를 통해 삶의 '활력 스위치'를 켰다고 느꼈다는 것이다. 시를 쓰는 일이 그녀의 일인 회계 업무로는 충족될 수 없었던 창의적 욕구를 만족시켜 주었기 때문이다.

또 다른 고객은 건강을 매우 중요하게 여겼지만, 현실의 행동은 전혀 그렇지 못했고, 아이들이 생긴 이후로는 더욱 그랬다고 인정하며 아쉬워했다. 그녀는 삶의 질을 향상시키기 위해 저녁 식사 전 걷기를 시작하고, 일주일에 쿠키를 7개 줄이기로 결심했다.

당신은 삶에서 무엇에 가치를 두고 있는가? 실제로 당신이 중요하게 여기는 것들을 존중하며 삶에 참여하고 있는가? 자연 속에서 하이킹을 하거나, 청소년의 고민을 상담해주고, 고객의 성공을 돕는 일들처럼, 당신의 삶에 활기를 불어넣는 소중한 활동은 무엇인가?

2. 많이 움직여라

활기찬 사람들은 에너지가 넘치고, 열정적이며, 잘 앉아 있지 않는다는 사실을 눈치 챈 적이 있는가? 이것이 바로 우리가 추구하는 모습이다.

예를 들어, 나의 고모할머니는 90대의 나이에도 눈에 띌 정도로 활기차고 생기가 넘친다. 노인복지센터에서 탭댄스 수업이라도 한다면 당장이라도 달려가서 춤을 출 기세다. 그녀는 마치 중력을 거스르는 듯한 에너지를 보여준다. 우리 모두가 그녀만큼 활기차게 살 수는 없겠지만, 우리 삶에 조금이라도 더 활동적인 에너지를 더할 방법은 찾을 수 있다.

관성은 실제로 존재한다. 소파에 누워 재방송을 보고 있는 몸은 계속 소파에 있고 싶어 한다. 반면 움직이는 몸(가게로 걸어가기, 저녁 준비하면서 춤추기, 직장에서 걸으며 회의하기, 자주 청소기 돌리기 등)은 계속 움직인다. 꿀팁: 일어나서 움직일 에너지가 없다고 느낄 때, 바로 그때야말로 일어나서 움직일 가장 좋은 때이다.

3. 활기찬 롤모델을 따라 하라

당신이 알고 있는 사람 중에서 정말 생기가 넘치는 사람을 떠올려보라. 나는 고모할머니가 떠오른다. 그녀는 매우 사교적이고, 신체적으로 활동적이며, 취미와 활동을 즐긴다. 지루한 사람이란 표현은 그녀에게 가장 어울리지 않는 말이다. 나는 내성적이라서 고모처럼 활력 넘치게 살 수 없겠지만, 활기찬 삶의 모델을 상상할 때면 그녀를 마음속에 떠올린다.

내가 진행했던 워크숍의 한 참석자는, 자신이 아는 가장 활력 넘치는 사람 3명의 특징을 모아 '활력 프로필Vitality Profile'을 만들었다. "제 딸은 새로운 것을 시도하는 데 뛰어나요. 그래서 딸의 특성을 목록에 포함시켰어요. 제 가장 친한 친구는 매우 활동적이라서 그 친구도 포함시켰어요. 저희 회사의 CEO는 가치관과 행동을 일치시키는 데 놀라운 능력이 있어서 추가했습니다." 이렇게 만들어진 프로필은 그녀가 보다 생기 있게 사는 데 영감을 주었다.

당신이 활력을 조금이라도 끌어올리기 위해 본받을 수 있는 사람은 누가 있을까? 가까운 사람들 중에 그런 사람을 찾을 수 없다면, 하루가 5,000시간인 것처럼 쓰는, 존경하는 유명인이나 기업가, 또는 성공 스토리의 주인공을 찾아보자. 그들의 전기나 팟캐스트 인터뷰가 좋은 시작점이 될 수 있다. 그리고 그들이 살고 있는 방식이 마음에 든다면, 한 번 따라해보라.

4. 많이 놀아라

'정신적으로 매우 건강한' 많은 사람들은 '노는 법'을 잘 알고 있다. 이들은 놀이가 단순히 재미있는 활동 그 이상이라는 수많은 과학적 연구 결과를 잘 활용한다. 놀이는 뇌 기능을 향상시키고, 기억력과 비판적 사고를 개선하며, 창의력을 자극하고 스트레스를 줄여주며, 젊음을 유지시킨다. 놀이의 정의를 명확히 말하자면, 보드 게임이나 스포츠처럼 규칙을 따르는 의식적인 활동이 포함될 수 있다. 그림 그리기, 제스처 게임, 즉흥 연기 수업 같은 상상력이 필요한 놀이도 포함될 수 있다. 롤러코스터 타기, 트램폴린 타기, 서핑처럼 몸을 움직이거나 중력에 도전하는 활동이 포함될 수 있다. 그리고 보물찾기, 눈싸움, 대형 젠가 게임, 요새 만들기처럼, 어린 시절을 떠올릴 수 있는 모든 놀이도 해당된다.

놀이야말로 진지한 일이다. 나와 함께 일하는 한 리더십 팀은, 매 회의 시작 전 10분간 놀이 시간을 갖는다. 두뇌 게임을 하거나, 그림 보고 단어 맞추기, 심지어 트위스터를 한 판 하기도 한다. 그리고 난 후 회의의 나머지 50분은 더 많은 에너지와 개방성, 열정을 갖고 회의에 임한다.

만약 놀이를 시간 낭비로 생각한다면, 자기 자신에게 하는 말, 즉 모든 것을 판단하려는 그 목소리를 바꿔야 할지도 모른다. 휴식과 재미를 위한 시간은 낭비가 아니라고 말하라. 이제 당신의 일상에 놀이와 재미를 허락하라.

5. 원활한 사회적 관계를 유지하라

당신이 좋아하거나 흥미를 느끼는 사람과 함께 있을 때 얻는 에너지를 생각해보라(이미 삶에서 배제된 부정적인 사람들은 제외하고). 우리가 원하는 것이 바로 타인에게서 긍정적인 에너지를 얻는 것이다.

연구에 따르면, 다른 사람들과의 좋은 관계는 삶의 만족도와 정서적 만족감에 있어 가장 중요한 요소 중 하나다. 이는 나이나 문화와 관계없이 모두에게 마찬가지다. 또 다른 연구의 결과는 더 놀라웠다. 사회적 관계가 좋은 사람들은 생존 확률이 50% 증가한다는 것이다. 이 연구는 148개의 독립적인 연구 데이터를 종합한 결과로, 약 30만 명을 7.5년 동안 추적 관찰한 결과이기에 신뢰도가 매우 높다.

또한, 연구진은 직장에서의 인간관계와 활력 사이의 연결고리도 찾아냈다. 회사에서 '양질의 관계', 즉 상호 긍정적인 존중, 적극적인 참여, 신뢰를 중심으로 형성된 관계는 일상에 활력을 불어넣고, 주어진 중요한 임무가 무엇이든 수행할 열정을 생성한다. 나와 함께 일하고 있는 한 리더는 팀원들이 비공식적인 30분의 대화를 통해 서로를 알아가도록 하는 '커피 챗' 문화를 만들었다. 그가 단순히 카푸치노를 좋아해서가 아니라, 팀원들이 서로를 잘 알게 되면 'ROI(투자 대비 수익)'가 높아진다는 것을 직접 경험했기 때문이다. 마케팅팀의 민디가 프로젝트에서 실수했을 때, 그녀의 자녀들이 티볼을 하는 사진을 본 적이 있는 동료들은 민디에게 조금 더 너그러워질 가능성이 높다. 활력이 높은 직장인의 79%는 회사에서 '동료들과 연결되어 있다고 느낀다'고 답한 반면, 활력이 낮은 직장인은 12%만이 그렇다고 대답했다. 이러한 차이는 직장 내 인간관계가 업무 만족도뿐만 아니라, 전반적인 삶의 질에도 영향을 미친다는 점을 시사한다.

나이가 들수록 친구의 수는 줄어든다. 중년에 이르면 보통 가까운 친구가 5명 정도 남게 되며, 나이가 들수록 친구들과 보내는 시간이 점점 줄어든다. 성인이 된 이후에는 친구와 보내는 시간이 전체 시간의 10%도 되지 않으며, 이는 인생을 돌아볼 때 가장 후회하는 요소 중 하나로 꼽힌다. 하지만 우리는 지금이라도 이 기회를 살릴 수 있다.

내가 진행하는 일부 워크숍에서는 참가자들에게 스마트폰 연락처를 열어 자신에게 긍정적인 에너지를 주는 사람을 찾아보라고 요청한다. 대부분의 참가자가 그들과 충분한 시간을 보내지 못하고 있다는 사실을 인정한다. 당신의 '나를 밝게 해주는 사람' 리스트에는 누가 있는가? 오늘 그들과 연락을 시도해보자. 만나자고 약속을 잡거나, 연락을 끊었던 친구에게 다시 연락할 수도 있을 것이다. 지금 당장 사랑을 담은 메시지를 보내고 싶은 사람은 누구인가? '사랑해'라든지, '생각나서 연락했어', '네가 내 친구라서 기뻐'처럼, 지금 당장 사랑을 표현하는 문자를 보내거나 그냥 이모티콘을 보내는 것도 좋을 것이다.

6. 모든 감각을 적극적으로 사용하라

활력의 정의에는 심리적 요인과 신체적 요인이 모두 포함된다. 간단히 말해 살아 있다는 것은 완전히 감각적인 경험이고, 초 활력을 갖는다는 것은 우리의 모든 감정을 정기적으로 자극한다 는 의미이다.

나는 한때 삶에서 활기를 잃어버린 여성과 일한 적이 있었다. 그녀는 "열정이 다 사라져 버렸다"면서 하루하루가 지루하다고 털어났다. 그 후 그녀는 모든 감각을 열고 자신이 좋아하는 것을 적극적으로 찾기 시작했다. 우선 이전에는 자주 경험했던 것들, 예를 들어 예전에 하이킹을 갔던 숲속의 나무 냄새, 예전에 구웠던 오트밀 쿠키의 맛, 거실의 '장식용' 소품으로만 두었던 인조 모피 쿠션의 촉감 같은 것들이 떠올랐다. 그녀는 이 목록을 감각별로 정리하고, 그중 몇 가지를 골라 삶에 적용해보기로 했다. 친구와 함께 숲속으로 하이킹 가는 날짜를 정하고, 매달 한두 번은 꼭 가기로 했다. 또한 쿠키를 자주 굽고(쿠키는 대부분 나눠준다. 쿠키 냄새를 맡고, 맛을 보며, 넉넉한 마음을 느끼는 것만으로도 균형을 유지할 수 있다), 인조 모피를 여러 색상으로 주문해 그중 다섯 가지 색으로 쿠션을 만들어 사용하고 있다. 단순히 장식용이 아니라 실제로 사용하고 '느끼기' 위한 것이다. 그녀는 더 많은 감각을 경험하게 되면서 덕분에 훨씬 더 생생히 살아 있다는 기분을 느끼고 있다고 말한다.

내가 아는 또 다른 한 여성(이 책의 사랑스러운 편집자일수도 있고 아닐 수도 있는)은 강아지와 산책할 때, 나무껍질을 만지면서 스트레스를 해소한다. "그냥 나무껍질을 만지면서 감촉을 느끼고, 나뭇잎의 초록색을 봐요. 그 순간 바로 평온해져요." 행복과 관련된 연구들에 따르면, 야외에서 시간을 보내는 것은 우리의 건강과 행복을 높이는 가장 빠른 방법 중 하나다. 그 이유는 자연이 우리의 여러 감각들을 자극하기 때문이다. 자연은 우리의 기분과 정신 건강을 개선하고, 스트레스와 심박수, 혈압을 낮추며, 몸을 움직이게 한다.

공원에서 운동을 하지 않고 그저 20분의 시간을 보내는 것만으로도 충분히 행복감을 느낄 수 있다. 맨해튼에 사는 나의 고객은 강아지를 데리고 도심의 복잡하고 소란스러운 거리를 지나 공원까지 걸어간다. 그곳에서 걷고, 앉고, 숨을 쉬며, 천천히 걷는다. 그 작은 자연의 일부가 그녀를 집중시키고 새로운 활력을 가지고 일터로 돌아갈 수 있게 해준다. 그녀는 가능한 한 많은 날을 이렇게 보내려고 노력한다.

당신은 어떤 감각을 활성화해야 할까? 최근에 인도의 마살라 향신료 같은 새로운 맛에 도전해본 적은 언제였나? 호숫가나 좋아하는 빵집 앞에서처럼, 좋아하는 장소의 냄새를 깊게 맡아본 적이 있는가? 일부러 부드러운 꽃잎이나 반려동물의 귀를 만져본 적이 있는가? 혹은 멋진 예술 작품이나 건축물, 심지어 거리의 사람들을 바라본 적이 있는가?

7. 끊임없이 호기심을 가져라

삶을 활기차게 사는 사람들은 공통적으로 호기심이 많다. 그들은 뉴스, 이웃, 기후 변화, 예술은 물론이고 연예인이나 다른 사람들의 삶에서 무슨 일이 일어나고 있는지 알고 싶어 한다. 무엇인가를 궁금해한다는 것은 좋은 일이다. 늘 새로운 정보를 찾고 배우려는 태도는 우리의 사고를 신선하게 유지하고, 현재에 집중하며 살아 있다는 느낌을 받게 만든다.

연구자들은 이 문제에 대해 뭐라고 말하는지 살펴보자. "꾸준히 호기심을 유지하고, 일상에서 새로움, 불확실성, 도전과 같은 피할 수 없는 요소들을 기꺼이 받아들이는 사람들은 호기심이 적은 사람들에 비해 더 충만한 삶을 살아가는 데 유리합니다."

그렇다면 새로운 것을 알아낼 기회는 어디에 있을까? 평소 관심이 없던 사람의 자서전을 읽어보는 건 어떨까? 평소에 즐겨보던 뉴스 채널과 다른 편향을 가진 뉴스 채널을 시청해보는 건? 자신감이 없어서 평소 멀리했던 분야의 강좌를 듣는 건? 평소에 다니던 익숙한 길이 아닌 다른 길로 가보는 것도 좋겠다.

8. 적극적으로, 때로는 공격적으로 삶을 추구하라

수동적으로 살지 말고, 능동적으로 살라는 뜻이다. 열정의 불길은 저절로 타오르지 않는다. 불씨도 필요하고 직접 불을 지피기도 해야 한다.

나는 이 사실을 몇 년 전에 힘들게 배웠다. 그 당시 나는 직장에 갇힌 듯한 기분이 들었다. 회사를 그만두고 싶었지만 어떻게 해야 할지 몰라 두려워하고 있었다. 무언가 저절로 해결되기를, 매력적인 또 다른 직업이 알아서 찾아오기를 바랐다. 하지만 어떤 이유에서인지 아무도 나를 사무실에서 끌어내어, 행복한 직업이 있는 신비로운 땅에 앉혀 주지 않았다. 그래서 직접 행동해야 했고, 새로운 직업을 탐색하는 일에 진지하게 매달렸다. 기꺼이 실패하고 허우적거릴 각오를 해야 하는 그 위험 속에서만이, 우리는 종종 우리를 빛나게 하는 것을 발견할 수 있다.

9. 의도적으로 여유로운 삶을 살아라

활력이 넘치는 사람들은 새로운 취미를 시작하거나 잊고 지냈던 취미를 다시 시작하는 데 있어 허락을 기다리지 않는다. 휴식을 취할지 말지 고민하지도 않는다. 이것을 일하는 태도와 혼동해서는 안 된다. 활력 넘치는 사람들도 성실히 일하는 사람들이지만, 그들은 열심히 일하고 열심히 즐기며 여가 활동에 시간을 투자하는 것을 부끄러워하지 않는다.

연구에 따르면, 우리가 여가에 할애하는 시간은 삶의 만족도와 강한 상관관계를 보인다. 또한 '시간의 풍요로움time afflu-ence', 즉 우리가 진정으로 의미 있다고 여기는 활동에 참여할 수 있는 충분한 시간이 있다는 느낌은 주관적인 행복감과도 긍정적인 연관이 있다. 진지한 여가 활동을 추구하는 사람들은 도전과 기술의 균형을 효과적으로 유지하며, 몰입flow이라는 최적의 경험을 만끽할 수 있다. 몰입이란 완전히 빠져드는 심리적 상태로, 높은 집중도가 요구되는 활동과 관련이 있다.

2021년 기준으로 성인은 하루 평균 5.3시간을 TV시청, 사교적 교류, 운동 같은 여가 및 스포츠 활동에 사용했다. 하지만 앞서 언급했듯이 TV가 이 시간의 54%를 차지한다. 그렇다면 TV 시청 시간을 줄이지 않더라도, 잠을 자고 일하는 시간을 제외하고 남는 소중한 이 몇 시간을 당신은 어떻게 보내고 싶은 가? 여가 시간을 단 9%라도 늘린다면 당신의 삶은 어떻게 달라질지 궁금하지 않은가.

어른도 취미가 필요하다

어른들에게 취미를 물어보면, 아마도 멍한 표정과 함께 아련한 눈빛을 볼 수 있을 것이다. 우리는 책임 있는 성인이 되면서 마치 통과의례인 것처럼 취미를 없앤다. 예전에는 시간을 내서 읽고 직접 써보기도 했던 책을 책장 어딘가에 넣어두고 까맣게 잊어버린다. 한때 호기롭게 시작했던 바이올린은 케이스에 담겨 옷장 아래 보이지 않는 곳에 넣어둔다. 보이지 않으니 마음에서도 멀어진다. 피겨 스케이트는 '나는 할 시간이 없지만 누군가는 이걸로 정말 재미있게 놀겠지' 하는 마음으로 당근에 팔았다. 책임감 있는 성인에게 트리플 악셀을 익힐 시간은 없으니! 파스타를 만들 때 쓰는 롤러도 플리마켓에서 팔아버렸고, 물감은 말라붙었으며, 붓은 끝이 다 닳도록 내버려뒀다.

왜 우리는 이렇듯 취미를 잃어버렸을까? 우리는 40시간 이상의 주간 근무에, 회사 승진도 신경 써야 하고, 아이들과 반려거북이도 돌봐야 한다. 가끔 마당 청소도 하고 오일도 교환하느라 너무 바쁘다. 다른 일들을 우선시하다 보니 재미와 여가가 행복한 삶의 필수 요소라는 사실을 까맣게 잊어버린 것이다. 하지만 많은 연구 결과들은 반복적으로 말한다. 취미가 있는 사람들은 스트레스와 우울감을 덜 느끼고, 삶에 더 만족하고 몰입한다는 것을. 이제 취미를 되살릴 때다.

- **오래된 취미를 되살려라.** 2003년에 파란띠까지 따고 그만둔 주짓수를 다시 배우고 싶은가? 그럼 바로 시작하라. 이 책을 읽는 것을 멈추고, 근처에 주짓수 도장이 있는지 알아보라.
- **새로운 취미를 상상하고 시도해보라.** 뜨개질에 관심이 있는가? 초보자 키트를 구매하라. 케이크 장식에 조금이라도 관심이 있는가? 유튜브에서 방법을 찾아보고 배워보라. 그 다음 자신을 위해 기념 케이크를 만들어보라. 75세인 내 고객은 매달 한 가지 새로운 일에 도전했는데, 결국 승마라는 취미에 빠지게 되었다.
- **취미에 시간과 돈을 투자하라.** 취미를 위해 돈을 쓰는 것은 삶의 만족도를 높여준다. 연구에 따르면 경험을 구매했을 때 더 큰 행복을 느낀다. '주말 블로깅 부트캠프'나 '스시 만들기' 쿠킹 클래스처럼, 경험을 구매한 사람들은 물건을 산 사람들보다 더 많은 행복을 느낀다고 한다. 경험은 그것을 기대할 때나, 참여한 후에도 추억하며 계속해서 즐길 수 있기 때문이다.
- **다른 사람의 취미를 따라 하라.** 친구가 비누 만들기에 대해 계속 이야기하는데 별로 거슬리지 않는다면? 한번 시도해보라. 반려자가 사격에 빠졌는데, 당신도 해보고 싶은가? 그럼 한 번 시도해보라. 당신이 좋아하는 사람들의 취미를 따라할 때 그것을

좋아할 가능성이 높아진다. 그들의 취미에서 영감을 얻어보라.

- **지금 당장 등록하라.** 시작도 하기 전에 이런저런 핑계대지 말고 바로 시작하라. 몇 년 전 나는 양궁 수업을 예약했다. 이미 약속을 해버린 데다, 전쟁 참전 용사였던 강사를 실망시키고 싶지 않아 어쩔 수 없이 수업에 갔다. 그런데 그 수업이 정말 마음에 들었다!

- **재미없는 취미는 빨리 버려라.** 비싼 골프채를 샀다고 해서 그것을 계속해야 한다는 책임감에 사로잡히지 마라. 취미는 즐기면서 행복해야지, 의무감과 속박을 느껴서는 안 된다. 비누 만들기가 맞지 않으면 비누 만들기 재료는 기부하고, 당신을 설레게 하는 새로운 취미를 찾아라. 그리고 취미에 대한 관심이 생겼다가 사라진다고 해도 신경 쓰지 마라. 좋아했다가도 관심이 사라질 수 있다. 그렇다고 당신이 변덕스러운 게 아니다. 항상 새로운 일을 시도하려는 열린 마음이 있다면, 호기심을 유지하고 새로운 경험을 해볼 수 있다는 뜻이다.

- **시간을 확보하라.** 단 한 시간이라도 좋다. 일주일에 한 시간을 취미 활동에 투자하는 것만으로도 즐거움을 느끼고, 주변의 혼란에서 벗어나며, 무언가를 이루거나 만들었다는 느낌을 받을 수 있다. 예전에 한 고객은 헤비메탈 콘서트에 참석하려고 휴일에 여행을 떠나는 모습을 나에게 사진과 문자로 보내곤 했다. 그의 바쁜 회사 생활에서 커다란 즐거움을 주는 원천이었다. 뭐라고? 일주일에 한 시간도 없다고? 좀 의심스럽긴 하지만 이해한다. 만약 한 시간이 불가능하면 15분은 어떤가?

- **두려워하지 마라.** 크게 성공한 많은 사람들을 보면, 취미를 다시 시작할 때 겪는 시행착오를 그다지 좋아하지 않는다. 20년 만에 처음으로 다시 골프장에 갔다면 분명 제대로 치지 못할 수밖에 없다. 피아노를 예전처럼 능숙하게 치지 못할 테고, 달리기도 예전처럼 빠르게 뛰지 못할 것이다. 스케치하는 것도 쉽지 않을 것이다. 스티브 잡스Steve Jobs가 했던 말을 기억하라. "항상 갈망하라. 항상 바보처럼 우직하라. 새로운 아이디어, 새로운 경험, 새로운 모험을 향한 열정을 잃지 마라." '바보처럼' 이라는 말은 초심자의 마음가짐을 갖고 완벽하지 않은 상태를 즐기는 것을 의미한다.

성장 마인드셋을 선택하라

삶을 확장하려면 실패를 자신의 한계로 보고 부끄러워하는 '고정 마인드셋Fixed Mindset'에서 벗어나, 실패를 배우고 성장할 기회로 여기는 '성장 마인드셋Growth Mindset'으로 전환해야 한다.

나는 때때로 미술 작업을 하려고 할 때 물감을 꺼내는 걸 망설이곤 한다. 상상 속 미술대회에서 수상하지 못할까 봐 기분이 내키지 않기 때문이다. 이런 순간에는 스스로를 멈춰 세우고, 경직된 태도에서 벗어나 "나는 지금 성장을 선택할 것인가, 아니면 정체를 선택할 것인가?"라는 질문을 던져야 한다. 그러고 나서 능동적으로 성장을 선택해야 한다.

시간은 유한하지만, 살아 있는 동안 우리의 에너지와 경험은 확장될 수 있다. 취미를 시작하는 것은 그 어느 때보다 쉬워졌다. 다만, 시간을 낼 수 있도록 스스로 허락하고, 그것에 행복에 대한 투자 대비 수익(ROI)이 있음을 인지하며, 삶을 조금 더 넓게 살아가야 한다.

재미있고, 몰입되며, 매력적이고, 도전적이지만 좌절감을 주지 않을 정도로 적절히 어려운 취미를 찾아보자. 스스로 생동감 넘치는 삶을 즐겨보자.

삶을 더 신나게 만드는 방법

나는 조금 인위적이더라도 '신나게 살 이유'를 만들어내자고 제안한다. 그리고 정기적으로 이런 일을 꾸며 활력을 더하는 방식으로 우리 삶을 즐기자고 주장한다.

예를 들어, 나는 매년 333일째 되는 날을 축하한다. 내가 3이라는 숫자를 좋아하기 때문이기도 하지만, 그날을 기대하며 재미있는 계획을 세울 핑계가 생기고, 실제로 계획을 실행할 날이 필요하기 때문이다. (최근의 333일째 되는 날에는, 집에서 도넛 가게까지 달리기를 계획했고, 그곳에는 내가 미리 주문해둔 스프링클이 듬뿍 뿌려진 도넛이 담긴 봉지가 기다리고 있었다. 그날의 나머지 일정도 꼼꼼히 계획했는데, 소파에 앉아 저녁으로 라면을 먹으며 90년대 영화를 보았다.)

의미 있는 삶은 저절로 생기지 않는다. 우리가 그것을 직접 설계해야 한다. 그러한 사실에 대한 실망감을 받아들인 후에야 비로소 진짜로 의미 있는 삶을 살아갈 수 있다.

당신도 당신이 만든 기념일을 즐길 수 있다. 여기 엉뚱하게 만든 재미있는 하루를 무작위로 뽑아본 목록이 있다.

- **1년 중 낮이 가장 긴 날.** 여름의 하지는 1년 중 해가 제일 긴 날 이다. 이는 우리에게 추가로 주어진 햇살을 음미하거나 길어진 낮 시간을 낭비할 수 있다는 뜻이다. 해가 뜨는 순간부터 지는 순간까지 정신없이 빠르게 진행되는 하루를 계획해보라(또는 그냥 평범한 사람처럼 자신의 속도대로 천천히 즐겨도 된다).

- **1년 중 낮이 가장 짧은 날.** 반면에 동지는 해가 너무 짧아서 인 기가 없을지도 모른다. 대부분의 사람들이 '이제 6시만 돼도 너 무 어두워'라며 투덜대고 있을 때, '내일부터는 낮이 점점 길어 질거야' 하고 파티라도 여는 건 어떨까? 긍정적으로 살자!

- **월요일 저녁 데이트 나이트.** 우리 집에서는 매주 월요일 저녁이 데이트 나이트이다. 월요일의 우울함을 떨쳐내기 위한 작은 의 식으로, 남편과 나는 일주일 중 가장 우울한 이 날에 뭔가 기대 할 만한 것이 필요했다. 우리는 남은 와인을 한 잔씩 들고 즐 겁게 건배를 외치고, 미리 계획한 간단한 식사를 하고, 26년을 함께한 사람들에게 걸맞은 데이트를 즐긴다(주로 HBO를 보고 HGTV(인테리어 전문 프로그램)로 상쾌하게 마무리).

- **첫 데이트 기념일.** 그날을 마음껏 축하하라! 사랑의 씨앗이 뿌

려졌던 날이니까! 가능하다면 그 데이트를 다시 재현해보라.

- **절반 생일.** 누군가에게 반쪽짜리 케이크와 반쪽짜리 선물을 주며 깜짝 생일파티를 하라!

- **절반 생애.** 이건 완전히 실패로 끝나긴 했다. 남편이 38.1세가 되던 날, 저녁 식사에 초대했다. 그 당시 남성의 평균 수명이 76.2세였기 때문이다. 남편에게 줄 '절반 생애'를 위한 생일 카드를 찾기가 좀 힘들었지만, 결국 준비하긴 했다. 나는 제법 사려 깊은 이벤트라고 생각했지만, 남편은 좀 애매한 반응을 보였다. 이 축하의 대상은 신중하게 선택하라.

- **윤년의 날.** 인생에서 추가적인 시간을 얻는 데 집착하는 한 여성에게 2월 29일은 매년 돌아오는 생일보다 4배 더 흥미롭다. 4년에 한 번씩 보너스로 찾아오는 날인 만큼, 꼭 기념해야 하는 날이다! 다음 월요일에 윤년이 돌아오는 해는 2044년이다. 너무 기대된다! 그때까지 절대 죽지 말자.

- **작은 성과 축하.** 크게 축하할 만한 일이 있는 것도 좋지만, 그런 일은 너무 드물다. 작은 성과를 축하하는 건 어떨까? 한 고객은 대학원에서 열심히 공부하고 있었는데, 7주간의 수업이 끝날 때마다 집에서 샴페인을 터뜨리며 축하 파티를 열었다. 그녀의 아이들은 두꺼운 종이로 그녀가 학위를 받기까지의 카운트다운을 적은 표지판을 만들기도 했다. 그 특별한 저녁을 상상하며 그녀는 밤늦게까지 연구 논문을 쓰면서도 버틸 수 있었다.

- **무작위 평일.** 2월 셋째 주 화요일을 기념하는 건 어떤가? 혹은 별다를 것 없는 한 주 중 임의로 목요일을 기념하는 건? 나의

멘토였던 배리는 암 환자들을 상담하던 사람이라, '메멘토 모리' 정신을 누구보다 잘 알고 있었다. 그가 언젠가 이런 말을 했다. "특별한 날에만 좋은 것을 하려고 아껴두지 마세요. (즉, 옛날에 일요일에 가장 좋은 옷을 차려입고 교회에 가는 것처럼)오늘 그 자체가 선물이고 특별한 날이라는 사실을 기억하세요. 진짜 은식기를 사용하고, 좋은 테이블보를 깔고, 1990년산 빈티지 레드 보르도 와인을 드세요." 여기서 핵심은 무엇일까? 우리가 살아 있는 매일이 특별한 날이라는 거다.

• **엉뚱한 날들.** 나는 매년 1월에 바보 같지만 눈에 띄는 '놓치지 말아야 할' 날을 일정표에 가득 표시한다. 예를 들어 4월 첫 번째 목요일은 전국 부리토의 날이고, 7월 31일은 희귀 악기 인식의 날이다. 이 날은 피콜로 연주자 친구들과 축하 공연을 열 수도 있지 않을까?

연구에 따르면, 기대할 만한 무언가가 있으면 행복감이 높아진다. 또한 축하할 만한 순간을 즐기고 특별히 감사함을 표현하면, 낙관주의와 회복력을 키울 수 있다.

더 활기차게 살기 위한 평계를 만들어내는 것은, 단순히 재미를 넘어 과학적으로도 좋은 일이다. 그리고 부조리한 삶이 계속되는 상황에서 우리 모두에게는 기대할 수 있는 흥미로운 무언가가 필요하다.

활력 찾기 챌린지

활력 파티에서 숙제가 있는 게 좀 비정상적일 수 있겠지만, 재미있는 프로젝트가 될 거다. 당신에게 권하는 챌린지는 앞으로 14일 동안(즉, 두 번의 월요일)에 삶을 조금 더 넓힐 수 있는 활동을 하는 것이다. 활력을 높이는 방법에 대해 이야기했던 것들 중에서 무엇이든 할 수 있다. 새로운 취미를 시작할 것인가? 아니면 오래된 취미를 다시 시작해보는 건? 활력을 빼앗는 요소를 줄이는 것도 괜찮다. 월요일부터 목요일까지 TV 디톡스를 해보는 건 어떤가? 삶에서 부정적인 에너지를 내뿜는 사람과 손절하는 건? '오늘부터 정확히 8개월 뒤'가 생일이라고 야단법석을 떨고 축하할 수도 있다. 장대높이뛰기 입문 수업을 한 번 들어볼까? 이건 인생의 중대한 결심은 아니다. 그저 당신이 필요할 때 삶에 열정을 더할 수 있다는 것을 스스로에게 보여주는 작은 활동이다.

마지막으로, 우리는 언젠가 죽을 것이라는 사실을 기억하는 것이 우리의 활력과 행동 지향성을 높일 수 있다는 사실을 잊지 말자. 죽음을 의식적으로 인식하면, 우리의 삶에 활력을 더하고 동기를 부여할 수 있다. (그래서 내가 자꾸 남은 월요일을 계산해보라고 말하는 것이다.) 죽음을 생각할 때 느끼는 작은 충격은 보통 더 나은 삶을 살고 싶다는 내적 동기로 이어지며, 그 동기가 활력으로 이어진다. 결국 우리가 삶에서 최대한 살아 있음을 느끼고 싶은 이유는 바로 그 활력 때문이 아닐까?

"활력! 그것이 바로 삶을 추구하는 것이지 않나요?"

캐서린 햅번Katharine Hepburn의 말이 맞다.

우리는 살아 있다는 황홀감을 추구하기 위해 이곳에 있다.

이제 가서 냄비뚜껑을 날릴 정도로 열정을 폭발시켜라!

9장

의미 있게, 더 깊게 살아라

우리는 죽음의 공포만큼이나
무의미한 삶을 두려워한다.

폴 웡Paul Wong

이제 삶에 깊이를 더하는 '의미'에 대해 이야기하려고 한다. 의미
있는 삶이 어떤 모습인지, 가치 있는 삶에 의미를 더하는 것이
왜 중요한지 자세히 알아볼 것이다. 대부분의 사람들은 '폭은 넓
은데 깊이는 얕은' 삶은 그다지 만족스럽지 않다고 느낀다. 앞으
로 몇 페이지 읽고 나면, 당신도 더 넓고 더 깊은 삶을 추구하는
것에 대해 공감하게 될 거라 기대한다. 그런 다음 자신만의 의미
(또는 결핍)를 성찰해보는 시간을 갖고, 삶을 더 깊이 있게 만드는
데 필요한 행동 목록을 소개할 것이다.

의미를 갖고 더 깊이 살아가기

삶은 의미를 담을 때 더 깊어진다. 이는 행복을 이루는 매우 중요한 요소다. 여기에는 남아 있는 월요일에 목적의식을 갖는 것, 우주의 여러 점들을 연결해보며 자신이 여기에 있는 이유와 직장에서 새로운 스프레드시트 탭을 만들고 있는 이유를 찾는 것을 포함한다. 당신의 삶을 깊게 만든다는 것은, 다른 사람들과 연결되고, 자신이 잘하는 일을 하는 것, 더 큰 무언가를 향해 나아가는 태도와 소속감을 느끼고, 타인을 돕고 베푸는 것처럼 좋은 일을 하는 것이다.

현재 당신은 얼마나 목적 있는 삶을 살고 있다고 생각하는가? 일을 할 때 단순히 월급을 받아 멋진 이름이 새겨진 가방을 사는 것 이상의 성취감을 느끼는가? 당신의 하루는 의미로 가득 차 있다고 느끼는가, 아니면 얕고 표면적인 느낌이 드는가? 만약 당신이 죽음을 맞이할 때 삶이 폭은 넓었지만(활력은 넘치지만!) 깊이는 얕다고 느낄 것 같다면, 이제 의미를 채울 수 있도록 해보자.

행복한 삶 vs 의미 있는 삶

웰빙 연구자들과 철학자, 위대한 사상가들은 수년 동안 '행복한 삶'과 '의미 있는 삶'의 차이를 강조했다.

첫 번째는 '쾌락주의적 접근**hedonic approach**'으로, 이는 긍정적인 감정과 활력에 대한 논의에서 다뤘던 거의 모든 것을 통해 쾌락과 행복을 추구하는 방식이다. 삶을 확장시키는 것들을 생각해보라. 이를 테면 새로운 도시를 탐험하거나 훌륭한 마사지를 받고, 또 다른 베이컨의 맛을 느끼는 것과 같은 경험을 통해 삶을 기분 좋게 느끼는 것이다.

두 번째는 '행복을 추구하는 접근eudaimonic approach'으로, 이는 생활 방식이라기보다는 존재 방식에 가깝다고 볼 수 있다. 잠재력을 발휘하고, 지역 사회에 기여하는 것, 즉 훌륭한 인격을 지니고 살아가는 것을 의미한다. 심리학자들은 의미와 몰입을 추구하는 것이, 단순히 쾌락을 추구하는 것보다 더 지속 가능한 삶의 만족도를 높인다고 말한다. 이번 장에서는 행복을 추구하는 접근 방식에 대해 깊이 있게 이야기할 것이다.

의미의 의미

의미란 우리의 삶에 깊이를 더하는 요소이며, 쾌락적 즐거움과 열정으로 가득 찬 삶과 균형을 이루는 반대축이다.

의미는 삶이 본질적으로 가치 있다는 믿음을 준다. 사람들은 종종 자신의 삶이 무엇을 의미하는지, 그리고 그것이 주변과 이 세계와 어떻게 맞물려 있는지 알고 싶어 한다. 그리고 의미는 바로 이러한 질문에 답을 줄 수 있다.

홀로코스트에서 살아남은 심리학자 빅터 프랭클Viktor Frankl(《죽음의 수용소에서》 저자)은 '의미를 향한 의지'가 인간 동기의 중심이라고 표현했다. 이제 질문은 '내가 삶에서 무엇을 기대하는가?'가 아니라 '삶이 내게 무엇을 기대하는가?'가 될 수 있다. 혹은 '내게 주어진 삶의 과업은 무엇인가?'를 물어야 한다.

잠시 숨을 고르고 생각해보자. 의미 있는 삶은, 삶이 우리에게 기대하는 것을 찾고, 그 책임을 받아들이는 과정이다.

말하자면 삶이 '우리에게 기대하는 바'를 파악하는 것이 바로 삶을 의미 있게 만드는 과정이다. 우리가 세상에 어떤 변화를 가져올 수 있는지 탐구하는 것, 자신에게 진정으로 의미 있는 것을 성취하려는 피, 땀, 눈물의 노력, 우리의 다음 소명을 찾는 것, 하늘을 올려다보며 불가사의함에 놀라고, 우리보다 더 큰 무언가와 연결되려는 시도, "내가 정말로 해야 할 일을 하고 있는 걸까?"라고 자기 전에 자문해보는 것, 이 모든 것이 의미를 찾는 과정이다.

삶이 우리에게 기대하는 것을 완벽히 알아내는 것이 중요한 게 아니다. 그보다는 그것을 알아내기 위해 노력하는 과정 자체가 삶의 의미를 만든다. 시간은 흐르고, 우리는 변하며, 우리의 우선순위도 바뀐다. 매 순간 삶이 기대하는 것이 무엇인지 알아야 한다는 압박감을 내려놓을 수 있다는 것이 얼마나 안도감을 주는지 모른다. 그 답을 찾기 위해 적극적으로 애쓰는 것만으로도 충분하지 않을까? 그 순간마다 삶의 의미를 완전히 이해하지 못하더라도, 그 답을 찾기 위해 탐구하고, 시도하며, 긍정적인 방향으로 성장해나가는 것이 중요하다. 의미는 저절로 우리의 무룰에 탁 떨어지지 않는다. 각자 의미를 만들어야 한다. 의미 없는 삶의 공허함을 극복하는 유일한 방법은 용기 있는 행동을 실천하는 것이다.

의미에 관한 연구들

- 연구에 따르면 삶에 의미와 목적이 있으면, 전반적인 행복감과 삶의 만족도가 높아지고, 정신적·신체적 건강이 개선되며, 회복탄력성과 자존감이 향상되고, 우울감이 줄어든다.
- '의미의 위기'(즉, 삶의 의미가 현저히 부족하고 좌절할 정도의 공허함을 느끼는)를 겪는 사람들은 부정적인 감정과 정신 건강 문제를 경험한다.
- 의미 없이 행복한 사람들은, 불행한 스트레스 반응을 보이는 사람들과 유사한 유전자 패턴을 보인다. 의미의 부재는 겉보기에 행복해보이고 건강해보여도 스트레스를 유발하는 것으로 보인다.
- 삶의 목적과 의미가 강한 사람들은 죽음을 잘 받아들이고 긍정적인 태도로 바라본다. 우리가 죽음을 두려워하거나 수용하는 정도는, 삶에서 의미와 목적을 얼마나 잘 찾았느냐와 본질적으로 연결되어 있다.
- 삶에 더 큰 목적과 의미가 있다고 믿는 사람들은 죽음에 대한 전형적인 불안을 극복할 수 있다. 다시 말해, 존재적 의미는 존

재적 절망이나 위기에서도 우리를 지켜준다. 예를 들어 생명을 위협하는 질병을 앓고 있는 목적지향적인 사람들은, 삶에서 더 깊은 의미를 발견하고 자존감이 높아지며, 제한된 시간 동안 새로운 의미를 만들어가며 종종 개인적인 변화를 경험한다.

- 13만 7천 명이 넘는 사람들의 데이터를 수집한 메타 분석에 따르면, 삶의 목적을 측정하는 6점 척도에서, 심장병이 있는 성인은 점수가 1점이 증가할 때마다 심장마비 위험이 2년 동안 27% 감소하는 것으로 나타났다. 노인의 경우, 척도에서 1점 상승할 때 뇌졸중 위험이 22% 감소할 수 있다.

- 트라우마를 겪은 생존자들은 종종 삶의 의미를 고민하는 직업에서 삶에 의미를 '부여하는' 직업으로 전환한다. 운 좋게 트라우마를 피한 우리 같은 사람들도, 어떻게 삶에 의미를 만들고 있는지 깊이 생각해봐야 한다.

삶에 목적과 의미를 갖는 일의 중요성에 대해 확실히 공감했을 것이다. 그렇다면 목적과 의미는 남아 있는 우리의 삶을 어떻게 깊이 있게 만들어줄까? 이제 '왜'에서 '어떻게'로 넘어가 보자.

삶에 의미를 부여하는 11가지 방법

삶에서 더 깊은 의미를 느낄 수 있도록 돕는 나만의 방법을 모았다. 이 중 일부는 여러분도 이미 실천하고 있을 것이고, 또 어떤 방법은 조금 불편하게 느껴질 수도 있다. 하지만 보통 불편한 감정은 그 내용이 마음에 울림을 주고 더 깊이 있는 삶을 위해 고려할 가치가 있다는 신호임을 기억하라. 영감을 주는 것과 불편하게 만드는 것 모두 메모해둬라.

1. 당신이 미치는 영향력을 깨달아라

삶에서 큰 의미를 발견하는 사람들은 자신이 하고 있는 일의 영향력을 잘 이해하는 편이다. 수의사 보조로 일하거나 병동 신축을 위한 기금을 모금하거나, 이별한 친구를 돕는 것이 그 예다. 우리가 왜 그 일을 하고 있는지 이해하면, 더 큰 목적과 연결되고 하는 일에서 만족감을 찾을 수 있다.

나는 한 주택 담보 대출 회사에서 리더와 협력하여 모든 팀원이 각자의 역할이 전체 그림에서 왜 중요한지 명확하게 알 수 있도록 체계적으로 연결하는 작업을 했다. 누구도 기계 부품처럼 느끼지 않도록 말이다. 그 결과, 말단 분석가조차도 자신이 하는 작은 업무가 결국 어느 가족이 꿈꾸던 집을 갖는 데 기여한다는 사실을 깨달을 수 있었다.

함께 일했던 광고대행사의 한 거래처 담당 임원은, 용기를 내서 여러 주요 고객에게 구체적인 피드백과 후기를 요청했다. "제가 하는 일이 실제로 차이를 만들어낸다는 것을 알게 되어 정말 의미 있었어요." 그녀는 고객에게 호평을 받은 후에 이렇게 말했다. "대행사에서는 저희 팀이 만든 사소한 데오도란트 광고를 보며 농담을 하곤 했거든요. 그런데 이제는 우리 업무의 영향력을 실감할 수 있어요. 우리 광고는 고객의 수익과 직접적인 관계가 있다 보니, 고객이 직원들에게 급여 인상과 승진 기회를 주고, 사람들이 좋은 생활을 할 수 있게 도움을 주는 셈이죠. 라벤더 데오도란트가 그렇게 우스운 건 아니더군요."

잠시 시간을 내어 당신이 하는 일과 맡고 있는 역할이 다른 사람에게 미치는 영향을 생각해보라.

2. 나눔의 마음가짐을 가져라

자신의 이익을 내려놓고 다른 사람이나 무언가를 위해 봉사할 때 우리는 삶에서 더 많은 의미를 느낀다. 연구에 따르면, 자원봉사를 하는 사람들은 그렇지 않은 사람보다 삶에서 더 많은 의미와 목적을 지속적으로 경험한다. 영국의 한 연구에 따르면, 자원봉사는 개인의 행복에 긍정적인 변화를 가져오고, 그로 인해 얻는 행복은 연간 911파운드의 보너스를 받는 것과 같다고 계산하기도 했다.

이러한 나눔은 다른 사람을 도울 때 느끼는 행복감인 '헬퍼스 하이helper's high' 같은 쾌락의 감정을 넘어선다. 타인을 돕고 베푸는 행위는 어떤 식으로든 타인과 연결되고, 이는 의미를 찾는 길을 열어준다. 관계와 행복은 서로 밀접하게 연결되어 있다.

나와 함께 일하는 많은 사람들은 '모 아니면 도'라는 함정에 빠져, 무료 급식소에서 몹시 힘들게, 자주 봉사해야 세상에 의미 있는 변화를 일으킬 수 있다고 믿는다. 그러한 헌신을 베풀 시간이 없기 때문에, 그들은 충족감을 채울 방법으로 나눔이란 방식을 포기해버린다. 그러나 연구에 따르면, 작은 친절한 행동 또한 큰 효과를 발휘한다. 친절한 행동은 주는 사람과 받는 사람 모두의 행복을 증가시킨다. 우리는 친절을 받는 사람이 얼마나 고마워할지 항상 과소평가한다.

내가 아는 한 여성은 최근 잇따른 성공으로 유난히 자기중심적인 기분이 들자, '작은 친절' 리스트를 작성하고, 한 달 동안 매일 하나씩 실천하기 시작했다. 이웃에 사는 노인에게 꽃을 가져다주고, 드라이브 스루에서 뒤에 있는 사람에게 커피를 사주고, 친구와 가족에게 뜬금없이 예쁜 편지지에 항상 '당신을 생각하고 있어요'라고 써서 보내고, 유기견 보호소에 수건을 기부하고, 새로 들어온 후배와 커피를 마시고, 낯선 사람의 앞 유리창에 쌓인 눈을 치워주고, 교장 선생님 앞에서 아들의 선생님을 칭찬하고, 친절한 식당 종업원에게 넉넉한 팁을 남기는 등 다양한 일을 했다.

3. 자기 인식을 높여라

연구에 따르면 자기 자신을 정말로 이해하는 사람, 즉 진정한 자아, 자신이 가치 있게 여기는 것, 동기부여를 주는 것, 자신을 움직이게 하는 것과 짜증나게 하는 것, 자신의 재능과 능력, 두려워하는 것이 무엇인지 잘 아는 사람은 삶을 더 의미 있게 느끼는 경향이 있다.

이렇듯 '자신을 알아가는' 탐구 과정은 내가 고객을 코칭할 때 가장 보람 있는 작업 중 하나다. 내가 그들을 알게 되어서가 아니라, 사람들이 자신을 알게 되기 때문이다. 모든 결점까지.

한 고객이 외부에 보이는 모습이 아닌, 자신의 진짜 모습을 받아들이게 된 사례가 생각난다. 그는 큰 포스트잇에 자신의 삶에서 중요한 것(성취, 성실, 재정적 안정), 두려운 것(사기꾼이라는 사실이 밝혀지는 것*), 삶에서 공감하는 주제(성장과 탐구), 그에게 필요한 사람(남편과 달마시안), 기분 좋게 하는 것(큰 프로젝트 내에서의 인정을 받는 것과 작은 성공), 짜증나게 하는 것(어머니가 그에게 말하는 거의 모든 것), 성장이 필요한 부분(타인의 생각을 신경 쓰지 않기, 방어적이지 않은 태도) 등을 마인드맵으로 그렸다. 이러한 탐구 덕분에 자신의 훌륭한 모습과 발전의 기회를 빠르게 받아들일 수 있었다.

4. 쾌락적 행복은 조금 포기하라

우리는 종종 행복을 희생하면서 의미를 경험한다. 우리가 하는 가장 의미 있는 일들 중 일부는, 때로는 분명 행복하지 않은 일이지만, 우리는 대의를 위해 기꺼이 자신을 희생한다(세상의 모든 부모님들, 존경한다).

한 고객은 어머니가 돌아가시기 전 1년 동안 간병을 맡았는데, 이 기간은 그녀의 인생에서 가장 고된 시간이었지만, 동시에 그녀의 삶을 이루 말할 수 없이 더 의미 있게 만들었다. 그녀는 요리하던 어머니의 사진을 항상 주방에 두고, 인생이 얼마나 덧

※   여기서의 사기꾼은 횡령 같은 범죄가 아니라, 스스로의 능력을 의심하는 '가면 현상'을 뜻한다.

없고 특별한지 늘 가슴 깊이 되새기고 있다.

최근에는 철인 3종 경기를 완주한 한 여성을 만난 적이 있다. 이 경기는 2.4마일(약 3.86km) 수영, 112마일(약 180km) 자전거 타기, 26.22마일(약 42.2km) 마라톤으로 구성되어 있다. 그녀는 경기를 준비하면서 일요일마다 3시간씩 훈련해야 했고, 그 때문에 아들이 일요일에 야구 경기를 할 때마다 응원하러 가지 못하는 것을 안타까워했다. 하지만 이 경기를 준비하고 참가하는 일은 그녀에게 가장 의미 있는 활동 중 하나였다. 그녀는 종종 이 인내의 경험을 떠올리며, 인생의 굴곡진 순간을 헤쳐나가고 있다.

5. 소속감을 강화하라

사람들에게 당신의 삶에서 가장 큰 의미를 갖는 것이 무엇이냐고 물으면, 대부분은 '가족'이라고 답한다. 가족과 같이 친밀한 관계에서 얻는 소속감은 우리를 가치 있는 존재로 느끼게 해주기 때문이다.

긍정적인 관계는 내가 어딘가에 속해 있고, 누군가가 나를 신경 써주고 있으며, 내 존재를 염려한다는 확신을 갖게 해준다. 의미는 혼자서, 지하실에서 고립된 채 만들어지는 것이 아니다. 의미는 대개 다른 사람들 덕분에 존재한다.

당신의 '중요성'

'중요성Mattering'에 대해 이야기해볼까? 이것은 기업 고객들에게 꼭 강조하는 개념 중 하나다. 중요성은 주목받아야 하는 인간의 보편적인 욕구와 관련이 있다. 여기에는 '가치를 더하는' 경험과 '가치를 인정받는' 경험이 포함된다. 이 두 가지는 시간이 지나면서 균형을 맞추려는 상호 보완적인 요소라고 생각하면 된다.

가치를 더한다는 것은, 자율성과 숙련된 능력으로 의미 있다고 느끼는 일을 하는 것이다. 하루가 끝날 때, 자랑스럽게 최선을 다했다는 믿음을 갖는 것이다.

가치를 인정받는 것은, 자신이 한 일을 인정받고, 공정하다고 느끼며 소속감을 갖는 것이다. 아무리 훌륭한 성과를 내고 있더라도 팀원이나 고객, 가족이 자신의 노력에 관심이 없다고 느낀다면 기분이 좋지 않을 것이다. 내가 만났던 유능한 고객 중 상당수가 인생에서 최고의 성과를 내고 있음에도 불구하고, 그것이 아무 의미도 없다고 느끼며 좌절하고 있었다.

당신의 '중요성' 균형은 현재 어떤 상태인가? 당신의 일이 의미 있다고 느껴지지 않아 지루함을 느끼고 있나? 혹은, 인정받지 못하고 있다고 느껴져 방황하고 있나? 이 균형이 어디에서 어긋났는지 인지하는 것만으로도, 더 의미 있는 일을 찾거나, 팀, 상사, 가족에게 필요한 것을 소통하는 데 큰 도움이 된다.

과거 팬데믹 시기에 코칭했던 한 고객이 있다. 그는 새 직장에서 밤늦게까지 엄청난 양의 작업을 수행하며 성취감을 느꼈다. 하지만 원격 근무로 인해 팀에 소속감을 느끼지 못하게 되면서 마치 신입 시절 때처럼 고립감을 느끼기 시작했다. 그의 동료들은 개인적으로 일하는 것을 선호하며 협력에는 관심이 없어 보였다. 몇 달 동안 팀에 녹아들려고 노력했지만 인정받지 못하고 있다는 감정은 점점 동기를 상실하게 만들었고, 결국 그는 자신이 중요한 존재라고 느낄 수 있는 직장을 다시 찾기로 결정했다. 그리고 곧 소속감을 중시하고 그를 진정으로 가치 있게 여기는 새로운 직장을 찾았다. 그곳에서 그는 자신의 '중요성'을 느꼈고, 동시에 더 깊은 삶의 의미를 발견할 수 있었다.

6. 삶에 영적인 요소를 더하라

자신을 뛰어넘는 더 큰 존재와의 연결을 추구하는 일은 삶의 의미를 발견하고, 만족스러운 삶을 살기 위한 하나의 방법이 될 수 있다. 연구에 따르면, 영성Spirituality과 종교적 신앙은 사람들의 주관적 행복감을 높이는 긍정적인 요소로 작용하는 경우가 많다.

영성은 단순히 종교적인 믿음을 의미하는 것이 아니다. 자기 자신과의 관계, 타인과의 연결, 예술·문학·음악을 통한 깊은 감정, 자연과의 조화, 혹은 초월적인 존재와의 교감 등 다양한 방식으로 표현될 수 있다.

종교가 있는 사람들은 삶의 의미를 더 강하게 느낀다는 연구 결과도 있다. 어떤 사람들에게 종교는 삶의 혼란 속에서 일관된 관점을 제시하고, 특히 스트레스가 높은 상황에서 방향성을 찾을 수 있도록 도와주는 역할을 한다. 연구에 따르면, 정기적으로 종교 활동에 참여하는 사람들의 67%가 삶이 의미 있다고 응답한 반면, 종교 활동을 하지 않는 사람들의 경우 그 비율이 36%에 불과했다.

그러나 종교가 반드시 모든 사람에게 긍정적인 역할을 하는 것은 아니다. 어떤 사람들은 종교적 신념이 죽음에 대한 불안을 완화해준다고 믿는 반면, 어떤 이들은 종교적 가르침이나 도덕적 기준에 대한 부담감으로 인해 오히려 불안을 느끼기도 한다. 결국 중요한 것은 자신에게 맞는 영적인 접근법을 찾는 것이다.

영성은 우리 삶에 깊은 의미와 중요성을 부여하는 강력한 요소다. 나는 5년 동안 CEO 자문 그룹을 운영하면서, 많은 기업의 리더들이 '성공적인 삶'에서 '의미 있는 삶'으로의 전환을 원한다는 사실을 깨달았다. 그리고 그들 중 상당수는 영적인 영역과 연결되면서 그 목표를 이루는 것을 보았다. 한 번은 리더 모임에 명상 전문가를 초청한 적이 있다. 그때 느꼈던 긴장감은 잊지 못할 것이다. 강인한 리더들이 과연 이러한 명상과 호흡 훈련에 관심을 가질까 걱정했던 것이다. 그러나 내 예상과는 다르게 그들은 명상 전문가의 말 한마디 한마디 놓치지 않고 집중했고, 이후 개인적인 명상과 호흡 연습을 위해 해당 전문가를 따로 고용하기까지 했다. 한 CEO는 이를 통해 "혼란스러운 현실 속에서 내면의 평화를 찾았습니다"라고 말했다.

나는 또한 많은 사람들이 영적 혹은 종교적 뿌리로 다시 돌아가고 싶어 하지만, 삶의 다른 우선순위들 때문에 신앙을 뒷전으로 미루고 있다는 사실을 알게 되었다.

당신의 삶에는 어떤 궁극적인 목표가 있는가. 그 목표를 이루는 과정에서 영성이 어떤 역할을 할 수 있을까. 한때 삶의 중심을 잡아주던 종교로 다시 돌아갈 수도 있고, 새로운 사상을 탐구하며 자신을 넘어선 더 큰 존재와의 연결을 경험할 수도 있다. 어쩌면 단순히 자연 속을 거닐며 삶의 흐름과 연결되는 것만으로도 충분할지 모른다. 이제 당신의 삶에서 영성이 어떤 의미를 가지는지, 그리고 그것을 어떻게 실천할지 고민해볼 때다.

7. 현재를 음미하는 사람이 되라

미래를 기대하며 바라보거나 과거에 겪은 힘든 시간을 돌아보고 성찰하는 사람들은 삶에서 더 큰 의미를 발견하며 살아간다.

이를 '음미하기Savoring'라고 부르며, 이는 긍정적인 경험을 온전히 느끼고, 즐기며, 그 순간을 길게 확장하는 것을 뜻한다. 음미는 행복감을 높이고, 몰입감, 의미, 긍정적인 감정, 감사하는 마음을 키우는 데 도움이 된다. 나는 이것을 '잘 사는 삶을 위한 가장 손쉬운 방법'이라고 부른다.

지금 이 순간을 음미한다는 것은 우리가 지금 여기서 경험하고 있는 것에 온 마음을 다해 몰입한다는 뜻이다. 먹고 있는 레몬타르트의 상큼한 맛을 한 입씩 음미하고, 갤러리 벽에 걸린 매혹적인 예술 작품을 감상하며, 비눗방울을 불고 있는 어린 아이의 표정을 바라보며 바로 지금 이 순간을 느끼는 것이다.

과거를 음미하는 것도 중요하다. 우리는 과거의 소중한 기억을 충분히 떠올리며 즐기지 않는다. 마지막으로 결혼식을 떠올렸던 적은 언제인가?

메일함에 따뜻하고 기분 좋은 폴더를 만들어라

이 폴더에는 당신을 기분 좋게 만드는 이메일을 저장해둬라. 마치 수십억 원을 번 듯한 기분을 들게 하거나, 칭찬이나 따뜻한 말이 담겨 있어 미소를 짓게 만드는 이메일이 있다면 정리해둬라. 나중에 다시 읽으면서 따뜻한 기운을 느낄 수 있다.

마지막으로 우리는 앞으로의 일을 미리 음미할 수도 있다. 이는 다가올 멋진 일들을 적극적으로 기대하는 것을 의미한다. 지중해 요트 투어를 기대하는 것도 좋겠지만, 우리 같은 평범한 사람들에게도 미리 음미할 수 있는 일이 있다. 이를 테면 여자들끼리 주말에 가는 사우나, 아들이 열심히 준비한 피아노 연주회에 참석하는 것, 새로 산 멋진 신발을 신고 다가올 모임에 가는 것, 일요일 저녁에 선데 아이스크림에 토핑으로 무엇을 올릴지 계획하는 것 말이다.

8. 도전하라

삶에서 의미를 가득 품고 살아가는 사람들은 복잡한 문제를

푸는 것을 즐긴다. 그들은 단순한 일상에서 벗어나, 자기 역량의 한계에 도전하며 문제를 해결하는 과정에서 깊은 만족감을 느낀다. 이러한 도전은 직장에서 다른 사람들이 피하는 어려운 업무를 해결하는 것일 수도 있고, 집안의 가계 예산을 짜는 일처럼 누구도 하고 싶어 하지 않는 일을 맡는 것일 수도 있다.

또한, 긴 온라인 강의를 끝까지 듣거나, 반 헤일런Van Halen의 기타 솔로를 완벽하게 연주하거나, 실내 암벽등반장에서 어려운 루트를 성공적으로 완등하거나, 1,500피스짜리 퍼즐을 맞추는 것처럼, 도전적인 목표를 성취하는 과정에서 삶의 의미를 찾는다. 이들에게 의미란 단순한 행복을 추구하는 것이 아니다. 어려운 문제를 마주하고, 해결하며 성장하는 것 자체가 삶을 더욱 가치 있게 만드는 요소인 것이다.

9. 고통과 상실, 불편함을 받아들여라

삶에 깊은 의미를 가진 사람들은 대개 그들의 세계가 흔들릴 만한 시련을 겪었으며, 그 속에서 다시 일어서는 과정을 경험했다. 위기는 의미를 탐구하게 만든다.

몰입하라

몰입flow이란 우리가 온전히 빠져들 수 있는 활동을 할 때 경험하게 되는 심리적 상태를 말한다. 자신의 능력보다 너무 어려운 일을 하게 되면 스스로가 형편없는 사람처럼 느껴지고, 반대로 너무 쉬운 일을 하면 지루해서 흥미를 잃게 된다. 몰입은 그 중간 지점, 즉 도전과 기술 수준이 절묘하게 균형을 이루는 상태에서 탄생한다.

대부분의 사람들은 몰입을 단순히 즐거움이나 긍정적인 감정과 연결된 '삶을 확장하는' 경험으로 여긴다. 하지만 의미 있는 삶을 사는 사람들은 오히려 몰입 상태에서 많은 시간을 보낸다. 그들은 배움과 성장을 지속하면서 지루함과 긴장감 사이에서 균형을 유지한다. 즉, 몰입이야말로 삶의 의미를 생산하는 가장 강력한 원천이 되는 것이다.

의미는 트라우마, 사랑하는 사람의 죽음, 죽음을 성찰하는 경험memento mori 등을 통해 찾을 수 있다. 이러한 방식을 '강제적push 경험'이라 부른다. 하지만 의미가 반드시 외부에서 찾아오는 것만은 아니다. 우리는 스스로 의미를 창출pull할 수도 있다. 즉, 능동적으로 삶을 탐험하고, 성장할 기회를 만들고, 몰입할 수 있는 활동을 찾아나서면 의미는 자연스럽게 우리 삶에 자리 잡게 된다.

우리는 의미 있는 삶을 살기 위해 '발견하는 삶discovered life'을 살아야 한다. 이를 위해서는 호기심을 키우고, 세상을 탐험하며, 자신을 몰입시키는 활동을 찾아야 한다.

당신은 어떤 활동을 할 때 몰입하는가? 당신의 삶에는 충분한 도전이 있는가? 당신을 깨어 있고, 성장하게 만드는 경험을 충분히 하고 있는지 돌아보라.

사랑하는 사람을 잃는 일, 파산, 심각한 질병, 3번째 재활 치료, 죽을 뻔한 경험, 꿈의 직장에서 해고당하는 일 등 의미는 삶이 우리에게 던지는 온갖 불행한 사건들 속에서 나타나는 듯하다.

또한 의미는 우리가 더 나은 사람이 되기 위해 배우고 발전하는 과정에서 느끼는 성장통에서도 생겨날 수 있다. 주말에 무한리필 브런치를 즐길 수 있음에도 불구하고 학위를 따기 위해 공부하는 시간처럼 말이다.

작든 크든 모든 트라우마를 통해 의미가 생겨날 수 있다. 트라우마를 경험한 사람들의 30%~70%가 '외상 후 성장'을 경험한다. 인생의 중대한 위기를 겪으면서 더 높은 수준의 능력을 발휘하게 되기도 한다는 것이다.

나는 한때 직장을 잃고 다음 커리어를 찾고 있는 사람들과 함께 일한 적이 있다. 우리 중 대부분이 자신의 정체성을 직업과 얽어매고 있다. 특히 성취 지향적인 전문직 종사자들에게 있어 자신의 존재를 정의하는 역할에서 퇴출당하는 일은 엄청난 충격일 수 있다. 심지어 당초 그 직장을 떠나고 싶어 했던 경우에도 말이다. '우리는 언제나 먼저 떠나는 사람이 되고 싶어 하기 때문이다.' 그 지긋지긋한 직장에서 해고되는 것, 식은땀을 흘리며 면접을 보는 것, 유망해보였던 기회에서 거절당하는 일은 마치 롤러코스터를 타는 것과 같다. 구직 활동은 마음이 약한 사람들에게는 결코 쉬운 일이 아니다. 하지만 새로운 일자리를 찾는 과정은 종종 영혼을 탐색하는 여정이자, 풍부한 의미를 찾을 수 있는 시간이 된다. 대부분의 고객은 자기 인식이 높아졌다("나한테 이런 능력도 있구나"). 그리고 더 겸손한 자세, 이전 직장에서 벌어진 일에 대한 더 넓어진 관점, 새로운 일자리에 대한 감사함, 그리고 거의 모든 것의 일시성을 건강하게 받아들이는 자세를 갖게 되었다.

당신도 지금까지 살면서 겪었던 불운을 생각해보라. 고통의 잔해를 치웠을 때, 그 잿더미 속에서 의미가 탄생하지 않았는가? 실존을 위한 투쟁은 언제나 더 건강한 자아를 만드는 법이다.

10. 경이로움을 추구하라

유다이모닉* 활동을 통해 더 깊이 있는 삶을 산다는 것은 우리의 가치와 의미, 그리고 '고양된 경험elevating experiences'과 더욱 깊이 연결되는 것과 관련이 있다. 이러한 경험은 경외감, 초월감, 그리고 영감을 불러일으킨다.

당신은 고양되는 경험을 한 적이 있는가? 경외감을 느낀 적이 있는가? 스톤헨지를 방문했을 때, 또는 트리플 점프를 하며 금메달을 따는 피겨 스케이터의 놀라운 재능을 목격했을 때 어땠는가? 자신보다 거대하고 신비롭게 느껴지는 무언가에 마지막으로 빠져본 적이 언제였는가? '경이로운' 순간에 휩싸이면, 우리는 자신이 거대한 무언가의 일부라는 특별한 감정을 느끼게 된다. 그 순간, 우리는 더 이상 우리의 몸과 머리 안에 갇힌 작은 존재가 아니라는 사실을 깨닫는다. 이 때 경외감은 그 순간을 가능하게 한 수많은 요소들을 되새기게 만든다.

---

*   유다이모닉은 쾌락적 즐거움과 대비되는, 더 깊은 차원의 행복을 말한다.

우주에서의 경외감

조망 효과overview effect라고 들어본 적이 있는가? 이는 우주에서 지구를 바라보는 우주비행사들이 경험하는 경이로운 감각을 일컫는다. NASA의 우주비행사들은 지구로부터 아주멀리 떨어져 있으면서도 동시에 연결되어 있는 이 마법 같고경이로운 경험에 대해, 그 어떤 훈련으로도 이러한 감동에대비할 수 없었다고 말한다. 이것은 '지각된 광대함perceived vastness'으로도 설명되며, 자아가 작아지는 느낌과 연결된다.이러한 자기 초월적 상태는 자기 자신과 사소한 걱정에서 벗어나, 더 넓은 세계와 연결되도록 만든다. 즉, 우주에서 바라본 지구처럼, 우리가 더 작아질수록, 더 큰 의미를 발견할 수있다.

　연구에 따르면, 이러한 경이로움은 단순히 우주에서만 경험할 수 있는 것이 아니다. 과학자들은 60명의 노인들을 대상으로 8주 동안 15분씩 걷는 실험을 진행했다. 이들은 두 그룹으로 나뉘었는데, 한 그룹은 평소처럼 걷는 '일반적인 산책'을 했고, 다른 그룹은 새로운 장소에 가서 사진을 찍고 경이로움을 느껴 보는 '경이로운 산책'을 하도록 요청받았다.결과는 놀라웠다. '경이로운 산책'을 한 참가자들은 더 큰 기쁨을 경험했으며, 사회적 유대감이 강화되었고, 심지어 '미소의 강도smile intensity'까지 증가했다. 또한 자신을 더 넓은세계의 일부로 인식하는 경향이 증가했으며, 이를 증명하듯 시간이 지날수록 자기 자신보다 풍경을 더 많이 찍는 모습을 보였다.

즉, 경이로움은 우리를 더 넓고 깊은 삶으로 인도하는 중요한 요소다. 우주에 가지 않더라도, 새로운 장소를 탐험하고, 세상을 새롭게 바라보는 다양한 시도를 통해 우리는 더 깊은 의미를 경험할 수 있다. 당신은 최근에 언제 경이로움을 느껴보았는가. 오늘 하루, 주변을 새로운 시선으로 바라보며 '경이로운 산책'을 해보는 건 어떨까?

11. 유산을 남겨라

의미 있는 삶을 살아가는 사람들에게는 '자기 초월self-tran-scendence'이라는 공통점이 있다. 그리고 연구에 따르면, 이 자기 초월이야말로 삶의 의미를 가장 강력하게 예측하는 요소이다. 심리학자 에릭 에릭슨Erik Erikson은 인간 발달 이론 중 7번째 단계를 '생산성Generativity vs 침체성Stagnation'으로 정의했다. 여기서 '생산성'란, 우리가 죽은 후에도 남아 지속될 무언가를 창조하려는 인간의 본능적 욕구를 의미한다. 반대로, '침체성'은 익숙한 것에 안주하며 아무런 변화 없이 그저 머물러 있으려는 태도를 의미한다. 예를 들어, 아이들을 멘토링하고, 예술을 창작하고, 회사를 설립하고, 도서관에 기부하며 지역 사회에 기여하는 일을 하는 사람들은 삶이 주는 깊은 의미를 온전히 누리게 된다. 이들은 "내가 사라진 후에도 나의 흔적이 남을까?"라는 질문을 던지는 대신, 이미 자신이 남길 유산을 만들어가고 있는 중이다.

생산성은 '주는 사람'과 '받는 사람' 모두에게 의미를 주는 선물이다. 나무를 심는 일, 인생을 변화시키는 자기계발서를 집필하는 일처럼, 기증자와 수혜자가 함께 누리는 가치다.

나는 강연을 하며 사람들에게 자주 "당신은 어떤 유산을 남기고 싶은가요?"라는 질문을 던진다. 대부분의 참석자들은 처음엔 엄청난 부(富)가 있어야만 가치 있는 유산을 남길 수 있다고 착각한다. 하지만 진실은 정반대다. 당신의 가치관을 보여주는 삶의 방식, 다른 이들에게 감동을 주는 이야기, 후대에 영향을 미칠 창의적인 아이디어와 같은 것들이야말로 가장 강력한 유산이다.

돈이 없어도, 직함이 없어도, 엄청난 영향력이 없어도 당신이 보여주는 태도와 행동이 누군가에게 영원한 영감이 될 수 있다. 당신은 어떤 유산을 남기고 싶은가?

목적을 갖고 살아라

예전에 내가 신입 코치로 활동하기 시작했을 때, 신규 고객을 가장 빠르게 당황시키는 방법이 있었다. 바로 '자기 발견'을 주제로 한 프로그램에서 "당신의 인생의 목적은 무엇인가요?"라는 질문을 던지는 것이었다. 그들은 마치 헤드라이트를 보고 놀란 사슴처럼 그대로 굳어버렸다.

우리는 종종 목적이라는 말을 들으면, 목적을 찾아야 한다는 압박감을 느끼곤 한다. 잠시 부담감을 내려놓자. 지금 당장 인생의 목적이 명확하지 않아도 괜찮다. 목적이 불분명하거나 완전히 드러나지 않아도 된다. 우리의 목표는 우리가 살아가는 이유를 좀 더 명확히 하는 것이다.

목적이란, 의미의 정의에 포함된 개념으로, 삶에서 우리가 지속적으로 추구하는 목표, 사명, 방향성과 같은 것이다. 예를 들면, '아이들 교육', '루게릭병 치료', '멋진 이모되기'와 같은 것일 수 있다. 이는 단순한 개인적인 성취가 아니라, 세상에 기여하는 것을 포함한다. 예를 들어 아이들을 교육하는 것이 인생의 목적이라면, 당신이 가르친 수백 명의 학생들의 삶에 변화를 만들었다고 느끼며 성취감을 느끼고, 미래 세대를 길러냈다는 점에서 깊은 만족감을 느낄 수 있다.

심리학자들은 인생의 방향을 찾고, 이루고 싶은 목표를 설정하는 것이 실제로 수명을 연장할 수 있다고 밝혔다. 따라서 삶의 방향을 더 일찍 찾을수록, 이러한 보호 효과가 더 빨리 나타날 수 있다. 반대로, 삶의 목적이 없는 사람은 그렇지 않은 사람보다 사망 확률이 거의 2.5배나 높다. 하지만 미국인의 40%만이 현재 명확한 목적을 갖고 있다고 보고되고 있다. 이는 60%가 의미 없는 삶의 끝자락에서 아슬아슬하게 매달려 있다는 뜻이다. 반면 자신의 삶이 의미로 가득 차 있다고 느끼는 사람들은 꾸준히 더 많은 의미를 찾고 있다고 한다. 어쩌면 당신도 지금 그런 상태일 수 있다. 언제나 삶을 한 단계 더 높이고 싶어 하는 사람 말이다.

분명히 하자. 우리의 목적이 인상적일 정도로 거창할 필요는 없다. 아무도 당신의 목적이 무엇인지 알 필요도 없다. 내가 만난 어떤 고객들은 분명히 대외적으로 큰일을 하고 싶어 한다. '헬스케어를 혁신할 팀을 이끄는 것'처럼. 최근에는 '훌륭한 부모가 되는 것'을 목적으로 삼은 사람도 있었다. 또 잊을 수 없는 한 고객이 있는데, 그녀는 자신의 목적에 점수를 매기듯 뭔가 거창한 것을 선택해야 한다는 압박감에 시달렸었다. 그러다 자신의 목적이 '누군가의 하루에 밝은 순간을 선사하는 것'임을 깨닫고 무척 기뻐했다.

목적을 당신이 세상에 존재하는 이유라고 생각해보라. 그것이 현재 직업이나 전문 분야와 관련된 것은 아닐 수도 있다. 오히려 당신이 이 세상에 가져와야 할 선물에 가깝다. 우리는 삶의 목적에 맞는 일을 할 때, 충만함을 느끼고 잠재력을 최대한 발휘하고 있다고 확신하게 된다. 반대로 목적이 없거나, 목적에 맞지 않는 일을 한다면, 마치 내면이 죽어 있는 것처럼 느낄 것이다.

나와 함께 일했던 한 여성은 이 '삶의 의미'라는 주제에 대해 너무 혼란스러운 나머지 불안감까지 느끼고 있었다. "제 삶은 무의미한 걸까요?"라고 묻기도 했다. 하지만 '나는 얼마나 의미 있게 살고 있는가' 진단(315p)을 통해 그녀는 자연이 자신에게 엄청난 의미의 원천이라는 사실을 깨달았다. 야외에서 시간을 보낼 때 가장 살아 있다고 느꼈고, 마치 거대한 생명의 흐름과 우주의 일부가 된 것처럼 자기 초월적인 느낌을 받았던 것이다. 현재 그녀는 하이킹 클럽에 가입했고, 은퇴 후에는 자연에서의 삶을 계획하고 있다.

목적에 이르는 뜻밖의 길

배우 애쉬튼 커처의 쌍둥이 동생인 마이클 커처는 어린 시절 뇌성마비(CP) 진단을 받았다. 13살 때 설명할 수 없는 심부전이 발생했다. 그의 심장은 정상 크기의 4배로 커졌고, 그는 3~4주밖에 살지 못할 것이라는 말을 들었다. 그 시기에 갑자기 상황은 더 심각해졌고, 이제는 그의 수명이 단 48시간밖에 남지 않았다고 했다. 하지만 마지막 순간, 심장 기증자를 만나 기적적으로 목숨을 구할 수 있었다.

우리는 종종 역경으로부터 삶의 의미를 찾는다. 마이클이 인생의 목적을 찾은 구체적인 계기는 무엇이었을까?

"저는 2010년에 형이 〈나이트라인Nightline〉(미국 ABC 뉴스 프로그램) 인터뷰에서 저를 공개했을 때 목적을 찾았습니다. 형은 제가 뇌성마비 장애를 갖고 있다는 사실을 세상에 알렸어요."(그때까지 마이클은 자신의 장애를 공개적으로 밝히지 않았다.) 많은 인생을 바꾸는 순간이 그렇듯, 그것도 불편함에서 비롯되었다. 〈나이트라인〉 인터뷰 이후 한 달쯤 지났을 무렵, 마이클은 뇌성마비 기금 마련 행사에서 연설해달라는 요청을 받았다. 그는 망설였다. 최근 자신의 장애가 '공개'되기 이전에는 이 주제에 대해 한번도 언급했던 적이 없었기 때문이다. 하지만 그 순간 그의 머릿속에 불이 켜진 것 같았다. 그는 새롭게 얻은 이 명성을 뇌성마비를 알리기 위한 플랫폼으로 활용하여, 도움을 줄 수 있다는 것을 깨달았다.

"저는 이제 저의 목적을 압니다. 제 목적은 여러분이 제대로 깨달음을 얻도록 돕는 것입니다." 그는 청중이 이렇게 생각하기를 원한다. "도대체 나는 내 일에 왜 이렇게 불평하는 걸까? 왜 아이들에 대해 투덜거리는 거지? 나도 개인적으로 힘든 일을 겪었고, 생각만 해도 정말 끔찍해. 하지만 저 사람은 말 그대로 세 번이나 죽다 살아났고, 장애가 있지만 삶을 감사하게 여기며 긍정적으로 살아가고 있잖아."

당신 앞에도 뜻밖의 목적에 이르는 길이 있을 수 있다. 그 길이 좁거나 잡초로 무성하게 덮여 있어 당신이 지나치고 있는 것인지도 모른다.

의미 찾기 챌린지

이제부터 당신이 해야 할 일은 앞으로 2주(즉, 두 번의 월요일) 동안, 의미 있는 여정을 시작하는 것이다. 그것은 자원봉사일 수도 있고, 도전적인 일을 계획하는 것일 수도 있다. 예를 들어 10대인 딸과 가족 계보를 조사하는 것과 같은 어려운 과제를 계획할 수도 있다. 온라인으로 종교 예배를 시청할 수도 있다. 당신만의 이상적인 유산을 계획할 수도 있다. 연로하신 친척 어른께 전화해서 단순히 날씨에 관한 이야기를 나누는 것 말고 더 깊은 대화를 나눌 수도 있다. 커피숍에 앉아 '내가 삶에서 가장 가치 있게 여기는 10가지'를 작성하여 자기 인식 수준을 높일 수도 있다. 몰입할 수 있는 도전적인 과제를 선택할 수도 있다. 일기장에 가정, 직장, 지역 사회에서 자신이 남긴 크고 작은 영향력에 대해 쓸 수도 있다. 경외심을 불러일으키는 경험을 찾거나, 한 달 동안 매일 밤 감사한 일 3가지를 기록하는 것도 좋다.

의미로 가는 잘못된 길은 없다. 기억하라. 목적을 추구하는 과정이 바로 삶에 깊이를 더하는 놀라운 역할을 한다는 것을.

"삶의 의미는 말 그대로 스스로를
죽이지 않도록 하는 모든 행위입니다."

알베르 카뮈Albert Camus

10장

더 다채롭게 살아라

말해 봐요. 당신은 단 한 번뿐인,
격정적이고 소중한 삶을 어떻게 쓸 생각인가요?

메리 올리버Mary Oliver

우리는 누구나 생생한 색으로 가득한 삶, 선명하고 화려한 색상
으로 가득한 삶을 원한다. 무지개처럼 빛나고 반짝이며 다채로
운 삶을 원한다. 놀라운 삶, 진심으로 의미 있는 삶을 원한다. 우
리는 지금까지 자기 탐구의 과정을 거쳐 왔다. 이제 더 나은 삶
을 위해 오늘 바로 실행할 수 있는 실용적이고 구체적인 행동 방
안들을 소개할 것이다.

시간을 활용하라

우리가 순간을 돌본다면,

세월은 저절로 우리를 돌볼 것이다.

마리아 에지워스Maria Edgeworth

나는 시간의 흐름을 기념할 수 있는 기회라면 무엇이든 마음이 설렌다. 달력, 타이머, 모래시계, 일 년 중 낮이 가장 긴 날을 관찰하는 것, 과거와 미래를 강조하는 어떤 방식이든 말이다. 이 모든 것은 시간이 거침없이 흘러가고 있다는 사실을 일깨워주기 때문이다. 시간은 가차 없이 흘러가고, 두 번째 기회도 없다. 그 누구에게도 시간은 멈추는 법이 없다. '이번에야말로 제대로' 살아보라고 되돌릴 기회도 주지 않는다.

나는 하루에 주어진 86,400초, 한 주에 주어진 168시간, 그리고 1년 동안 주어진 52번의 월요일처럼, 시간이 일관되게 흘러가는 방식을 존중한다. 시간은 우리의 대단한 성취나 끔찍한 실패, 평범한 순간들과 불안한 고민 속에서도 끊임없이 흘러간다. 지나가는 소중한 시간을 어떻게 쓸지는 우리의 몫이다. 소중하게 여기든 낭비하든 말이다. 여기 우리에게 남은 월요일을 더 깊이 음미할 수 있는 8가지 방법을 소개한다.

1. '새 출발 효과'를 활용하라

뚜렷한 시간적 기준점은 우리의 행동에 동기를 부여한다. 다시 말해, 새로운 시작은 우리가 정신을 차리고 목표를 추구하도록 마음을 다잡게 만든다. 우리는 특정한 시간적 전환점에서 더 동기부여를 받는다. 예를 들어, 1월 1일에 더 나은 사람이 되기로 결심하거나(한 해의 새로운 시작), 9월 1일에 금연을 결심하거나(한 달의 새로운 시작), 또는 휴가에서 돌아온 첫날에 새로운 직장을 찾는 것(휴식 후 새로운 시작)처럼 말이다.

그렇다면 우리는 이것을 어떻게 활용할 수 있을까? 1월의 새로운 시작이 2월 21일쯤 흐지부지되고, 건강한 주스를 마시겠다며 구입한 비싼 블렌더를 잘 사용하지 않고, 헬스장 회원권을 취소하기 직전에 이르렀다면, 잠깐 기다려봐라. 또 다른 새로운 시작을 찾아서, 그 기회를 다시 활용하면 된다. 다음 월요일에 다시 시작하거나 새로운 달이나 계절 같은 또 다른 새로운 시점에 다시 도전하라. 여기서 중요한 것은 목표를 재설정하는 것이다. 월요일은 매주 한 번씩 누를 수 있는 리셋버튼이다. 이 버튼을 누르면 목표를 달성할 수 있는 새로운 기회가 주어진다고 생각해보라.

2. '빠른 마무리 효과'를 당신의 무기로 삼아라

최근에 작가 다니엘 핑크Daniel Pink와 이메일로 주고받은 대화에서, 죽음이 시간에 부여하는 한계에 대해 이야기하며 그가 '빠른 마무리 효과Fast Finish Effect'에 대해 언급했다. 이는 마감 기한이 다가올수록 더 빠르게 움직이는 우리의 성향에 주목한다. 새로운 10년의 시작이 가까워지면 우리는 행동에 나서고자 하는 의욕을 느낀다. 예를 들어, 특정 연대의 마지막 해(29, 39, 49, 59세 등)가 되면 우리는 삶을 정돈하려는 경향이 강해진다. 한 연구에 따르면, 마라톤을 처음 시작하는 사람 중 상당수가 나이 끝자리가 9로 끝나는 사람들이다. 또한 이 '나인엔더9-enders'들, 즉 아홉 수인 사람들의 마라톤 기록을 보면, 2년 전후와 비교했을 때 평균적으로 2.30% 더 빨리 뛰는 것으로 나타났다.

3. 크로노스와 카이로스를 알아가라

고대 그리스인들은 바클라바((견과류, 꿀 등을 넣어 파이처럼 만든 중동 음식 - 옮긴이) 말고도 훨씬 더 많은 것을 세상에 남겼다. 크로노스Chronos는 우리가 전통적으로 이해하는 시간의 개념을 의미한다. 즉, 초, 시간, 일, 주 등과 같은 양적인 측정을 뜻한다. 크로노스의 끊임없이 흘러가는 시계 덕분에 우리는 피부관리실의 예약 시간을 지키고, 남은 월요일의 수를 편리하게 계산할 수 있다.

카이로스Kairos는 보다 시적으로 표현하자면, 우리 삶에서 적절한 순간을 질적으로 측정하는 것을 뜻한다. '적절한' 또는 '올바른' 순간은 만족스럽지 못한 직장을 떠날 때를 알거나, 첫 키스를 시도해야 할 때를 알거나, 정원에서 토마토를 수확해야 할 때를 알거나, 모험을 떠날 때를 알거나, 글쓰기를 멈출 때를 알거나, 삶을 소모시키는 섭식 장애에 대해 도움을 요청해야 할 때를 아는 것과 같은 순간들이다.

나는 대부분의 삶을 크로노스의 시간 영역에서 보내면서, 카이로스의 신호와 느낌을 종종 놓치곤 한다. 당신도 혹시 시계에 맞춰 삶을 관리하느라 카이로스의 절묘한 타이밍을 삶에서 놓치고 있진 않은가?

4. 멋진 노후를 상상하라

연구에 따르면, 우리가 노후에 대해 '생각하는' 모습이 '실제' 노후의 모습을 예측하는 데 신뢰할 만한 지표가 된다. 만약 당신이 미래에 되고 싶은 모습을 생생하게 상상하고, 그 모습이 노년기에 자신의 모습이 될 수 있다고 믿는다면, 그것이 노화의 결과에 긍정적인 영향을 미칠 뿐만 아니라 실제로 더 오래 살 수도 있다는 것이다.

또한 50세에 자신의 나이 든 모습을 긍정적으로 상상하는 사람들(예를 들어, 활동적이고 사교적이며 건강한 사람으로)은 미래를 부정적으로 보는 사람들(예를 들어, 소파에 누워 있고, 만성 질병에 시달리며, 타인에게 의존하고, 짜증을 잘 내며, 아이들을 잔디밭에서 쫓아내는 사람들)보다 7.5년 더 오래 산다.

'노후'의 기준이 몇 살이든 간에 당신이 나이 들었을 때의 모습을 상상해보라. 나이가 들어도 활기차게 살아가는 자신의 모습을 의식적으로 그려낼 수 있는가? 예를 들어 친구 및 가족과 강한 네트워크를 유지하거나, 도전적인 취미에 깊이 몰두하거나, 매일 많이 걸으며 활발히 움직이거나, 새로운 것을 배우고 성장하며 강좌를 듣는 모습일 수도 있다.

5. 시간을 최대한 구체적으로 만들라

우리는 앞으로 남은 월요일의 횟수를 가늠해보는 것처럼, 미래의 시간을 구체적으로 이해할 때 시간을 더 진지하게 받아들이게 된다. 사람들은 심리적으로 먼 미래의 사건들(예를 들어,

"은퇴는 아직은 먼 상상 속의 일이라 나중에 계획할 거야")에 대해 더 추상적으로 생각하는 경향이 있다. 과학자들에 따르면, 심리적 거리감이 클수록 세부 사항이 흐릿하거나 아예 사라지고, 반대로 심리적 거리감이 가까울수록 세부 사항을 더 명확하고 구체적으로 인식한다.

문제는, 다가올 삶의 중요한 사건까지 남은 시간을 흐릿하고 구체적이지 않은 상태로 인식하는 것은, 자신의 인생을 허비하겠다고 자청하는 것이나 다름없다는 점이다. 그렇다면, 몇 달 그리고 몇 년이란 시간이 흘러가는 대로 두지 않고, 시간을 더 의도적으로 사용하려면 어떻게 해야 할까? 시각적 일정표가 도움이 된다. 능동적으로 어떤 계획을 세울 수 있을지에 대한 아이디어를 위해 몇 가지 예시를 소개하겠다.

- 연말까지의 모든 휴가를 계획해서, 시간을 낭비하지 않기.
- 중요한 기념일까지 남은 시간과 그 특별한 날을 어떻게 축하할지 구체적으로 계획해서 표시하기. 그래서 그날을 그냥 지나가게 두지 말고 특별하게 만들기.
- 은퇴를 위한 재정적 목표를 시각적으로 생생하게 설정하기. 그래서 시간이 그냥 막연하게 흘러가도록 두는 것이 아니라, 활기찬 미래를 기대할 수 있도록 만들기.
- 먼 미래의 주말여행을 위한 구글 문서를 만들어, 친구들과 계획 짜기. 그래서 미리 그 즐거움을 상상하고 단지 '그냥 시골집에서 보내는 또 다른 주말'처럼 느껴지지 않도록 하기.

• 앞으로 남은 월요일을 세어 그저 시간이 흘러가도록 두지 않기.

어떻게 하면 앞으로 남은 수십 년을 더 구체적이고 덜 추상적으로 느낄 수 있을까? 시간을 더 활기차고 생동감 있게 느끼려면 어떻게 해야 할지 생각해보라. 그 훌륭한 시작은 의도와 계획을 세우는 것이다. 큰 목표들을 작고 구체적인 이정표로 나누어, 시간을 더 명확하게, 가시적으로 만들 수 있는 방법을 찾아보자.

6. 욕망은 시간이 지나며 변한다는 사실을 이해하라

'사회정서적 선택 이론Socioemotional Selectivity Theory'은 우리가 본능적으로 알고 있는 사실을 과학적으로 증명한다. 바로 시간의 범위를 어떻게 인식하느냐가 우리의 동기와 목표에 큰 영향을 미친다는 것이다. 나이가 들면서 점점 시간이 제한적이라고 느낄수록, 우리는 삶의 의미나 정서적 만족과 관련된 목표를 더 선호하는 경향이 있다. 젊고 활기찬 시기에는 시간이 무한하고 막연하게 느껴져 지식 습득과 새로움을 추구하는 목표를 좇는다. 이것이 왜 63세의 사람들은 친구들과 함께 자원봉사하는 것을 즐기고, 23세는 배낭 하나 메고 유럽을 떠돌며 암스테르담에서 오래 머무는지를 설명해준다.

시간이 무한하다고 느낄 때 우리는 더 활력이 넘치는 목표를 우선시한다. 시간이 제한적이라고 느낄 때 우리는 더 의미 있고 정서적으로 깊은 목표에 우선순위를 둔다. 하지만 시간은 매우 유연하고 가변적인 개념이기 때문에, 우리는 스스로 시간을 어떻게 인식하는지를 조절해 삶 속에서 활력과 의미의 균형을 조화롭게 맞출 수 있다. 우리가 계속 배우고 성장하고 새로운 것을 추구하면, 시간을 더 넓고 풍요롭게 느낄 수 있다.

만약 당신이 나이가 많은 편이라면, 새로움을 통해 활력의 불꽃을 다시 지필 방법을 찾아라. 나이가 적은 편이라면, 점점 줄어드는 월요일을 성찰하여 삶에 더 많은 의미와 정서적인 깊이를 더할 수 있는 방법을 찾아보자.

7. 시간 부자로 살아라

'시간의 풍요time affluence'란, 우리가 해야 할 일과 하고 싶은 일을 할 충분한 시간이 있다고 느끼는 것을 의미한다. 이러한 시간의 풍요를 느끼면, 파워포인트 자료를 마무리하고 자녀를 치과에 데려가는 동안 조급함을 느끼지 않아도 된다.

여가 시간이 부족하면 스트레스가 증가하지만, 시간의 풍요감이 높은 사람들은 개인 성장 활동에 더 많이 참여하고, 타인과 교류하며, 신체 활동을 더 적극적으로 즐기는 것으로 나타났다.

그렇다면 우리는 어떻게 '시간 부자'가 될 수 있을까?

6천 명 이상의 참가자를 대상으로 한 7개의 연구에 따르면, 돈을 써서 시간을 사면 삶의 만족도가 크게 높아진다. 예를 들어, 마트에서 식료품을 배달시키는 일? 90분을 절약할 수 있는 일이라면 좋은 생각이다. 돈을 주고 청소를 맡긴다면? 몇 시간을 절약할 수 있다면 좋은 생각이다. 울타리를 다듬고, 세금 신고를 해주고, 수영장의 낙엽을 걷어내고, 선룸을 페인트칠하거나 웹사이트를 만들어줄 사람들은 얼마든지 있다. 물론 우리도 그런 일을 스스로 할 수 있을 만큼 똑똑하고 유능하지만, 이러한 일이 우리에게 즐거움을 주지 않는다면, 감당할 수 있는 한 외주를 주는 게 좋다.

하지만 만약 시간을 사기 위해 돈을 쓸 형편이 되지 않는다면 어떻게 해야 할까? 이때 우리는 '시간 쌓기time-stacking'를 활용해야 한다.

토요일 아침에 3시간의 여유를 만들어내고 싶다면, 해야 할 일과 하고 싶은 일을 '두 가지 일 동시에 처리하기' 방식으로 쌓아보라. 예를 들어, 친구를 요가 수업에 초대하면 친목과 운동의 시간을 결합해 한 시간을 절약할 수 있다. 또는 지루한 줌 회의 때 카메라를 끄고 빨래를 하면 또 한 시간을 아낄 수 있다. 이렇게 하면 갑자기 자유 시간이 생겨 우리가 정말 하고 싶고 활력을 느끼게 해주는 일을 할 수 있게 된다.

하지만 여기서 분명히 하고 싶은 것은, 내가 이 시간 쌓는 방법을 알려주는 이유가 더 많은 이메일을 처리하거나, 영혼을 갉아먹는 리모델링 프로젝트를 맡게 하려는 것이 아니라는 점이다. 내 목표는 여러분이 하루를 진정으로 가치 있게 만들어줄 일을 할 수 있도록 여유 시간을 찾아주는 것이다.

8. 철저하게 당신의 시간을 지켜라

시간적 풍요로움을 유지하려면 당신의 일정을 철저하게 관리해야 한다. "미안해요! 오늘 저녁 위원회 회의는 참석할 수 없어요. 주요 내용은 나중에 직원을 통해 들을게요"라고 말하라. 또는 많은 프로들이 말하듯 '아니요'라는 한마디로도 충분하다. 물론 누군가 도움을 요청했을 때 단순히 '아니요'라고 답하고 자리를 뜨는 것은 불편한 일이다. 하지만 핵심은 이해해야 한다. 즉, 과도하게 사과하거나 설명할 필요가 없다는 것이다.

또한 계획되지 않은 여유 시간(흔히 '화이트 스페이스white space'라 부름)을 확보하는 것도 시간적 풍요로움을 느끼게 해준다. 이 시간은 창의성이 샘솟을 여유를 만든다. 직장에서 '분기 보고서'를 작성하는 데 집중하고 있을 때는 혁신적인 아이디어나 해결책, 꿈을 떠올리기 어렵다.

일주일에 한 시간이라도 아이디어 구상, 전략 수립, 인생 계획을 위한 시간을 따로 떼어놓고 이 시간을 지키면, 바쁜 일상속에서도 차분하게 통제할 수 있는 고요한 오아시스를 만들 수 있을 것이다. 당신은 언제 여유 시간을 조금이라도 만들어볼 수 있을지 생각해보라.

삶에서 죽어 있는 영역을 찾아라

단순히 지금의 일상은 '의미 있지만 지루한 상태'라고 말하는 것과, 어떤 부분에서 활력을 잃었는지 정확히 파악하는 것은 전혀 다른 문제다. 지금 이 순간 자신의 삶의 각 영역을 돌아보자.

- 직장/경력

- 가족생활

- 친구/사회적 관계

- 연인 관계

- 건강/피트니스

- 정신적/영적 생활

- 여가/레저

- 재정 상황

- 개인 성장

위의 각 영역을 스스로 진단해보고 활력을 되찾아야 할 부분을 구체적으로 생각해보자. 모든 죽어 있는 영역을 한꺼번에 되살릴 필요는 없다. 그리고 지금 당장 해결할 준비가 되어 있지 않다면, 일부는 잠시 그대로 보류해도 괜찮다. (예를 들어 만약 아이와 새 직장이 동시에 생겼다면, 여가 부문은 잠시 죽음의 영역에 있어도 괜찮다.)

이제 당신의 일상에서 죽어 있는 영역이 선명하게 드러났으니, 그 영역들을 되살릴 계획을 설계할 준비가 되었을 것이다. 계속해서 앞으로 나아가라.

후회를 정리하라

앞서 자신의 죽음을 상상해보라고 했던 것이 기억나는가? 이제 당신이 죽기 전 '후회할 가능성이 있는 일들'을 모아 기록할 시간이 왔다. 크고 작은 모든 예상 후회들을 작성하되, 이미 저지른 행동에 대한 후회가 아니라, 하지 않아서 후회할 것 같은 일에 집중하라.

작성한 후회 목록을 보면서, 당신의 삶에서 죽어 있는 영역과 이 잠재적인 후회 사이에 어떤 연관성이 보이는지 살펴보라. 아마도 당신의 '후회할 일들'은 현재 일상에서 더 집중하고 싶은 부분과 관련이 있을 가능성이 높다.

일상을 흔들어라

고정된 행동과 생활 습관은 자칫 우리가 추구하는 새로움과 다양성을 방해할 수 있다. 새로움과 다양성은 우리가 풍요로운 삶을 누리기 위해 필요한 핵심 요소다. 따라서 당신은 지루한 일상에서 벗어나 삶에 변화를 주고 심리적으로 풍요로운 삶을 살기 위해 정체된 일상을 흔들어야 한다. 지금부터 행동으로 옮길 수 있는 방법들을 소개한다.

1. 호기심을 가져라

- **관심 있는 것들을 목록으로 작성하라.** 그 다음에 그것을 배울 수 있는 시간을 구체적으로 마련하라. 온라인 무료 강의, 팟캐스트, TED 강연, 기사, 인터뷰, 전문가와의 커피 타임 등 관심 있는 주제에 대해 더 많은 지식을 쌓을 수 있는 방법을 찾아라. 정해진 시간 동안 마음껏 인터넷 서핑에 몰두해도 괜찮다.

- **나만의 커리큘럼을 설계하라.** 매달 한 가지 주제를 선정해 깊이 파고들고, 요약 노트를 만들어 작성하거나 중요한 내용을 캡처하라. 친구와 함께 서로의 연구 결과를 매달 공유하거나, 그룹을 만들어 발표해보는 시간을 갖는 것도 좋다.

- **주변을 새롭게 관찰하라.** 지금 살고 있는 동네를 처음 온 것처럼 새로운 눈으로 관찰해보자. 뒷마당, 거리, 공원, 동네 가게들을 보며 새로운 점을 찾아보라. 대수롭지 않게 생각했거나 간과했던 것이 있는지 살펴보자.

- **경로를 이탈하라.** 출근할 때나 아이를 수영장에 데려다줄 때, 저녁에 자전거를 탈 때 늘 다니던 길 말고 다른 길로 가보라. 새로운 환경에서는 더 쉽게 호기심을 가질 수 있다.

- **미래의 경험에 관심을 가져라.** 주말에 새로운 도시를 방문하거나, 참신한 레스토랑을 예약할 계획이라면, 무엇을 하고 무엇을 먹을지 미리 조사해보라. 방문할 도시의 역사와 특징은 무엇인가? 그곳에서 아침식사를 하기에 가장 좋은 곳은 어디인가? 레스토랑의 경우, 셰프의 특별한 스토리는 무엇인가? 와인 리스트는 어떤가? 레스토랑 이름을 그렇게 지은 이유는 무엇인가?

2. 모험하라

이제 호기심 안테나가 발동되었으니, 굳이 짐을 싸지 않고도 모험을 즐길 준비가 되었다. 삶이 죽음을 향해 지루할 정도로 느리게 흘러가는 과정이 아니라 모험처럼 느껴지도록 기억에 남을 멋진 여행을 만드는 방법을 연구하라. 아래에서 마음이 끌리는 항목을 잘 메모해두자.

- **"음, 사양할게요" 대신에 "완전 좋아!"라고 말하는 습관을 들여라.** '완전 좋아!'라고 대답하는 것은 처음에는 약간 불편할 수 있지만 무기력함을 떨치고, 결국 흥미롭고 '생명력' 넘치는 것들에 'yes'라고 말하는 것을 뜻한다. 예를 들어, 아는 사람이 없는 모임의 초대에도 좋아! 댄스 입문 수업 8회권에도 좋아! 소개팅도 좋아! 직장에서 중요한 프로젝트를 맡아도 좋아! 다른 도시에 사는 고등학교 절친을 만나러 가는 것도 좋아! 금요일 밤에 소파의 유혹을 뿌리치고 외출하는 것도 좋아! 무대 뒤로 잠깐 몰래 들어가는 것도 좋아! 홍어 먹는 것도 좋아! 누드 크로키 수업도 좋아! 당신을 지치게 하거나 한계를 넘어서는 일을 거절할 때는 어떤 죄책감도 느낄 필요 없지만, 눈앞에 놓인 기회들에는 '좋아!'라고 외쳐라.
- **모험과 영감을 얻기 위한 시간을 확보하라.** 슈퍼컴퓨터 시대에는 더 이상 비밀이 없다. 우리의 부모님 세대는 직접 나가서 모험을 찾아야 했지만, 우리는 미리 여행 계획을 짤 수 있는 시대에 살고 있다! 예를 들어, 여행 가이드북《아틀라스 옵스큐라

Atlas Obscura》에서 마음에 드는 여행을 찾아보자(나의 한 고객은 '하노이에서 사이공까지의 요리 모험'을 위해 베트남 여행을 떠났다). 또한 구글에서 '내 주변에서 할 수 있는 일'을 검색하면 다양한 아이디어를 얻을 수 있다. 매일 점심시간에 15분이라도 시간을 내어 이런 아이디어들을 탐색해보라.

- **'죽기 전에 떠날 모험 목록'을 작성하라.** 언젠가 색다른 일을 하고 싶을 때 참고할 수 있는 목록이라고 생각하라. 아이디어를 미리 정리해두지 않으면, 토요일 아침에 갑자기 48시간의 여유 시간이 주어졌을 때 아이디어가 떠오르지 않아 시간을 낭비하게 될 수도 있다. 목록에 적어두면 좋을 아이템들을 한 번 정리해보자. '경제적이고 재미있는 것'(지역 커뮤니티 센터에서 진행하는, 명상 수업 참석)부터 '크고 대담한 것'(바르셀로나에서 소믈리에 과정 수강)까지 적어도 12가지 이상 작성하라.

- **모험의 파트너를 찾아라.** 혼자서는 기억에 남을 동굴 탐험을 떠나기가 쉽지 않을 것이다. 도전적인 삶을 원하는 친구와 매달 모험을 떠나는 약속을 해보라. 누구와 함께 모험을 떠날 수 있을지 생각해보자. 몇 명과 함께 가고 싶은가?

- **'느린 모험'도 허용하라.** 여행과 모험의 세계에서 '슬로우 푸드'처럼 여겨지는 것이 바로 느린 모험이다. 번지점프처럼 아드레날린이 솟구치는 여행에 관심이 없다면, 속도를 늦추고, 자연과 환경, 그리고 그 지역의 문화, 사람들과 깊이 교감하는 몰입형 경험을 선택하면 된다.

- **계획과 즉흥성의 균형을 맞춰라.** 계획은 아이디어의 원동력이

되지만, 매시간 미친 듯이 계획을 따르다 보면 오히려 답답할 수 있다. 나의 고객 중 한 명은 휴가 계획을 일부러 세우지 않고(숙소를 제외하고), 남편과 함께 즉흥적으로 내린 결정들을 즐기며 여행했다. 나는 언젠가 짐을 싸들고 공항으로 가서 남편에게 대형 전광판에 표시된 항공편 목록을 보고 무작위로 목적지를 고르게 하고, 그곳으로 날아가는, '계획 없는' 주말 모험을 즐겨보고 싶다.

• **뜻밖의 행운을 발견하라.** 그러니까, 즐겁고 행복한 우연의 사건 말이다. 내비게이션 없이 시골에서 길을 잃어 여행을 완전히 망쳤다고 생각했는데, 유명한 양조장의 간판을 우연히 발견하는 그런 상황 말이다. 모험은 원래 혼란스럽다. 미지의 영역을 헤매기 때문이다. 그래서 '아차' 싶은 순간을 행운을 잡을 기회로 생각해야 한다. 모든 일이 잘못된 것처럼 보일 때, 사실은 잘된 일의 또 다른 형태일지 모른다는 마음가짐을 가져야 한다. 그렇게 하면 뜻밖의 보물을 발견할 수 있다.

• **당일치기 휴가를 떠나라!** 아침 6시에 비행기를 타고 제주도로 떠나보는 건 어떨까? 오전 6시 비행기를 타고 멋진 호텔의 수영장 이용권을 구입하고(가능한 일이다), 몇 시간 동안 점심을 먹고 느긋하게 쉬다가 마지막 비행기로 돌아오는 것이다. 남편과 나는 2021년 안식년의 마지막 날을 이런 식으로 보냈는데, 평생 잊지 못할 추억을 만들었다. 기차를 타거나 차를 타고 하루 동안 탈출할 수 있는 곳은 어디일까?

우리가 인생에서 갈망하는 대부분의 것들처럼, 모험도 직접 찾아나서야 한다. 모험은 평범한 저녁 7시 30분에 우리집 문을 두드리며 찾아오지 않는다. 우리는 용기를 내어 일어나서 나가야 한다.

삶을 모험처럼 대하라, 마치 유럽식 사랑 이야기처럼! 이런 대담한 태도로 삶에 임하면, 강렬하고 뜨거운 열정으로 삶의 한계를 극복할 수 있다. 어떻게 하면 작은 일(종업원에게 주고 싶은 메뉴를 달라고 요청하는 것처럼)부터 아주 거대한 일("2월에 제주도에서 만나자. 나는 그달 내내 원격근무를 할 예정이야!"라고 친구들에게 문자를 보내는 것처럼)까지 다양한 모험을 만들어낼 수 있을까? 마지막 순간에 인생을 돌아봤을 때, 특별한 순간들이 끊임없이 이어지는 삶이기를 바라지 않는가?

땅이 당신을 덮기 전에, 당신이 세상을 덮어라.

다고베르트 루네스Dagobert Runes

활력으로 삶을 확장하라

내 연구에 따르면, 대부분의 사람들은 지금 자신의 삶이 '의미 있지만 지루한 상태'에 있다고 느끼며 더 많은 활력을 얻고 싶어 한다. 활력을 주는 활동을 통해 삶을 확장하는 일은, 의미를 찾는 것보다 훨씬 더 쉬운 방법일 수 있다. 그리고 이미 논의한 바와 같이 이러한 활력 넘치는 활동은 삶의 의미를 찾는 일에도 도움이 된다.

아마도 지금 당신은 활력 넘치는 삶을 위해 시간과 에너지를 실질적으로 투자할 필요성을 느끼고 있거나, 이미 활력을 느끼고 있지만 더 많은 활력을 원하고 있을 수도 있다. 현재 당신이 얼마나 활력이 넘치든 상관없이, 당신의 인생을 더 확장시킬 수 있는 몇 가지 아이디어가 있다.

- **'생동감을 느꼈던 순간을 떠올려보라.** 그때 당신은 무엇을 하고 있었는가? 누구와 함께 시간을 보내고 있었는가? 그때 마음가짐은 어땠는가? 다시 시작하고 싶은 활동은 무엇인가?
- **새로운 것을 시도할 수 있도록 스스로를 허락하라.** 관심 있는 분야를 탐색하라. 처음에는 서툴게 느껴질 수 있다는 점을 인정하라. 스페인어 회화를 배우거나, 칼질을 익히거나, 벼룩시장에서 산 의자에 새 커버를 씌우는 일처럼, 확실한 안전지대에서 벗어나 새로운 것을 시도하라.
- **시도해본 것들을 기록하라.** 자신이 '시도했던' 일들을 되새겨보는 것은 동기부여가 된다. 이런 일은 매주 새로운 일을 하나씩 시도해보겠다는 목표를 스스로 지키는 데도 도움이 된다. 당신은 얼마나 자주 시도할 것인가? '활력의 승리'를 어디에 기록할 것인가? 나와 함께 일하는 몇몇 팀은 주말에 찍은 사진을 공유하고, 서로를 격려하면서 긍정적인 경쟁 분위기를 조성한다.
- **어렸을 때 좋아했던 활동을 다시 시도해보라.** 트램폴린이나 베

이킹, 또는 피아노 연주 같은 것을 시도해보라.

- **자신에게 긍정적인 감정을 가득 안겨줘라.** 매주 한 가지 감정이면 충분하다. 기쁨, 사랑, 감사, 희망, 평온, 흥미, 자부심, 즐거움, 경외감, 영감. 이러한 감정들은 활력을 불러일으키는 즐거움과 함께 찾아온다. 가장 먼저 당신에게 와닿는 감정은 무엇인가?

- **'나를 행복하게 만드는 것' 목록을 참고하라.** 매주 그 목록에서 적어도 하나씩 실행하라. 작든 크든 상관없다. 오랫동안 연락이 끊겼던 친구에게 문자를 보내거나, 밤에 잠옷차림으로 춤을 추는 것도 좋다.

- **8장에서 소개한 '활기차게 사는 방법' 중 여전히 공감이 가는 것에 체크 표시를 하라.**
  - 당신이 가치 있게 여기는 일을 하라.
  - 많이 움직여라.
  - 활기찬 롤모델을 따라 하라.
  - 많이 놀아라.
  - 원활한 사회적 관계를 유지하라.
  - 모든 감각을 적극적으로 사용하라.
  - 끊임없이 호기심을 가져라.
  - 적극적으로, 때로는 공격적으로 삶을 추구하라.
  - 의도적으로 여유로운 삶을 살아라.
  - 취미를 우선시하라.
  - 엉뚱한 이벤트를 만들어 즐겨라.

- 스크린 타임과 SNS 시간을 줄여라.

- 휴가를 사용하라.

- '더 많은 돈 = 더 많은 행복'이라는 생각을 버려라.

- 더 건강한 생활 방식을 고민하라.

- 당신의 활력을 떨어뜨리는 사람을 피하라.

- 습관과 루틴을 없애라.

당신의 삶을 확장하기 위해 하고 싶은 구체적인 일은 무엇인가? 당신의 삶을 확장시키는 방법의 목록을 작성해보라.

의미로 삶을 깊게 하라

즐거움과 활력의 균형을 맞춰주는 중요한 요소가 있다. 바로 '의미'다. 당신의 삶을 더 깊게 만들 수 있는 아래의 아이디어들이 바로 당신 인생의 마스터플랜이 될 수도 있을 것이다.

- **삶이 더 의미 있다고 느꼈던 순간을 생각해보라.** 그때는 무엇이 달랐는가? 지금 무엇을 하면 그 의미를 다시 되살릴 수 있을까?
- **아침에 눈 뜨는 이유를 1 - 100점 척도로 평가해보라.** 현재 몇 점인가? 그럼 지금의 점수를 2점 올리려면 무엇이 필요할까?
- **당신이 아는 이들 중에 의미 있는 삶을 산다고 생각하는 사람을 떠올려보라.** 그들을 보면 어떤 점이 인상 깊은가? 직장 안팎에

서 목적을 느끼고 있는가? 봉사활동을 하고 있는가? 깊은 관계를 맺고 있는가? 헌신하고 있는 일이 있는가? 영적으로 충만한가? 시간, 돈, 미소를 아낌없이 나누는가? 그들에게 본받을 만한 점은 무엇인가?

- **큰 목적을 가져야 한다는 부담감을 버려라.** 목적과 의미는 매우 상대적인 것이다. 세상을 바꾸는 목표를 가진 비영리 단체를 설립할 필요는 없다. 예를 들어, 당신이 어떤 모임에 속해 있든, 사람들이 소속감을 느끼도록 하는 것이 당신의 목적이 될 수도 있다.

- **자신이 세상을 떠났다고 가정해보라.** 사람들이 당신을 어떻게 기억해주길 바라는가? 그러한 유산을 남기려면 지금의 삶을 어떻게 바꿔야 할까?

- **주변 사람에게 물어보라.** 믿을 만한 가족이나 친구에게 어디에서 삶의 의미를 찾는지 물어봐라. 그들의 답변은 새로운 관점을 제시할 수 있고 변화를 위한 영감을 줄 수도 있다. 누구에게 물어보고 싶은가?

- **빅터 프랭클의 《죽음의 수용소에서》를 읽어보라.**

- **9장의 '삶에 의미를 부여하는 방법'들을 다시 살펴라.** 앞에서 다뤘던 의미에 관한 내용 중 다시 살펴볼 가치가 있는 주요 내용을 체크해보라.

  - 당신이 이미 변화를 만들고 있는 부분에 주의를 기울여라.

  - 다른 사람을 돕는 마인드를 가져라. 남을 도우며 느끼는 만족감, 즉 '헬퍼스 하이'를 즐겨라.

- 자기 인식을 높여라.

- 쾌락의 기쁨은 어느 정도 포기하라.

- 소속감을 강화하라.

- 삶에 영적 요소를 더하라.

- 과거, 현재, 미래를 음미하며 사색하는 사람이 돼라.

- 도전하라.

- 고통, 상실, 불편함을 받아들여라.

- 경이로움(경외심과 놀라움)을 추구하라.

- 미래 세대를 위해 의미 있는 일을 하라.

부록에 있는 평가지를 통해, 현재 나의 삶을 진단해보자. 특히 얕게 느껴지는 영역이 있는가? 그런 영역은 먼저 채우는 것이 좋을 수 있다. 반대로, 이미 의미가 산처럼(혹은 조금이라도) 쌓여 있는 부분이 있다면, 그 활동에 더 깊이 파고들면서 에너지를 얻을 수 있을 것이다. 이제 '내 삶을 더 깊게 만들 수 있는 방법'을 작성해보고 하나씩 실행하라.

기대할 만한 것을 찾아라

일상 속에 기대할 무언가가 있다는 것은 그 크기와 상관없이 우리 삶의 만족도를 높여준다. 예를 들어, 내 고객 중 한 명은 매일 오후의 간식 시간을 기대하며 하루를 살아간다. 그녀는 3시가 되면 일을 멈추고, 갓 튀긴 팝콘을 즐기며 단어 게임을 하는 시간을 정해두었다. 이 작은 이벤트는 그녀의 오후에 즐거운 활력을 더해준다.

기대감을 높이는 방법

- **가능한 빨리 휴가 일정을 잡아라.** 근거리든 장거리든 당일치기든 휴가를 미리미리 계획하라. 휴가를 준비하는 과정과 기대감은 실제로 휴가를 가는 것만큼이나 즐거우니까. 연구에 따르면, 휴가를 준비하는 과정은 종종 실제 휴가보다 더 즐겁다고 한다(햇볕에 타고 여권을 분실하고, 아이들과 티격태격하는 일은 출발 전에 머릿속에서 벌어지는 일이 아니라, 실제 여행에서 일어나니까). 앞으로 12개월 동안 언제 휴가를 떠날지, 그날 뭘 할지를 계획하라.

- **미래의 이벤트를 계획하라.** 예를 들어, 10월쯤 미리 친구들에게 올해 크리스마스 파티는 당신이 주최하겠다고 선언하고, 어떤 음식을 준비할지 기대하며 즐거움을 느껴 보라. 나의 한 고객은 특별한 날을 핑계삼아 재미있는 이벤트를 계획하곤 한다. 7월 셋째 주 수요일인 '핫도그의 날'을 핑계로 핫도그 파티를 계획하고, 이를 1년 내내 기다린다. 지금 달력을 펼쳐 보라. 당신이 몰랐던 이벤트를 찾아 그날을 기념할 작은 파티를 계획하라.

- **기대감은 가까이 있다.** 기대감이 항상 비용이 많이 드는 거창한 여행이나 큰 연례행사에만 있는 것은 아니다. 오히려, 이미 우리 삶에 존재하는 것들에 대해 다시 깨닫고, 기대감을 키우는

것이 중요하다. 내가 아는 어떤 사람은 금요일마다 손자와 함께 시간을 보내는 것이 자신에게 얼마나 소중한지를 깨닫고 나서, 그 시간을 더 적극적으로 기다리게 되었다. 나와 남편은 보통 주중에 먹을 식단을 대략 계획해두는데, 목요일 저녁에 피자를 정해놓으면 일주일 내내 어떤 토핑을 고를지 생각하며 설렘을 느낀다. 당신의 일상에서 기대할 만한 작은 것들은 무엇인가?

- **기대감을 설계하라.** 나는 고객들에게 앞으로 7일, 30일, 365일 동안 기대할 만한 무언가를 만들라고 제안한다. 한 고객은 친구들과의 만남, 생일파티, 업무 성과 축하와 같은 다양한 이벤트를 계획하고 미리 달력에 표시해두어 항상 설렘을 느낄 수 있는 삶을 만들었다. 당신도 달력을 꺼내서 다음 주, 다음 달, 내년에 미리 준비하고 즐길 만한 일정이 있는지 확인하라. 만약 아무것도 없다면? 무엇이든 만들어내라.

잠시 시간을 내서 생각해보라. 삶에서 기대할 만한 이벤트, 경험, 모임, 식사, 휴일, 혹은 온라인 쇼핑 등의 일들을 어떻게 만들어낼 것인지. 요즘 삶에서 좀 무기력하게 느껴지는 영역(직장/친구관계/배우자/개인 성장/여가 등)과 관련된 것이라면 더 좋다. 아주 사소한 일부터 큰일까지 당신이 앞으로 기대하고 싶은 것들을 작성해보라.

소소한 버킷리스트 만들기

소소한 버킷리스트는 우리가 죽기 전에 이루고 싶은 일들을 적는 전통적인 버킷리스트보다 훨씬 더 일상적이고 실현 가능한 것으로 구성한다. 대부분의 사람들은 4천 번의 월요일 동안 원하는 모든 것을 경험하거나 성취하기에는 삶이 충분히 길지 않다는 사실을 알고 있다. 그럼에도 작성하지 않으면, 계획 없이 시들어가는 한낱 꿈에 불과해진다.

나는 삶에서 하고 싶은 일을 찾고, 그 일을 실제로 달성하기 위해 수많은 작은 버킷리스트를 작성한다. 연휴, 여름 휴가, 겨울 휴가, 방학이 올 때마다 남편과 나는 프린터에서 종이를 꺼내 '이번 휴가 동안 할 일 목록(무엇이든)'을 작성한다. 예를 들어 우리는 현재 '짧은 휴가 동안 할 일 목록'을 작성하고 있다. 단 이틀뿐인 휴가를 아무런 특별함 없는 주말처럼 보내지 않으려면 리스트가 꼭 필요하기 때문이다. 이 리스트 덕분에 조슈아트리 국립공원에 있는 '세계적으로 유명한 뜨개 박물관' 같은 곳을 놓치지 않을 수 있었다. (작은 마차 안에 사막에 어울리지 않는 코바늘로 뜬 악어들이 잔뜩 전시된 곳이다.)

이렇게 단순해보이는 리스트라도 우리가 삶을 더 진지하게 살도록 도와주는 강력한 도구가 된다. 계절 여행, 주말, 생일, 내셔널 또르띠야 칩 데이, 혹은 평범한 수요일 아침 같은 시간들을 꿈꾸고 계획하는 데 도움을 준다. 만약 이런 작은 버킷리스트라도 만들지 않았다면, 나는 이미 '일상 과다복용'으로 내면이 시들어 버렸을 것이다.

흘러가는 삶을 놓치고 싶지 않다면 우리가 고삐를 잡아야 한다. 당신도 직접 이런 소소한 버킷리스트를 만들어보라. 작은 디테일까지 담아내면서 행동으로 옮길 수 있는 항목과 기대감을 키울 수 있는 항목들을 추가하는 것이 중요하다.

소소한 버킷리스트의 예

- **최고의 7월을 만드는 방법**(예: 뒷마당에서 야외 취침하기, 아이들과 반딧불이 잡기, 딸기 따러 가기)

- **휴가 기간에 할 일 목록**(예: 매일 아침 침대에서 아침 먹기, 마야 유적지 방문하기, 해변에서 5km 달리기)

- **연말 휴가를 즐기는 20가지 방법**(예: 독서 마라톤 하기, 할머니의 특제 레시피로 쿠키 만들기, 시내에서 열리는 빛 축제 구경하기)

- **가을 주말에 할 일 목록**(예: 동네 호박 조각대회 개최하기, 귀여운 펜션에서 하룻밤 자기, 암벽 등반하기)

- **내 생애 최고의 커리어 목록**(예: 멘토 세션 12회 주최하기, CPA 시험 응시하기, 분기별 프레젠테이션 1회씩 하기)

- **다음 생일까지 해야 할 일**(예: 필라테스 36번 하기, 책 출간제안서 작성하기, 샌안토니오 여행하기)

죽음을 떠올릴 수 있는 소품을 활용하라

우리는 앞서 3장에서 '우리는 모두 죽는다'는 메시지를 떠올리게 하는 소품들을 활용하는 방법에 대해 이야기했다. 거기에 추가로, 어떤 '메멘토 모리적인' 물건들을 눈에 보이는 곳에 두면 좋을지 생각해보자.

- 나는 방금 쇼핑몰에서 '단 한 번 죽는다You Only Die Once'라고 자수로 새긴 맞춤형 베개를 주문했다. 당신이 직접 만든 베개에 '너는 지금 죽어가고 있어!You Are Dying!'라는 문구를 색색의 귀여운 글꼴로 새겨보는 건 어떤가?

- 혹시 '당신은 아름다운 시체가 되어 가고 있어요'라는 문구를 포스트잇에 적어 욕실 거울에 붙여두는 건 어떤가? 의외로 의미 있는 자신감 부스터가 될 수도 있다.

- 해골에서 영감을 받은 장식품이나 열쇠고리, 동전, 옷 등을 발에 채일 정도로 이곳저곳에 둬라. 집, 사무실, 가방 어디서든 눈에 띄게 만들라. 방문하는 사람들이 눈썹을 치켜뜨고 '혹시 저 사람이 죽음의 신이 이끄는 컬트 클럽에 가입한 건가?' 하고 궁금해할 정도로 말이다.

- 스티브 잡스가 췌장암 진단을 받은 지 약 1년 뒤에 스탠퍼드 대학 졸업식에서 했던 연설을 보라. 아직 보지 않았다면 오늘 자기 전에 보는 것을 추천한다.

- 깨끗한 종이를 한 장 꺼내서 직선을 그려 보자. 왼쪽 끝은 당신의 출생, 오른쪽 끝은 죽음이다. 그 선 위에 느낌표를 그려 당신이 인생에서 지금 어디쯤에 있는지 표시해보라. 하루를 보내면서 그 느낌표를 떠올려라.

- 삶에 약간의 자극이 필요할 때, 이 문장으로 시작해봐라. '인생은 너무 짧아서 ~ 할 수밖에 없어.' 예를 들어 '인생은 너무 짧아서 내 사업 아이디어를 시도하지 않으면 안 돼', '인생은 너무 짧아서 결혼정보회사에 등록할 수밖에 없어', '인생은 너무 짧아서 온두라스로 탐조 여행을 떠날 수밖에 없어', 지금 빈칸을 채워봐라. '인생은 너무 짧아서 _____ 할 수밖에 없어.'

- 비생산적인 생각이나 행동을 억제하고 싶을 때, '~하기엔 인생은 너무 짧아'로 문장을 시작해봐라. 예를 들어 '생일 파티가 완벽해야 한다고 걱정하기엔 인생은 너무 짧아', '원수 같은 친구와 계속 어울리기엔 인생은 너무 짧아', '톰의 승진을 신경 쓰기엔 인생은 너무 짧아' 이제 빈칸을 채워보자. '_____ 하기엔 인생은 너무 짧아.'

- 마지막으로 가장 중요한 질문이다. 계속 남은 월요일을 세고 있는가? 당신에게는 몇 번의 월요일이 남았는가?

11장

죽기 전에 마음껏 즐겨라

죽음은 우리의 친구다. 그것이 우리를
지금 여기 존재하는 모든 것, 본래 그대로의 모습과 사랑에
절대적이고 열정적으로 몰입하게 만들기 때문이다.

라이너 마리아 릴케Rainer Maria Rilke

철학자 하이데거Martin Heidegger는 우리가 삶을 살아가는 방식에서 두 가지 길 중 하나를 선택한다고 주장한다. 존재를 '망각'하거나, 존재를 '자각'하며 살아간다.

'존재를 망각하는 삶'은 열쇠를 어디에 뒀는지 잊어버리는 것과 같은 문제가 아니다. 그보다는 삶이 존재한다는 사실 자체보다, 삶이 어떻게 돌아가는가에만 몰두하는 상태를 뜻한다. 이런 상태에서는 일상의 소용돌이에 휩쓸려 사물의 세계에 파묻히고, 삶을 의미 없이 받아들이며, 점점 더 수동적인 존재로 살아가게 된다.

반면, '존재를 자각하는 삶'은 완전히 다른 차원의 경험이다. 이것은 살아 있다는 사실을 온전히 인식하고, 삶의 덧없음과 소중

함을 자각하며, 자신의 삶을 어떻게 살아갈 것인가에 대한 책임감을 강하게 느끼는 상태다. 바로 이 지점에서 변화할 힘이 생겨나며, 경이로운 삶을 살아갈 가능성이 열린다. 이제 당신의 삶의 방향을 설계할 때 '존재를 자각하는 상태'로 들어가 보라. 그리고 온전히 의식적인 상태로, 자신의 삶을 주체적으로 그려 나가라.

나 자신에 대해 진실로 알고 있는 것

에이브러햄 매슬로우**Abraham Maslow**는 언젠가 이렇게 말했다.
"자신이 될 수 있는 것보다 낮게 계획을 세운다면, 아마도 평생
불행할 것이다." 우리는 단순히 불행을 막으려는 게 아니다.
당신이 될 수 있는 모든 것이 되도록 돕기 위해 여기 있다.

지금까지 성찰했던 것들을 생각해보라. 당신이 바라는 것, 꿈꾸는 것, 잘하는 것, 소중히 여기는 것, 이 세상에 존재하는 이유. 이 모든 것을 완전히 실현한 자신을 상상해보면 어떤 모습일까? 최상의 모습, 즉 완전히 최적화된 사람으로서 활짝 피어난 상태의 자신을 어떻게 묘사할 수 있을까?

• 내 삶에서 가장 중요한 가치들은:

_____

_____

• 내가 의지할 수 있는 가장 큰 장점들은:

_____

_____

• 내 삶의 목적과 의미는 다음과 같이 설명할 수 있다:

_____

_____

• 나는 다음과 같은 순간에 가장 살아 있다고 느낀다:

_____

_____

• 이 책을 읽으면서 내가 스스로 가장 자랑스러웠던 일(나의 행동,
  말, 생각 등)은:

_____

_____

• 내가 더 이상 믿지 않는, 내가 놓아버린 믿음들(예: 나 자신, 삶,
  타인에 대한 것)은:

_____

_____

- 이제 내가 믿고 있는 긍정적인 믿음들(예: 나 자신, 삶, 타인에 대한 것)은:

_____

_____

- 이 책을 읽고, 내 삶의 활력을 높이기 위해 달라진 점은:

_____

_____

- 이 책을 읽고, 내 삶에 의미를 더하기 위해 다르게 하고 있는 것은:

_____

_____

- 이 책을 읽으면서 나 자신에 대해 놀랐던 점은:

_____

_____

- 이 시점에서 나 자신에 대해 확실히 알게 된 사실은:

_____

_____

나는 당신이 일상에서 실제로 몇 가지라도 변화를 주었을 것이라고 믿는다. 지금까지의 여정에서 특별히 자부심을 느낄 만한 성장을 이뤄낸 부분이 있는가?

삶의 의미와 깊이를 찾는 과정에서 주의해야 할 것들

함정에 빠지지 않도록 주의하라. 삶에서 마주하는 장애물도 인간 경험의 일부다. 우리는 그것들을 완전히 없앨 수는 없지만 관리할 수는 있다. 다음의 중요한 주의사항을 명심하라.

- **압박감은 늘 존재한다.** 나는 많은 사람들이 자신을 평가하고, 더 넓고 깊게 살지 못한 것, 활력 없이 사는 것에 대해 자책하는 모습을 본다. 아마 당신도 자신에게 엄격한 사람일지 모르겠다. 중요한 것은, 당신을 평가하는 유일한 사람은 바로 당신 자신뿐이라는 사실이다. 만약 지금까지 삶을 낭비하면서 살아왔다면(우리가 목표로 하는 낭비 없는 삶이 아닌), 그 또한 이미 다 지나간 일일 뿐이다. 때로는 며칠, 몇 주, 심지어 몇 달을 허송세월을 보낸 것처럼 느껴질 수도 있다. 그럴 땐 그냥 잊어버려라. 그냥 흘러가게 내버려둬라. 당신에게 주어진 건 오늘 뿐이고, 앞으로 행동할 수 있는 월요일들이 남아 있기를 바랄 뿐이다. 그러니 오늘이 기회다. 어제는 핸드폰 속 사진 몇 장과 희

미하게 남아 있는 기억에 불과하다. 그리고 내일은… 글쎄다. 내일에 대한 이야기는 시작도 하지 말자. 오늘에 대한 결정을 내리자.

- **'내 삶을 더 좋아하기 위한 계획'에서 항상 벗어나게 될 것이다.** 이건 당신이 인생의 패배자라는 의미가 아니라, 당신이 바쁘고 성공적이며 선의를 가진 사람이기 때문이다. 그리고 잘 하려고 노력하는 인간이기 때문에 인생의 사소한 일들에 휘말리게 된다는 것이다. 당신은 비밀번호를 재설정하고, 다른 사람들의 귀찮은 문제들과 상사가 급하게 던진 일도 처리해야 한다. 그러다 보면 당신이 원하는 삶은 방해를 받을 수밖에 없다. 그렇기에 중요한 일에 대한 청사진을 갖고 있어야만 한다. 그러면 종종 그 길에서 벗어나더라도 더 자주 제자리로 돌아올 수 있을 것이다.

- **작은 활력들이 쌓여서 놀랍도록 생기 넘치는 삶을 만든다.** 삶을 더 넓고 깊게 산다는 것은 단 한 번의 거대한 변화를 만드는 것이 아니라, 작은 일들을 쌓아가는 일이다. 그 작은 일들이 쌓여서 살아갈 가치가 있는 삶을 만들어낸다. 물론 크고 대담한 변화를 좋아할 수도 있다. 예를 들어, 나의 상담 고객 중 한 여성은, 어느 날 아침에 일어나 갑자기 직장을 그만두고 플로리다로 이사한 후, 온라인 쇼핑몰을 여는 일에 모든 에너지를 쏟아부었다. 이처럼 대담한 결단을 원한다면, 과감하게 도전하라!

하지만 대부분의 사람들에게는 매일 조금씩 의도적으로 살아 가는 것이 더 중요하다. 독서모임을 건너뛰고 욕조에서 책을 읽으며 혼자만의 시간을 갖는 것이, 삶에 작은 활력을 불어넣 는 결정이 될 수 있다. 아침에 일어나자마자 큰 컵에 가득 담긴 물을 한 잔 마시고, 하루 동안 7잔을 더 마시는 일 역시 당신의 건강을 위한 중요한 노력이다. 작은 변화들은 당신이 눈치채지 못하는 사이에 차곡차곡 쌓여서, 아침에 일어나서 물을 한 잔 마시는 습관이 일주일에 5일 운동하는 루틴으로 바뀌기도 한 다. 삶은 사실 5분이라는 작은 시간의 조각들로 이루어져 있다. 하루 중 깨어 있는 시간에 192개의 5분 조각들이 이어져서 삶 을 만든다. 이 5분 단위의 시간을 당신은 어떻게 관리하고 싶 은가?

- **올바른 삶이란 각자에게 다른 의미다.** 당신이 생각하는 경이로 운 삶은 더 많이 일하는 것일 수도, 덜 일하는 것일 수도 있다. 더 많이 '예스'라고 외치거나 더 많이 '노'라고 말하는 것일 수 있다. 더 많이 배우는 것일 수도, 그동안 배운 것들을 실제로 적용하는 것일 수도 있다. 사교 활동을 더 활발히 하거나 더 적 게 하는 것일 수 있다. 일상적인 습관을 버리거나, 건강한 습관 을 새로 만들 수도 있다. 모아둔 돈을 경험을 위해 쓰거나, 마 음의 평화를 위해 돈을 저축하는 것일 수 있다. 목표를 세우거 나 꿈을 위해 목표를 버리는 것일 수 있다. 무슨 말인지 이해하 는가? 진심으로 의미 있게 사는 것은 전적으로 그 삶을 살아가

는 사람의 관점에 달려 있다. 오늘 저녁 당신에게 좋았던 삶이 내년 이맘때에는 다르게 보일 수 있으며, 이는 당신이 성장하고 발전하고 있다는 뜻이다.

- **화려한 삶에 대한 환상에 주의하라.** 나는 열정적으로 사는 것을 좋아한다. 시간을 낭비하지 않았다고 느낄 수 있도록 의도적으로 사는 것을 좋아한다. 하지만 앞서 이야기했듯이, 이것이 엄청난 재력가가 되어 제트기를 타고 전 세계를 누비고 캐비아를 먹는 것처럼 화려하게 살아야 한다는 뜻은 아니다. 행복은 거대하고 화려한 여행이나 퍼스트클래스에 달려 있지 않다. 잠깐! 물론 이런 것들도 다 재미있고 괜찮다! (할 수 있다면) 해라! 다만 화려하게 사는 것만이 좋은 삶으로 가는 유일한 길이 아니라는 사실을 기억하라.

- **비교를 멈춰라.** 자신의 삶을 다른 사람의 삶과 비교하는 순간, 우리의 생명력은 약해진다. 소셜 미디어에서 다른 사람들이 즐기는 모습을 스크롤하며 보는 것은 멘탈이 약한 사람에게는 쉽지 않은 일이다. 특히 다른 사람들이 너무 힙한 바리스타 이벤트에 참석하거나 개인 제트기에서 캐비아를 무제한으로 즐기는 모습을 보는 것은 더 그렇다. 다른 사람들이 현재를 즐기는 모습을 보고 영감을 받을 수 없다면, SNS 하는 시간을 줄이는 게 어떨까? 비교하지 않는 것이 진정한 행복이다.

- **계획 말고, 두려움을 물어라.** 어떤 사람들은 자신이 진정으로 원하는 일을 두려워한 나머지, 스스로 교묘하게 '고의적인 방해 작전'을 시작한다. (사업을 하고 싶어 하면서 실행을 못하는 사람들이 특히 그렇다. 거절당할 두려움, 실패할 두려움은 사람을 마비시킨다. 나도 이 치명적인 두려움 콤보에 대해서 잘 알고 있다.) 우리는 진지하게 '언젠가 나는 ＿＿＿＿＿ 할 거야'라고 말해놓고, 실제로는 원하는 바로 그것을 피한다. 이기는 게임을 하는 것보다 지지 않는 게임을 하는 게 390배나 더 쉽기 때문이다. 희망과 꿈의 묘지에는 대기 명단까지 있을 정도다. 그런데 그 명단에 당신의 이름이 올라가면 되겠는가? 목표를 달성하거나 연기 수업에 참석하는 일이 두렵더라도 괜찮다. 두려웠지만 결국 해냈던 때를 떠올려보라. 항상 어려운 일을 해내고 있다. 이제 '새로고침' 버튼을 누를 시간이다.

- **"꿈을 향해 자신 있게 나아가라. 상상했던 삶을 살아라."** 헨리 데이비드 소로우Henry David Thoreau의 이 명언은 늘 내가 좋아하는 문구 중 하나였다. 어쩌면 내가 늘 자신감을 더 느끼려고 노력하는 사람이기 때문일지도 모르겠다. 또는 내가 상상했던 삶을 살 수 있도록 스스로를 허락할 수 있다는 아이디어가 너무 좋기 때문일 수도 있다. 당신은 자신이 상상한 삶에 대해 관대한 태도를 가지고 있는가? 이 책은 거대한 상상의 공간(즉, 온갖 종류의 가능한 현실을 상상하며 헤엄쳐 다녔던 대형 수족관)이 되어왔다. 당신이 그동안 하고 싶었던 일, 살고 싶은 방식, 되고 싶은

사람을 생각하면서 작성한 많은 메모(또는 마음속 생각들)를 떠올려 보라. 상상했던 삶을 살 수 있다는 자신감, 에너지, 용기를 갖게 되길 바란다.

• 당신의 인생에서 '새로고침' 버튼이 필요한 영역은 어디인가?

- 해안가로 이사할 수 있다(어느 해안이든 선택만 하라!).
- 사랑이 없거나 생기가 없는 관계를 정중하게 끝낼 수 있다.
- 발전이 없는 직장을 떠날 수 있다.
- 배우자 없이도 아이를 가질 수 있다.
- 힘들게 일궈낸 회사에서 은퇴할 수 있다(또는 매각하거나 다른 사람에게 넘길 수 있다).
- 마음을 채워주지 못하는 우정에서 멀어질 수 있다.
- 교회(또는 더 이상 자신과 맞지 않는 어떤 기관이든)를 떠날 수 있다.
- 형제자매가 돈에 쪼들리고 있어도 주방을 리모델링할 수 있다.
- 몇 년 동안 일해왔던 이사회에서 물러날 수 있다.
- 나이와 상관없이 정신만 또렷하면 학위를 따러 다시 학교로 돌아갈 수 있다.
- 자신감과 행복을 느낄 수 있다면, 자신의 어떤 부분이든 바꿀 수 있다.
- 부업으로 프리랜서 일을 시작할 수 있다.
- 아이들이 간식을 달라고 투덜댈 때 45분 동안 달리기나 걷기를 할 수 있다.
- 원하는 건 뭐든 할 수 있다. (합법적인 범위 내에서, 법이 있으니까.)

지금은 자신을 사랑할 때다. 스스로 사랑할 가치가 있는 일을 하고, 버릴 만한 것들은 과감히 버리는 자신으로서 말이다. 당신 자신에게 신중해야 한다. 너무 쉽게 인생이 흘러가도록 내버려두고, 관성대로 살면서 재능을 제대로 활용하지 않고, 세상에 당신만의 특별한 개성을 공유하지 않고, 더 많은 베이컨이나 치즈나 초콜릿을 먹지 않고, 당신이 여러 번 구글링했던 지구 반대편 어딘가를 방문하지 않으며, 결국에는 10점 만점에 7점짜리 인생이었다고 후회하는 것은 너무나 쉽다. 사실은 8점이나 9점, 심지어 '10점'에 도달할 수도 있었을 텐데 말이다.

삶에 약간의 변화를 주어 활력을 불어넣고 싶을 수도 있고, 아니면 인생을 완전히 바꿀 만한 장대한 자기 변화의 여정을 떠나고 싶을 수도 있다. 앞서 말했듯이, 그 변화가 평온하고 잔잔해야 한다거나, 대담하거나 모험적이어야 한다고 말하는 게 아니다. 어떤 삶을 살고 싶은지 결정하는 것은 바로 당신이다. 어떤 삶을 선택하고 싶은가?

선택하고, 실행하라

오늘 당신의 삶에서 어떤 선택을 해야 할까? 모든 성찰과 평가가 끝난 지금, 활력으로 삶을 넓혀야 할까, 아니면 의미로 삶을 깊게 만들어야 할까? 이 질문을 통해 당신이 집중해야 할 부분을 좁힐 수 있다.

당신의 스타일을 안다. 아마도 단번에 삶을 변화시키고 싶을 거다. 나 역시 모두 다 성취하고 싶은 과도한 열망에 공감하긴 하지만, 먼저 딱 한 가지만 선택하라. 한 가지를 선택해서 실제로 끝까지 실천하면, 더 오래 지속할 수 있다. 그 목표가 작은 일일 수도 있다. 분명 이런 옛 속담을 들어봤을 것이다. '두 마리 토끼를 잡으려다 한 마리도 못 잡는다.' 하나에 집중해야 한다는 메시지를 생각하라. 우선순위를 정하고 단순화하라.

나는 '의미 있지만 지루한' 삶을 살고 있던 한 여성을 상담해준 적이 있다. 그녀는 활력을 되찾기 위해 의욕적으로 나서서 열정적으로 삶을 넓히기 위해 노력하다가 그만 번아웃에 빠지고 말았다. 화요일 저녁에 테니스만 치는 것은 너무 느슨한 계획이라고 생각했는지, 무려 8가지 할 일을 만들었다. 프랑스어 수업에 등록했고, 자매들과 함께 도넛 만들기를 하고, 거실과 다이닝룸을 비바 마젠타 컬러로 칠하고, 운동 루틴을 저녁에서 아침으로 바꿨으며, 부모님 집에서 색소폰을 가져오기로 하고, 사바나 여행을 예약했다. 아직 목록이 끝나지 않았는데도 벌써 지친다. 그녀도 지칠 대로 지쳤다. 그녀는 색소폰이 도착한 지 몇 주가 지났는데도, "아직 택배 상자를 뜯어보지도 못했어요"라고 고백했다(그 박스는 아주 화사한 핑크색의 거실 한가운데에 덩그러니 놓여 있었다). 이 이야기는 당신은 겪지 않기를 바라는 마음으로 하는 일종의 경고다. 속도 조절이 그만큼 중요하다.

삶은 우리가 작은 제스처를 취할 때 감사해한다. 왜냐하면 그런 작은 일들은 삶을 소홀히 한 순간들에 대한 보상으로 안겨

주는, 달콤하고 소박한 선물 같기 때문이다. 우리는 진심으로 의미 있게 살 수 있다는 것을 증명해야 한다. 예를 들어, 현대미술관을 방문하는 것부터 시작할 수 있다. 또는 전시회를 둘러본 후 스스로를 토닥이고(예! 삶을 넓혀 가는 여행을 했다!), 일주일에 3번, 아침마다 명상을 할 수 있다는 것을 증명할 수도 있다. 또는 일주일에 두 번씩 저녁 식사 전에 빠르게 걷기를 하는 것처럼, 보다 활력 넘치는 일상으로 나아가는 한 가지 일을 할 수 있다는 것을 증명했다면, 다음 단계로 또 다른 일을 추가할 수 있을 것이다. 이 모든 것은 현실적이고 지속 가능한 행동을 통해 우리가 살아 있음을 느끼며 살기 위함이다. 삶의 활력을 찾으려다 오히려 압도되어 그 자리에서 온몸이 뻣뻣하게 굳어버린다면 참으로 안타까운 아이러니가 아닌가.

심지어 급진적인 삶의 변화, 예를 들어 모든 가구를 온라인 중고거래 사이트에 내놓고 '어디든 해외'로 떠나려는 계획을 염두에 두고 있더라도, '한 가지 선택+다음 선택'이라는 방식을 적용할 수 있다. 그저 당신이 선택한 한 가지 일이 다른 사람들보다 클 뿐이다.

이제 당신의 '한 가지'에 집중해보자. 성장하고 발전시키거나 변화시킬 필요가 있는 것들 중에서 무엇을 선택해야 할까?

당신의 '하나의 일'을 선택하는 과정은 마치 팬트리에서 750가지 재료를 꺼내어 주방 조리대에 올려놓고 브라우니를 만드는 것과 같다. 이 경우 당신에게는 온갖 종류의 재료들이 있는 셈이다. 작은 목표, 의도, 꿈, 희망, 후회하고 싶지 않은 일 목록은 물론이고, 1장과 10장 사이에 생각해둔 미완성 계획들도 몇 가지 있을 수 있다. 이렇게 달콤하고 맛있는 재료들을 봐라!

죽기 전에 195개국을 모두 방문하겠다는 다짐처럼 숨 막힐 정도로 멋진 계획을 비롯해서, 당신이 하고 싶다고 말한 모든 일을 해야만 한다고 생각하면 자칫 시작도 전에 압도될 수 있다. 이제 우리는 브라우니에 넣을 재료를 선별할 것이다. 영원히 보류되는 재료는 없다. 단지 '지금' 가장 중요한 것을 우선적으로 정할 뿐이다. 좀 더 설명하자면, 어떤 재료들은 브라우니에 잘 어울리고, 또 어떤 재료들은 어울리지 않을 수 있다.

그럼 조리대에 펼쳐놓은 재료들을 한 번 살펴보자. 직감적으로 몇 가지는 나중으로 미뤄둘 것이다. 이제 다음 질문에 대해 깊이 생각해보라.

- 시간이 분명히 한정되어 있다는 사실을 염두에 두고, 남은 월요일에 어떤 것들을 채워 넣고 싶은지 생각해보라.
- 실제로 실현되는 모습을 상상만 해도 당신을 신나고 생기 넘치게 만드는 아이디어는 무엇인지 생각해보라.
- 도전하기 두렵긴 하지만, '힘든 일을 해냈다'는, 생명력의 원천이 될 거란 생각이 드는 일은 무엇인지 생각해보라.
- 확실히 쉽게 성공할 수 있을 것 같은 일이 있는가? 초반에 성취감을 동력으로 삼아 밀고 나갈 만한 일이 있는지 생각해보라.
- 당신이 선택한 그 한 가지가 여러 작은 요소로 이루어져 있는가? 그렇다면 그 요소들을 성취 가능한 더 작은 목표로 나눠보라.

- 그 선택한 한 가지가 삶을 더 넓히거나 깊게 만들려는 당신의 욕구와 일치하는지 생각해보라.

이런 생각들은 당신의 일상에 지표가 된다. 즉 당신의 삶에 포함시킬 것들을 찾는 데 단서가 되는 셈이다. 예시는 다음과 같다.

- 스쿠버 다이빙 여행을 예약하고 싶을 수 있다.
- 별다른 이유 없이 소원해진 친구와 다시 친해지고 싶은 마음이 들 수 있다.
- 당신의 한 가지는 지하실 구석에 있는 수채화를 완성하는 일일 수 있다.
- 매일 채소를 먹는 것을 목표로 할 수 있다.
- 성당에 나가 고해성사를 하는 것일 수 있다.
- 패션 디자인 교육 프로그램에 지원하고 싶은 마음이 들 수 있다.
- 마땅히 받아야 할 월급 인상을 요청하고 싶을 수 있다.
- 당신의 한 가지는, 마침내 남아프리카 보보티 레시피를 시도해보는 것일 수 있다.
- 필라델피아로 여행을 가서 그냥 좋아하는 밴드의 콘서트를 보고 싶을 수 있다.
- 부부 상담을 시작하고 싶은 마음이 들 수 있다.
- 난자 동결 시술을 예약하고 싶을 수 있다.
- 주4일 근무를 협상하는 것일 수 있다.
- 침묵 명상 수련회를 예약하고 싶을 수 있다.

- 바쁜 당신을 이해해주는 86세의 아버지를 깜짝 방문하고 싶을 수도 있다. 아버지는 당신이 보고 싶고, 당신도 아버지가 보고 싶을 테니까.

지금 당장 시작해 다음 월요일까지 더 생기 넘치게 살기 위해 집중할 만한 일은 뭐가 있을까? 당신의 한 가지를 적어보라. 그리고 그 한 가지를 성공할 것을 염두에 두고, 다음으로 할 일은 무엇인지 생각해보라. 이때 주의할 점이 있다. 나를 따라 해봐라. "이것은 다음 목표들이다. 오늘 시작하지 않을 거다." 잘했다! 이제 이 목록을 냉장고의 화이트보드에 옮겨 두고, 앞으로 기대해도 좋을 즐거운 일을 생각해보자.

이 책을 시작할 때, 놀라운 삶이란 '진심으로 신경 쓰는 것'이라고 동의했던 일을 기억하는가? 이 시점에서 우리가 신경 써야 할 첫 번째 단계는 선택 목록을 작성하는 것이다. 신경 써야 할 두 번째 단계는 실천이다. 흔히 하는 말처럼, 계획 없는 꿈은, 진이 빠진 진토닉과 같으니까.

먼저 한 가지만 실천하라

이제 당신은 자신을 행복하고 살아 있다고 느끼게 해주는 위대한 목록을 가지고 있다. 소소한 버킷리스트와 삶을 넓고 깊게 만들 수 있는 다양한 선택지가 있다. 그리고 그중에서 새롭게 집중할 '한 가지' 일을 우선순위로 정했다. 목록에는 아이디어가 넘쳐난다. 그럼 당신의 그 한 가지를 현실로 만들려면 어떻게 해야 할까? 바로 그 한 가지 일을 당신의 일정표에 넣는 것이다. 융통성을 발휘할 수 있도록 여유 있게 계획한 일정인지, 군대식의 답답한 분 단위로 계획된 일정인지의 차이는 있을 수 있다. 하지만 '중요하다고' 여기는 일을 더 많이 실현하려면, 결국 계획하고 일정표에 넣어야 한다는 점은 동일하다.

당신이 쇼파에 편안하게 기대 앉아 루이보스 차를 마시며 공상과학 소설을 읽는 것을 좋아한다고 치자. 책이 당신에게 3장부터 다시 읽어야 한다고 말을 걸진 않을 것이다. 찻주전자가 저절로 끓기 시작하지도 않고, 삶의 이런 달콤한 순간에 푹 빠질 수 있는 시간도 저절로 주어지진 않을 것이다. 당신이 계획을 세우지 않으면 아무것도 찾아오지 않는다. 당신은 지루한 일을 해야 한다. 바로 그 일을 계획하고 일정에 넣는 것이다. 자신과 약속하는 것이다. 예를 들어, 소원해진 친구와의 우정을 회복하는 일을 최우선 과제로 정했다고 가정해보자.

옵션 1: 우정 회복이 최우선 과제라는 것을 인식한다. 그런 다음 우정을 되살리기 위해 아무것도 하지 않는다(바쁘고 피곤할 때는 항상 관성에 따라 선택하기 때문이다).

옵션 2: 우정 회복이 최우선 과제라는 것을 인식한다. 그리고 일정표에 친구와 함께하는 일정을 계획한다. 예를 들어 금요일 오후에 페이스타임으로 근황 토크를 한다거나, 다음 주 목요일에 친구들과 함께 볼링의 밤을 보내거나, 6월 19일에 가까운 커플과 캠핑을 계획하는 것이다. 단순히 함께 보낼 시간을 일정표에 넣는 것만으로도, 우정을 되살릴지 완전히 끝낼지를 결정하는 큰 차이가 된다.

운동을 더 하고 싶은가? 매주 두세 번씩 시간을 정해 운동하거나, 매주 수요일 아침마다 트레이너와 함께하는 세션을 예약하라. 직장에서 흥미로운 프로젝트를 시작하고 싶은가? 다른 사람들의 회의에 끌려다니지 않도록, 근무 시간 중 일정한 시간을 확보하라. 최근에 개인적인 성장에 대한 필요성을 느끼는가? 그럼 강좌에 등록하고 실제 시간을 쪼갤 과정을 완료하라. 예를 들어 한 고객은 영양사 자격증을 따기 위해, 일주일에 두 번씩 자기 전 한 시간을 따로 빼두기도 했다. 놀라운 삶을 꿈꾸고 실현하고 싶은가? 넓고 깊게 살기 위해, 여기저기서 시간을 조금씩 빼서 확보하라.

내 상담자 중 한 명은 일정표에 '내가 살아 있는' 시간을 위해 시간을 할애하기 시작했고, 그 여가 시간을 자신이 가장 좋아하는 색깔인 청록색으로 표시해두었다. 그리고 일주일 일정표를 체크할 때, 청록색이 한눈에 들어오지 않으면, 뭔가 조정이 필요하다는 사실을 알았다고 한다.

하루가 무미건조하게 지나가는 것을 막는 유일한 방법은, 어떻게 하면 그 하루를 즐겁고 의미 있게 보낼 수 있을지 조금 더 생각해보는 것이다.

지금 바로 당신의 일정표를 살펴보라. 당신의 '한 가지'는 어디에 들어갈 수 있을까? 하루, 몇 주, 몇 달 동안 당신을 행복하게 하는 것을 어디에 우선순위로 둘지 계획하라.

미루지 말고 지금 하라

항상 삶의 마지막을 맞이하는 마음으로 준비하라.
아무것도 미루지 말라.

세네카

지금 이 순간, 당신은 중요한 기로에 서 있다. 대부분의 인간들은 결코 깨닫지 못하는 것, 바로 삶이라는 시험에 대한 답을, 아니 정확히는 '당신의 삶'이라는 시험에 대한 답을 알게 된 순간이다. 이제 당신은 남은 인생을 훌륭하게 살 수 있는 엄청난 해답을 쥐고 있다. 앞으로 무엇을 하고 싶은지, 그리고 무엇을 해야 할지 알고 있다. 다음에 할 한 가지 일에 대해 아무런 의문이 없고, 그 다음에 할 일에 대해서도 의문이 없다. 마찬가지로 그 다음에 할 일에 대해서도 혼란의 여지가 없다.

그럼에도 불구하고, 삶은 특유의 방식대로 흘러갈 것이다. 작은 일부터 큰일까지 여러 일이 일어나고, 해야 할 그 '한 가지'를 나중으로 미루고 싶은 유혹도 있을 것이다. 또, 겁쟁이가 될 수도 있다. 지원금을 신청하거나, 데이트 신청을 하거나, 적절한 러닝화를 찾거나, 큰 거래처에 영업 전화를 하거나, 앞머리를 자르는 일 앞에서 용기를 잃을 수 있다. 그러니 이것을 간곡한 부탁이자 응원의 말로 생각하라.

미루지 말고 지금 하라! 지금 움직여라. 미루기 전에 실행하라. 계획을 '다음 여름' 또는 '이번 일이 진정될 때'까지로 미루면, 당신의 인생은 참을성 있게(너무도) 마냥 기다리기만 할 것이다. 왜냐하면 삶은 너무나도 연약한 존재이고, 당신이 약속을 미루고 또 미뤄도 괜찮다고 느끼길 원하기 때문이다. 이것이 바로 우리가 죽음을 동기부여 멘토로 선택한 이유다. 삶은 그런 긴박함을 주지 못하니까. 사는 기쁨을 뒷전으로 미루지 말라. 마지막 순간까지 기다리지 말고 지금 바로 삶을 시작하라.

'마지막 순간까지' 미루며 사는 것도 하나의 방법이긴 하다. 업무 경비 제출이나 신용카드 청구서 납부를 미루다 막판에 하는 것처럼 말이다. 하지만 지금까지 이 책을 읽었다면, 이제는 그건 당신이 살고 싶은 삶의 방식이 아님을 깨닫게 되었을 것이다.

철학자 윌리엄 제임스^{William James}는 "미루는 것은 태도를 망치는 타고난 암살자다. 미완성된 일이 주는 피로감만큼 큰 것은 없다"고 말했다. 우리의 목적은 당신의 삶을 미루거나 암살하려는 게 아니다. 열정 넘치는 삶을 찾는 여정에서 당신이 살아 있음을 느낄 수 있도록 행동하길 바란다. 당신의 그 한 가지가 '나중에 할지도 모를 일' 폴더에 들어가는, 미루는 삶을 살지 않기를 바란다.

다음 문장에서 익숙한 것이 있는가?

- "우리는 은퇴하면 크로아티아 해안으로 여행갈 거예요."
- "바쁜 일이 좀 정리되면 내 작업실을 만들려고 기다리고 있어요."
- "몸에 좀 더 자신감이 생기면 데이트를 시작할 거예요."

- "아이들이 대학에 가면 글을 쓰기 시작할 계획이에요."
- "날씨가 좋아지면 점심시간에 산책을 하려고요."
- "상실의 아픔을 딛고 나면 여행을 예약할 거예요."
- "다음 기념일에 좋은 와인을 따서 마시려고요."
- "이번 인수 작업이 끝나면 더 이상 주말에는 일하지 않을 거예요."
- "언젠가 동물보호소에서 자원봉사를 할 거예요."
- "좀 더 경험이 쌓이면 새로운 일자리에 관한 정보를 좀 알아보려고요."
- "몸이 더 좋아지면 다시 반바지를 입으려고요."
- "다음 명절에는 할머니를 찾아뵐 거예요."
- "바쁜 휴가철이 지나면 다시 절에 가고 싶어요."
- "승진하면 온라인 강좌를 등록할 거예요."
- "형과 관계를 회복하면 좋을 것 같아요. 아마도 연말쯤에."
- "일정이 조금 더 정리되면, 후지산과 도쿄로 가족 여행을 예약할 거예요."
- "언젠가 직장에서 안식년을 받게 되면, 짧은 시를 한번 써보려고요."
- "시간이 더 생기면, 중국어 수업을 다시 들을 거예요."
- "언젠가 양봉을 해보고 싶어요."

우리가 삶을 당연하게 여기는 것은 정상이다. 우리는 '좋은 삶'을 나중으로 미룬다. 나중이란 시간이 보장되어 있다고 생각하기 때문이다. 하지만 놀라운 사실! 바로 다음 주말에 죽을 수도 있다. 그럼 크로아티아 해안을 방문하기로 한 계획은 어떻게 될까? 함께 관 속으로 들어가는 거다. 짧은 시를 안식년에 쓰겠다고 했던가? 회사에서 안식년을 받기 전에 먼저 죽을 수도 있다. 이렇게 말하면 공격적으로 들릴 수 있지만, 삶을 계속 미루는 태도에 일침을 가하기 위해선 어쩔 수가 없다.

그럼 좀 더 부드럽게 이야기해볼까? 작업실을 만들고 싶다고 했던가? 너무 오래 기다리면, 류마티스 관절염이 악화되어 그토록 원했던 목공일을 할 수 없게 될 수 있다. 나중에 승진하면 강좌를 듣고 싶다고? 강좌가 승진에 도움이 될 수도 있는 거 아닌가? 그리고 승진이 될 거라고 보장된 것도 아니지 않나? 승진이 안 되면 강좌를 못 듣는 건가? 일정이 좀 여유로워지면 도쿄에 가겠다고 했던가(하하, 한가한 시간이 생길 거라고 착각하다니)? 만약 '적절한 시기'를 기다리다가 67세가 되어서야 도쿄에 간다면, 그래서 그동안 상상했던 것을 할 수 없다면? 후지산을 하이킹하려면 일정 수준의 체력이 필요한데, 체력이 더 이상 따라주지 않는다면? 아니면 후지산은 활화산이라 거기 가기도 전에 폭발할 수도 있을 텐데, 그런 건 정말 상상하기도 싫다.

생명력 넘치는 삶을 계속 미루고 있지는 않은가? 죽은 후에 심각하게 후회하지 않을까? 헨리 데이비드 소로는 말했다. "아무것도 미뤄서는 안 된다. 지금 아니면 절대 못한다! 현재에 살고, 모든 파도에 몸을 던지고, 매 순간에서 영원을 찾아야 한다. 바보들은 기회의 섬에 서서 다른 땅을 바라본다. 다른 땅은 없다. 여기 말고 다른 삶은 없다."

기다리지 마라. 오늘 밤 좋은 그릇을 꺼내 사용하라. 오늘 바로 웹소설의 1장을 써라(당신의 마지막 장이 언제 슬그머니 찾아올지 모르니까). 오늘 밤 온라인 데이팅 프로필을 만들어라. 청바지가 맞든 안 맞든 상관없다. 일 때문에 정신이 없더라도 딤섬 요리 수업에 등록하라(일은 언제나 그 자리에서 기다리고 있을 테니까). 평범한 어느 평일에 좋은 와인을 따라. 단순히 살아 있다는 사실에 기뻐하며 자축하라.

무엇을 기다리고 있는가? 이제 당신이 선택한 '한 가지'를 하라. 관성, 부상, 질병, 무기력, 상사, 벼락이 방해하기 전에 하라. 기다리지 마라.

헤밍웨이의 말을 빌리자면, 모든 좋은 이야기는 죽음으로 끝난다. 나는 영원히 살 것처럼 사는 것을 멈추기 위한 방법으로, 죽음을 성찰하는 것보다 더 좋은 것을 찾지 못했다. 언젠가 죽을 것이라는 사실을 기억하는 일은, 정말로 나에게 중요한 모든 일에 집중할 수 있는 가장 명확한 방법이다.

남은 월요일의 수를 헤아려보는 것 또한 삶에 적극적으로 참여하는 강력한 동기부여가 된다. 죽음은 강력하고 건강한 방식으로 삶을 상기시켜 준다. 우리의 유한함을 성찰하면, 아직 살아 있다는 사실에 감사함을 느끼고, '다음에는 어떤 가능성이 있을까?'라는 질문을 던지게 된다. 우리의 존재를 마주하는 가장 근본적인 역경에 마주했을 때, 주어진 4,000번의 월요일을 최대한 의미 있게 살아야 한다는 소명을 받게 된다.

상상했던 삶을 사는 것은, 삶을 당연하게 여기지만 않는다면 전적으로 실현될 수 있다. 내일은 보장된 약속이 아니라, 하나의 가정에 불과하다. 우리는 단 한 번 살고, 단 한 번 죽는다. 그래서 언젠가 죽음을 맞이하며 뒤를 돌아보는 순간, 자랑스러워할 수 있는 삶을 살아야 한다. 이제, 월요일을 맘껏 즐기며 살아보자.

인생 점검 평가지

유수의 경영대학원 졸업생들이 '측정할 수 없는 것은 관리할 수 없다'는 피터 드러커Peter Drucker의 격언을 반복해서 배운다는 사실을 알고 있는가? 우리는 그 전략에서 한 수 배워야 한다. 단 한 번뿐인 삶을 더 활기 넘치고 의미 있게 살기 위해 가능한 한 많은 노력을 쏟아야 한다. 그 첫 번째 단계는 바로 자신의 삶에서 고쳐야 할 부분들을 신중하게 점검해보는 것이다. 그래야 비로소 자신이 원하는 삶을 향해 나아갈 수 있다.

우리의 삶에서 죽어 있는 듯한 부분을 정확히 찾아내어 스스로 변화를 이끌고 문제를 해결하지 않는다면, 생의 기쁨을 만끽할 수 있는 생명력 넘치는 삶은 결코 저절로 찾아오지 않을 것이다.

여기 세 가지 체크리스트를 소개한다. 열린 마음으로 임하

라. 수치에 대해 지나치게 많이 생각하지 마라. 답변은 현재 어떤 상태에 있는지 나타내는 것이지, 앞으로도 달라지지 않을 것이라는 뜻은 아니니까. 그냥 직관적으로 본능에 따라 답변하라.

나는 얼마나 생기 있게 살고 있는가

		5 ☺	4	3	2	1 ☹	
1	행복해지는 것은 아주 중요하다.	✓					행복해지는 것은 좋지만 필수는 아니다. 마치 거품 목욕처럼.
2	현재 나의 행복감은 굉장히 높은 수준이다.				✓		그다지 좋은 수준이 아니다.
3	일은 삶에서 무한한 기쁨의 원천이다.						일은 내 영혼을 빨아들이는 사악한 블랙홀이다.
4	나는 일에 완전히 몰두하고 있다.						나는 일을 망치기만 한다.
5	나는 직장에서 자랑스러워할 만한 훌륭한 결과물을 내놓을 수 있다.						솔직히 말해서, 나는 직장에서 별다른 가치를 창출하지 못한다.
6	나는 회사에서 정말로 귀중한 인재라고 생각하고, 사람들도 나를 중요하게 여긴다.						회사는 나를 귀중한 인재라고 생각하지 않는다. 내가 나오지 않아도 며칠 후에나 알아차릴 것이다.
7	나는 직장에서 확실히 공정하게 대우받고 있다.						공정함이라니, 무슨 공정함?
8	앞으로의 커리어에 대한 대략적인 계획과 아이디어가 있다.						커리어 계획 같은 것은 존재하지 않는다.

9	나는 시간 관리의 대가다(이 평가는 6.5분 이내에 끝내는 것이 좋겠다).						나는 시간을 통제할 수 없다.
10	내 강점, 즉 내가 잘하는 것을 삶에서 정기적으로 활용할 수 있다.						나는 스스로 강점이 있다고 확신하지만, 그것을 적용할 기회가 없다.
11	나는 즐겁게, 그리고 생산적으로 일에 몰두하는 상태, 즉 몰입 상태에 자주 빠진다.						나는 일을 하면서 공허한 기분이 든다. 그 일에 완전히, 즐겁게 몰두하지 못한다.
12	항상 새로운 것을 배우려고 노력한다. 배움과 성장은 내게 산소와 같다.						11살 이후로 성장하거나 배운 것이 없다.
13	아직 배울 것이 너무 많다!						이미 충분히 알고 있다.
14	나는 어떤 분야의 기술이나 재능, 기법에 있어서 대가 또는 전문가라고 할만하다.						나는 무능의 대가일지 모른다.
15	내 할 일 목록은 내가 항상 완벽하게 관리하는 자랑스러운 것이다.						해야 할 일이 너무 많지만, 목록으로 정리하지 못하고, 그것을 다 실행하지도 못한다.
16	나는 유언장, 생명보험 같은 내 삶의 중요한 일들과 프로젝트를 잘 관리하고 있다.						내 삶의 중요한 일들은 여기저기 숨겨져 있다.
17	이미 많은 목표를 달성했기 때문에 스스로를 성공 스토리의 주인공처럼 느낀다.						성취는 나에게 어울리지 않는다. 스스로가 슬픈 이야기의 주인공처럼 느껴진다.
18	나는 목표를 향해 나아가는 과정에서 성과를 축하하고, 각 단계마다 중간 보상을 누린다.						나는 목표를 향해 나아갈 때 그 과정을 기념하지 않는다. 별다른 중간 보상이 없다.
19	내가 시간을 보내는 물리적 환경(장소와 공간)에 아주 만족한다.						내 집과 사무실, 물리적 환경은 개선할 점이 많다.

20	옷장, 지하실, 사무실, 서랍 등 모두 정리가 잘 되어 있다.						옷장, 지하실, 사무실, 서랍 등을 보면 스트레스를 받는다.
21	기본적인 필요를 충족할 수 있을 정도로 돈을 벌어, 걱정 없이 숨 쉴 수 있다.						안타깝게도… 돈이… 부족하다…(과호흡 중).
22	예산과 은퇴 계획 같은 재정 계획이 있어서 안심이 된다.						재정 상황은 할 일 목록보다 더 비체계적이다. 예산이나 계획이 전혀 없다.
23	삶에서 다른 사람들과 연결되어 있다는 온기와 지지를 느낀다.						은둔형 외톨이는 아니지만, 삶에서 인간관계가 전혀 없다.
24	연인과의 관계 덕분에 삶이 훨씬 나아진다.						연인과의 관계에 문제가 아주 많다.
25	내가 원하는 만큼 활력을 주는 신체적이고 친밀한 관계를 맺고 있다.						매년 하는 건강검진이 내가 경험하는 유일한 스킨십의 순간이다.
26	사랑은 삶 곳곳에 있다. 발렌타인데이와 생일 외에도 나는 사랑받는다고 느끼고, 사랑을 주기도 한다.						사람들이 말하는 것처럼, 사랑 때문에 내 세상이 돌아가진 않는다.
27	나는 정기적으로 친구, 가족 등과 친밀하게 교류한다.						나는 일부러 사람을 만나지 않는다. 동물은 만나도 사람은 만나지 않는다.
28	나는 결코 외롭지 않다.						외로움은 나의 일상이다.
29	내가 속한 공동체에 완전히 소속감을 느낀다.						'소속감'이란 단어는 내 기분을 설명할 때 절대 쓰지 않을 말이다.
30	내 사회적 관계에 속한 사람들, 특히 나와 가장 많은 시간을 보내는 사람들은 행복하다.						내가 아는 사람들은 모두 비참하다.

31	내 주변에는 내 삶에 긍정적인 영향을 미치는 사람들로 가득하다.					내 주변은 온통 무책임한 사람들로 가득하다.
32	나는 체력의 왕이다. 피트니스 센터 만세!					주당 150분이라는 적당한 수준의 활동에다 근력 운동까지? 농담마지 마라. 넷플릭스 150분 시청은 완전 가능.
33	나는 서 있고, 걷고, 계단을 오르는 등 대체로 항상 움직이고 있는 상태다.					나는 앉아 있고, 에스컬레이터를 타고, 문 가까이에 주차하는 등 대체로 항상 가만히 있는 상태다.
34	나는 건강한 식습관의 왕이다. 케일 만세!					케일 = 구토
35	나는 내가 먹는 것이 내 몸과 에너지, 정신 상태에 어떤 영향을 미치는지 잘 알고 있다.					나는 식단과 기분 사이에 어떤 관계가 있는지 잘 못 느끼는 편이다.
36	나는 건강을 최우선으로 생각한다. 정기적으로 검진을 받고 스스로 잘 관리한다.					내 삶의 모든 우선순위 목록에 건강은 없다.
37	나는 주로 밖에서 자연과 교감하며, 태양이 주는 비타민 D라는 선물을 만끽한다.					화재 경보가 울려서 실내에 있는 것이 위험할 때만 밖으로 나간다.
38	나는 매일 밤 7~9시간의 숙면을 취한다.					불면증은 내 삶에서 가장 예측 가능한 부분이다.
39	나는 정말 잘 쉬고 있다고 느낀다.					나는 나른하고 지친 상태다.
40	나는 내 에너지 수준을 아주 잘 파악하게 있으며, 내 에너지를 높이고 떨어뜨리는 것이 무엇인지 잘 알고 있다.					나는 내 에너지가 어떻게 오르내리는지, 그런 변동이 있는지조차 전혀 인식하지 못한다.
41	나는 내 에너지를 극대화하고 증강하는 활동을 적극적으로 선택한다.					나는 내 에너지를 높이는 데 도움이 되는 선택을 하지 않는다.

42	스스로를 부지런히 돌본다. 자기 관리(예를 들어, 몸단장, 마사지, 혼자만의 시간 등)를 우선시하는 것은 삶에서 큰 비중을 차지한다.					스스로를 돌볼 시간을 전혀 내지 않는다. 이런 설문조사도 사치스럽게 느껴진다.
43	사람들에게 보이는 외모에 아주 만족한다.					외모, 옷차림 등 모든 면에서 아주 불만족스럽다.
44	사람들은 나를 긍정적인 감정으로 가득한, 한 줄기 햇살 같은 사람으로 묘사한다.					사람들은 나를 부정적인 감정을 표출하는, 추운 11월의 비 같은 사람이라고 묘사한다.
45	평소에 나는 대체로 미소를 짓고 있다.					화나 보이는 뚱한 표정은 나의 트레이드마크다.
46	내 삶에는 크든 작든 항상 기대할 만한 일이 있다.					내 인생에는 기대할 만한 일은 전혀 없고, 돌아보면 쓰레기 같은 일들만 있다.
47	나는 매년 주어진 휴가를 계획하여 모두 사용한다.					나는 휴가를 너무 많이 건너뛴다. 에휴.
48	인생에서 크고 작은 것들에 대해 감사할 일이 너무 많다.					내 주변에 감사할 만한 일이 별로 없다.
49	힘든 상황에서도 감사할 만한 일을 찾을 수 있다.					힘든 시기에 한 가닥의 희망을 찾는 것은 약자가 하는 망상일 뿐이다.
50	친절은 나의 주특기다.					나는 친절에 도덕적으로 반대하진 않지만, 친절한 사람으로 알려져 있진 않다.
51	나는 다른 사람들에게 베풀고 관대할 수 있는 방법을 자주 찾는다.					나는 결코 베푸는 사람은 아니다.
52	삶에서 나를 행복하게 하는 것이 무엇인지 명확하게 알고 있다.					내가 행복해지기 위해 필요한 것이 무엇인지 잘 모르겠다.

53	나를 행복하게 하는 일에 시간을 쓸 수 있도록 삶을 계획한다.						나를 행복하게 하는 일을 계획하거나 시간을 쓰지 않는다.
54	나는 삶에 어떤 의미, 즉 뚜렷한 목적이 있는 것처럼 느낀다.						어떤 날은 그저 내일 아침까지 살아 있는 것이 목적일 때가 있다.
55	내가 원하는 미래의 모습에 대한 비전이 있고, 그 미래가 아주 밝아 보인다.						내가 원하는 미래가 무엇인지 전혀 모르겠다.
56	나는 자주 멈춰서 지금의 순간을 의식하고, 현재 상황과 감정에 주의를 기울인다.						나는 결코 현재를 살지 않는다. 지금 이 순간을 비롯한 모든 시간이 흐릿하게 느껴진다.
57	좋은 일이 일어나면 잠시 멈춰서 그 순간을 만끽한다.						나는 좋은 일이 있는 순간에도 정신이 산만해져서, 지나고 나면 거의 기억나지 않는다.
58	나는 항상 과거의 가장 좋았던 기억을 떠올리며, (이탈리아에서 먹었던 젤라또의 맛처럼) 작은 세세한 부분까지 만끽한다.						이탈리아에서 먹었던 젤라또가 정말 맛있었던 건 사실이지만, 그 기억을 떠올리진 않는다.
59	나는 나보다 더 큰 영적인 존재가 있다고 믿는다.						나는 어떤 영적인 존재가 있다고 생각하지 않는다.
60	나는 나의 영적인 믿음과 일관되게 연결되어 있다고 느낀다.						나는 영적인 어떤 것과도 연결되어 있다고 느끼지 않는다.
61	나는 본능적으로 모든 일이 결국에는 잘 풀릴 것이라 믿는다.						나는 본능적으로 모든 일이 결국에는 엉망이 될 것이라 믿는다.
62	실패는 일시적인 좌절일 뿐, 나를 규정하는 것이 아니다. 실패도 성장의 일부라 생각한다.						실패는 개인적인 문제이고, 지속적으로 악영향을 준다. 실패를 좋아하지 않는다.

63	일을 망쳤을 때, 친한 친구에게 줄 법한 친절과 연민을 스스로에게도 베푼다.					일을 망쳤을 때, 스스로 가치 없고 용납할 수 없는 존재라고 생각한다.
64	나는 스스로 선택하며 삶을 통제하고 있다고 느낀다.					나는 삶에 타협하고 있다고 느낀다.
65	나는 내가 가장 중요하게 여기는 가치에 따라 결정을 내린다.					결정할 때 내게 중요한 모든 가치를 대부분 무시하는 편이다.
66	나는 자신감이 넘치는 사람이다.					나는 자신감이 많이 부족하다는 것을 알고 있지만, 그것을 인정할 자신조차 없다.
67	나는 내가 원하는 미래의 목표를 이룰 수 있으며, 방법을 찾을 수 있다고 믿는다.					아이디어가 불분명한 것은 물론이고, 실행에 옮길 수 있는 것은 하나도 없다고 믿는다.
68	인생 문제의 대부분은 아이스크림으로 해결된다고 믿는다. 물론 적당히 먹는다면.					아이스크림은 인생을 조금씩 더 나쁘게 만든다.

평가 이해하기

이 평가를 통해 의기소침해지는 것이 아니라, 자신의 삶에 새롭게 눈을 뜨는 기회가 됐길 바란다. 다음은 대략적인 해설이다.

- 1 - 2(그리고 68번)번 문항은 삶에 대한 일반적인 견해를 제공한다.
- 3 - 22번 문항은 생산적 삶에 관한 것이다.
- 23 - 31번 문항은 사회생활에 관한 것이다.
- 32 - 43번 문항은 신체적 삶에 관한 것이다.
- 44 - 67번 문항은 내면적 삶에 관한 것이다.

1. 각 부문에서 가장 낮은 점수를 받은 문항을 기록하고, 삶을 조금 더 개선하기 위해 그 영역에 대해 무엇을 해야 할지 생각하라. 모든 영역에서 완벽하게 5점을 얻을 수 있는 삶은 없다. 그러나 1점을 2점으로, 2점을 3점으로 올린다면 삶의 질이 달라진다.

	가장 낮은 점수를 받은 질문	지금 당장 이 문제를 해결하고 싶은가?	그렇다면, 다음 달에 내가 할 수 있는 한 가지는 무엇인가?

2. 각 부문에서 가장 높은 점수를 받은 문항을 기록하고, 그 문항에 대해 생각해보라.

	가장 높은 점수를 받은 질문	높은 점수를 받은 이유가 무엇이라고 생각하는가?	낮은 점수를 개선하는 데 이것을 어떻게 활용할 수 있을까?

3. (생산적 삶, 사회적 삶, 신체적 삶, 내면적 삶에서)특별히 높거나 낮은 영역은 무엇인가? 여기서 '아하!' 하고 깨닫게 되는 통찰이 있는가?

나는 얼마나 습관적으로 살고 있는가

이제 습관적으로 생각 없이 사는 것을 방지하기 위해 당신의 일상을 점검할 시간이다. 아래의 체크리스트를 통해 무의식적으로 감각을 둔하게 만드는 습관을 체크하고, 삶에서 너무 익숙해진 나머지 생기가 사라져 가고 있는 부분을 발견하라.

　　모두 답을 한 후에는 성찰 과제도 완료해보라. 일상에서 더 많은 새로움이 필요한 부분을 찾을 수 있을 것이다.

오늘 나의 상황을 가장 잘 반영하는 쪽의 상자에 체크해보자					
		그렇다	약간	약간	그렇다	
1	나는 내 루틴과 습관을 사랑한다. 그것들은 종종 통제 불능인 세상에서 편안함과 통제감을 준다.		✓			루틴과 습관은 내 영혼을 억압한다. 정해진 패턴을 따르는 것은 나에게 고통이다.
2	내 아침 루틴은 철저히 고정되어 있다. 예를 들어 양치하는 시간을 바꾸면 이상할 것 같다.	✓				아침마다 나는 변화를 준다. 가끔은 침대에서 양치질을 한다.

307

3	아침 식사는 매일 같은 음식을, 당연히 같은 시간에 먹는다.					아침 식사? 어떤 날은 시리얼, 다음 날은 오믈렛, 때로는 아침을 거르거나 저녁만 먹기도 한다.
4	매일 같은 길로 출근한다.					매일 다른 길로 직장에 간다. 나를 스토킹하기는 어려울 것이다.
5	나의 아침 커피 루틴은 변함 없어서 눈을 감고도 커피를 내릴 수 있다.					나는 매일 다른 음료를 시도한다.
6	자주 만나는 사람들과 날마다 비슷한 대화를 한다(날씨, 어젯밤 한 일, 보고서 마감일 등).					자주 만나는 사람들과 다양한 주제에 대해 이야기한다(지구온난화, 맛있는 부리토 가게 등).
7	매일 같은 사람들과 대화를 나눈다. 새로운 인물이 등장하는 일은 거의 없다.					매일 다양한 사람들과 다양한 주제로 이야기를 나눈다.
8	내 일은 체계적으로 짜여져 있으며, 내가 완전히 숙달한 시스템을 매일 반복한다.					내 일은 마치 스케치북처럼 매일 새롭게 그려진다.
9	내 일에서 혁신을 실현하기는 쉽지 않다.					내 일은 창조적이고, 혁신적이며, 늘 새로운 시도를 하는 데에 중점을 둔다.
10	나는 직장에서 늘 같은 방식으로 일하고, 회의나 프로젝트에서 일관성 있는 접근 방식을 취한다.					나는 직장에서 다양한 역할을 수행하며 다른 관점을 제공하고 얻으려 한다. 때로는 반대 의견을 제시하기도 하고, 가만히 관찰하기도 한다.
11	나의 점심 식사 루틴은 늘 비슷하다.					점심? 매일 다르지만, 보통 11시부터 3시 30분 사이에는 먹는다. 이것도 습관인가?

12	친구들과 외출하면 같은 장소에서 같은 메뉴와 같은 음료를 주문한다. 친구 좋다는 게 그런 거 아닌가.					친구들과 외출은 매번 다르게, 식당도 바뀌고 다채로운 경험을 한다. 친구라면 친구를 지루하게 내버려두지 않는다.
13	지난 한 달 동안 새로 만난 사람이 없다.					나는 정기적으로 새로운 사람을 내 삶에 추가하며, 친구나 직업적 인맥으로 발전시키기도 한다.
14	택시를 타거나 카풀을 이용할 때, 조용히 탄다.					택시를 타거나 카풀을 이용할 때, 운전자와 이야기를 나누며 그들의 배경, 좋아하는 식당 등을 알아간다.
15	나는 늘 같은 시그니처 음료를 마신다.					나는 새롭고 독특한 이름의 칵테일이나 크래프트 맥주를 시도하는 사람이다.
16	식당에 가면 항상 내가 좋아하는 한 가지 음식을 주문한다. 가게에 들어서면 그들이 내 주문을 기억하기도 한다.					외식할 때는 거의 같은 음식을 두 번 주문하지 않는다.
17	데이트는 철저히 계획되어 있다. 테이크아웃인지 외식인지, 영화인지 넷플릭스의 새로운 프로그램인지.					나의 데이트는 미스터리하다. 저녁 6시 59분이 되기 전까지 뭘 할지 모른다.
18	잠자리는 늘 예상 가능한 모습이다. 만족스럽지만, 패턴이 정해져 있다.					잠자리에서 이불이 활기차게 내던져지는 일이 벌어진다.
19	저녁 식사는 믿음직한 몇 가지 메뉴를 번갈아 가며 먹는다: 치킨 요리, 빨간 소스 요리, 두 가지 배달 음식 옵션, 그리고 몇 가지 더.					다양한 요리와 향신료, 레시피가 가득한 세상에서 저녁은 모험이다.
20	나의 운동은 완전히 체계화되어 있다. 늘 같은 스트레칭을 한다. 효과가 좋으니까.					내 운동과 스트레칭은 눈송이 같다. 같은 것이 하나도 없다.

21	아이를 키울 때는 일상과 조직화된 체계, 습관 형성이 중요하다.					아이를 키울 때는 일출과 일몰을 기준으로 생활 패턴을 자연스럽게 하는 것이 가장 좋은 것이다.
22	미용실에서 내가 원하는 스타일을 따로 말하지 않아도 된다. 수년간 같은 스타일을 유지하고 있다.					내 헤어스타일은 계절마다 변한다.
23	나는 늘 같은 패션 스타일과 색상, 기본 아이템을 고수한다.					내 패션 스타일은 '변신'이라는 단어로 설명할 수 있다.
24	소파, 의자, 테이블은 자리를 잘 잡고 있으며 벽에 걸린 그림들도 딱 좋다.					나는 가구를 자주 재배치하고, 적어도 장식품은 늘 바꾼다.
25	환경을 안정적으로 유지한다. 공기와 물의 온도, 조명을 딱 맞게 유지한다.					나는 변화하는 환경에서 활력을 느끼며, 때로는 색다른 느낌을 위해 찬물 샤워를 하기도 한다.
26	항상 스마트폰을 소지하고, 전원을 켜놓는다.					나는 종종 스마트폰을 두고 나가, 연락이 닿지 않는 상태가 된다.
27	지난 6개월 동안 야외 활동을 한 적이 없다.					최근 6개월 동안 캠핑, 장거리 하이킹, 스키 여행 같은 야외 활동을 경험했다.
28	나는 동네에서 정해진 길로 다니는 것을 좋아한다.					나는 동네에서 새로운 길을 탐험하며 골목길을 걷고, 신축 건물을 둘러보고, 새로운 것을 보려고 돌아다닌다.
29	나의 여가 시간은 반복적이다. 같은 일을 같은 방식으로 한다(예를 들어 미술관에서 같은 경로로 걷는다).					나의 여가 시간은 항상 변화하고 창의적으로 펼쳐진다.
30	지난해의 이맘때와 같은 취미를 가지고 있다.					지난해 새로운 취미를 시작했고, 앞으로도 더 많은 취미를 시도해볼 예정이다.

31	내가 좋아할 만한 책, 영화, TV 프로그램만 고수한다. 예를 들어, 전기문학을 좋아하면 추리소설은 읽지 않는다.					새로운 장르의 영화, 책, TV 프로그램을 자주 시도하며, 새로운 팟캐스트도 늘 듣고 있다.
32	하루에 TV를 한 시간 이상 본다.					하루에 TV를 한 시간 미만으로 시청한다.
33	인터넷은 쇼핑하고, 시간을 낭비하고, 빨리 답을 찾기 위한 수단이다. 나에게 경험이 아니다.					인터넷은 탐구의 도구로, 배우고 성장하는 데 도움이 된다.
34	내가 좋아하는 라디오 채널과 음악 목록은 정해져 있다.					나는 새로운 음악을 자주 듣고, 이해하지 못하는 외국 음악도 듣는다.
35	지난해 엉뚱하거나 어린아이 같은 행동을 한 적이 없다. 단, 우산 없이 비를 맞으며 한 블록을 걸은 적은 있다.					지난해 트램펄린에서 뛰거나, 줄넘기를 하거나 음식 싸움을 하는 등 어린아이 같은 행동을 한 적이 있다.
36	나는 지금 알고 있는 것과 하고 있는 일들에 만족하며, 새로운 것을 발견할 필요는 없다.					나는 정기적으로 새로운 것을 발견하는 것을 우선시한다. 내가 발견할 수 있는 새로운 대륙이 있었다면 얼마나 좋을까 싶다.
37	나의 취침 루틴은 아침 루틴만큼이나 확고하게 자리 잡고 있다.					나의 취침 루틴은 매일 다르며, 가끔 침대 반대쪽에서 잠들기도 한다.
38	주말 루틴은 철저히 정해져 있어, 식료품 쇼핑, 세탁, 운동, 드라이클리닝, 아이들 파티 등을 완료한다.					내 주말은 제법 유동적이며, 가끔 일정을 변경하고 때로는 다음 주로 미루기도 한다.
39	내 향후 몇 개월 일정은 지난 몇 달과 비교해 거의 똑같이 반복될 것이다.					내 다음 분기의 일정은 지난 3개월과는 전혀 다를 것이다.

40	나의 일과는 철저하게 정해져 있다.					일정을 주기적으로 바꾸어 오전 9시가 아닌 7시에 출근할 때도 있다. 그 시간대는 마치 다른 세상 같다.
41	지난 1년 동안 내 신념은 변함없이 유지되었다. 진실이라고 여겼던 것을 재평가하고 수정할 필요가 없었다.					나는 새로운 정보나 관점을 받아들여 지난 1년 동안 신념을 바꾼 경험이 있다.
42	여행은 루틴의 흐름을 깨는 일이어서 스트레스를 받을 수 있지만, 불편하지 않도록 여행 중에도 루틴을 세운다.					여행은 새로운 문화 속으로 뛰어드는 것과 같다. 모든 것을 받아들이고 모든 경험을 특별하게 만든다.
43	내가 좋아하는 여행지를 다시 방문하여 더 깊이 경험하는 편이다.					세계는 너무 넓어 같은 이탈리아 도시나 아이오와에 다시 갈 여유가 없다. 첫 방문 때 굉장히 만족했더라도 말이다.
44	연말연시 파티는 늘 정해진 일정으로 이루어지며, 어떤 일이 언제 일어나고 어떤 사이드 메뉴가 나올지 미리 안다.					연말연시 파티는 예측할 수 없는 대로 흘러가기에 더욱 즐겁다.
45	나는 새해 결심이나 목표 설정은 잘 하지 않는다.					나는 매년 야심찬 목표와 목적을 설정한다.
46	죽기 전에 하고 싶은 일들이 있지만 아직 시간이 있다고 생각해 바로 실행에 옮기지 않는다.					나는 버킷리스트가 있으며 꾸준히 실천하고 있다. 인생을 제대로 살아가고 있다.
47	시간이 점점 더 빨리 흘러가는 것 같다.					시간이 멈춰 있는 것은 아니지만, 적어도 내가 시간을 통제하고 있다는 느낌이 든다.
48	즉흥적인 일은 나를 불안하게 만든다.					조직화된 체계는 나를 답답하게 만든다.

49	호기심이 지나치면 위험할 수 있다.				이미 알고 있는 것을 그대로 두는 것은 답답함을 느끼게 하지만, 호기심은 내 삶에 산소를 공급해준다.
50	가끔 내 삶이 영화 〈사랑의 블랙홀Groundhog Day〉처럼 느껴진다. 매일 똑같은 하루가 반복되는 것 말이다.				내가 사는 매일은 다르기에 마치 매일 다른 삶을 사는 것 같다.
51	어딘지는 잘 모르겠지만, 인생의 어떤 부분을 놓치고 있는 것 같다는 느낌이 들 때가 있다.				'오늘을 즐겨라'는 내 삶의 모토이며 실제로 하루를 최대한으로 활용한다.
52	때로는 색다른 방식을 시도하고 싶어질 때가 있다. 삶에 조금의 변화를 주기 위해서 말이다.				때로는 삶의 일부에서 루틴을 따르고 싶어질 때가 있다. 약간의 자동화를 위해서 말이다.

평가 이해하기

1. 이 설문지를 작성하는 과정은 어땠는가?

2. 답변 중에서 가장 눈에 띄는 항목은 무엇인가?

3. 일상에 새로움을 더 많이 추가하고 싶은 부분은 어디인가? 아래에 그러한 부분에 변화를 주기 위해 하고 싶은 활동을 함께 적어보자.

	새로움을 불어넣고 싶은 영역	변화를 위한 아이디어

4. 당신의 일상에 더 많은 루틴과 구조를 추가하고 싶은 영역이 있는가? 아래에 그러한 영역을 적어보자. 그리고 삶에 더 많은 질서를 부여하기 위해 하고 싶은 활동도 적어보자.

	루틴과 조직화된 체계를 추가하고 싶은 영역	변화를 위한 아이디어

5. 당신의 루틴에서 가장 변화를 주고 싶지 않은 영역은 어디인가? 특정한 패턴을 고수하는 이유를 생각해보고, 거기에 작은 변화를 줄 수 있을지 고민해보라. 다시 한번 말하지만, 당신의 삶이나 가정을 원활히 돌아가게 하는 모든 습관을 버리라는 것이 아니다. 그저 작은 변화를 통해 삶에 약간의 활력을 되찾아보자는 것이다.

6. 지금부터 다음 주까지 아이디어 하나만 선택해서 실천해보라. 그리고 그 과정에서 느껴지는 생동감을 만끽해보자.

나는 얼마나 의미 있게 살고 있는가

삶에서 의미를 찾는 방식은 사람마다 다르다. 이 테스트에서는 "이거야!"라고 느끼는 부분과 "전혀 아니야"라고 느끼는 부분을 점검해보자. 정답은 없으니, 질문에 답할 때 가장 먼저 떠오르는 직감을 따르는 것이 좋다.

	의미가 아주 많음	의미 많음	의미 조금 있음	의미 없음	의미가 거의 없음
1	나는 신앙, 종교, 그리고 기도를 중요하게 여긴다.		✓		나는 무신론자다. 나는 종교에 특별히 관심이 없다.
2	나는 신성하다고 여기는 것이나 현실 너머의 세계와 깊이 연결되어 있다.				나는 알려지지 않은 현실에는 관심이 없고, 신성함은 나와 무관하다.
3	나는 인권과 지역 사회를 개선하는 모든 일에 열성적으로 참여한다.				사회적 헌신은 나에게 큰 의미가 없다.
4	자연과 조화를 이루는 일은 나에게 산소와도 같다. 나는 자연 속에 있어야 한다.				나는 자연과 거의 접촉하지 않는 편이 더 좋다.
5	진정한 나를 발견하는 것은 고귀한 여정이다. 나는 진짜 내가 누구인지 알아가고 있다!				진정한 자아? 진짜 나를 꼭 알 필요는 없다.
6	나는 건강을 중요하게 여긴다.				나는 건강을 유지하거나 개선하는 일에서 상을 받을 사람은 아니다.
7	나는 세상에 오래 지속될 가치를 남기는 것이 중요하다고 생각한다.				나는 내가 죽고 나서 내 이름이 남든 말든 관심이 없다. 나 자신을 초월할 필요가 없다!

8	새로움, 도전, 변화를 추구하는 것은 내 삶에서 매우 중요하다.				변화와 새로움은 과대평가되었다. 나는 지금 모습 그대로가 좋다.
9	나는 다른 누구와도 다르게 존재하고 싶다.				나는 특별한 존재일 필요가 없다. 그냥 어울려 사는 것도 괜찮다.
10	다른 사람이나 상황을 이끄는 것, 영향력을 행사하는 것이 좋다.				다른 사람이 리드해줄 때는 기꺼이 따르는 게 편하다. 왜 굳이 주도권을 잡아야 하나?
11	개인 성장은 내 삶에서 매우 중요한 가치다.				목표와 자기 개발은 나에게 큰 동기나 의미를 주지 않는다.
12	성취는 내 세계에서 큰 부분을 차지한다.				성공은 생각만큼 대단한 것이 아니다.
13	나는 늘 새로운 정보를 습득하고 싶어 한다. 호기심도 아주 강하다.				왜 그렇게 많은 질문을 해야 하는가? 모든 정보를 다 파악하는 것은 너무 힘들다.
14	창의성이 내가 존재하는 방식이다. 무언가를 만들든 상상하든 마찬가지다.				나는 판타지와 독창성에 큰 가치를 두지 않는다. 무언가를 창작할 필요를 못 느낀다.
15	내 삶의 여러 측면에서 전통을 존중한다.				솔직히 전통은 무의미하다고 생각한다. 매 명절마다 똑같은 일을 하고 싶은 사람이 누가 있을까?
16	나는 삶에서 실용성을 정말 중요하게 여긴다. 내가 하는 일에서 효과적이고 유용해지고 싶다.				실용성은 그저 지루한 것이 아닐까?
17	나는 레스토랑에서 내가 좋아하는 것을 찾고, 그걸 반복해서 주문한다. 내가 문을 들어설 때 그들은 내 주문을 이미 알고 있다.				나는 외식할 때 거의 같은 것을 두 번 주문하지 않는다.
18	어릴 적 우화 책을 읽을 때부터 도덕적인 성품과 행동을 지키는 것이 나의 주된 가치였다.				도덕과 나는 다소 거리가 있다. 때로는 옳고 그름의 경계를 넘기도 한다.

19	논리적이고 설득력 있는 주장을 중요하게 여긴다.				합리적이어야 할 필요는 없다. 논리가 항상 전부는 아니다.
20	재미가 중요한 가치다!				재미와 여가는 어린아이들이나 단순한 사람들을 위한 것이다.
21	공동체의 일원이 되는 것은 나에게 소속감을 느끼게 하고 완전한 존재로 만들어준다.				공동체는 성가시다.
22	사랑은 세상을 돌아가게 하는 진정한 힘이다. 나는 더 많은 사랑이 있기를 바란다.				사람들이 왜 그렇게 사랑에 대해 떠들어대는지 이해할 수 없다. 너무 감성적이다.
23	편안하고 풍요로운 느낌은 영혼을 치유하는 약과도 같다.				편안함은 사람을 무르고 취약하게 만든다고 생각한다.
24	다른 사람을 돌보고 나 또한 돌봄을 받고 싶어 하는 것은 인간의 기본적인 욕구다.				돌봄은 좋기는 하지만 필수는 아니다. 음식과 물이 필수지, 돌봄은 사치다.
25	다른 사람들의 필요에, 그리고 내 자신의 필요에 주의를 기울이는 것은 내 기본적인 원칙 중 하나다.				나는 무심하다는 평가를 받은 적이 있다. 나도 인정한다.
26	모두가 잘 지내고 조화를 이루는 것이 내가 선호하는 상태다.				조화 같은 건 필요 없다. 갈등을 통해 더 나아질 수 있도록 하자.
27	내 삶의 경험은 전반적으로 의미가 있다(중요하고, 일관되며, 방향성이 있다).				전반적으로 내 삶의 경험은 공허하고, 별다른 의미나 목적 없이 존재하는 느낌이다.

평가 이해하기

1. 이 설문지를 완료한 느낌은 어땠는가?

2. 당신에게 특별히 의미 있게 느껴지는 영역을 강조 표시하라. 그리고 거기서 더 많은 의미를 찾을 방법을 고민해보자.

	많은 의미를 경험하고 있는 삶의 영역	그 영역에서 더 많은 의미를 이끌어낼 수 있는 방법

3. 당신이 가장 적게 의미를 부여한 영역을 강조 표시하고, 그 영역에 대해 무언가를 하고 싶은지 선택하라. 단, 꼭 모든 영역에서 의미를 찾아야 하는 것은 아니라는 점을 기억하자.

	의미가 그리 많지 않은 삶의 영역	지금 이 부분에 대해 무언가를 하고 싶은가?	만약 그렇다면, 의미와 목적을 강화할 수 있는 아이디어는 무엇인가?

그동안 얼마나 많은 사람들이 별다른 노력을 기울이지 않고 대충 살았을까? 다른 사람들이 다 그렇게 살기 때문에, 우리도 그렇게 산다.

현재의 삶이 당연하게 느껴지는가? 매일 반복되는 일상에 공허함을 느끼고, 너무 일차원적인 삶이라 생각되는가? 그리고 속삭이듯 내뱉는 이 마지막 말은 너무 아픈 말이지만, '사는 게 지루한가?' 그렇다면 이제 이 상황에서 벗어날 시간이다.

우리는 운 좋게도 아직 살아 있다. 그리고 마치 앞에 레드카펫이 펼쳐질 준비가 된 것처럼, 모든 잠재력이 무르익어 펼쳐질 준비가 되어 있다. 당신도 의도적인 삶을 살길 바란다. 인생은 단 한 번뿐이다. 한 번 살고, 한 번 죽는 것이다. 좋은 소식은 남은 월요일을 어떻게 보내고 싶은지 결정할 수 있는 기회가 아직 여러 번 남아 있다는 사실이다.

우리는 죽음을 마주함으로써, 진정으로 원하는 삶을 살 수 있다. 살아 있다는 사실을 생생히 느끼고 사람들과 연결되어 있다고 느끼는 삶, 목적이 있고 영감을 받는 삶, '스스로' 만들어 내는 숨이 멎을 정도로 벅찬 순간으로 가득한 삶 말이다. 이제 이 도발적인 질문을 던지며 이야기를 마무리하고자 한다.

'지금 당신의 삶은 어떤가?'

옮긴이 **최성옥**

고려대 영어교육과를 졸업하고 영어 전문 번역가로 입문했다. 글밥아카데미 수료 후 현재
바른번역에서 활동 중이다. 옮긴 책으로는《불렛저널》,《혁신을 이끄는 인구 혁명》,《하버드
머스트 리드 비즈니스 모델 혁신》,《당신에게는 몇 번의 월요일이 남아 있는가》등이 있다.

당신에게는 몇 번의 월요일이 남아 있는가

1판 1쇄 발행 2025년 3월 17일

지은이 조디 웰먼
옮긴이 최성옥
발행인 오영진 김진갑
발행처 토네이도미디어그룹(주)

책임편집 유인경
기획편집 박수진 박민희 박은화 김예은
디자인팀 김현주 강재준
마케팅팀 박시현 박준서 김수연 박가영
경영지원 이혜선

출판등록 2006년 1월 11일 제313-2006-15호
주소 서울시 마포구 월드컵북로5가길 12 서교빌딩 2층
원고 투고 및 독자 문의 midnightbookstore@naver.com
전화 02-332-3310 **팩스** 02-332-7741
블로그 blog.naver.com/midnightbookstore
페이스북 www.facebook.com/tornadobook

ISBN 979-11-5851-309-2 (03190)